汽车先进技术译丛　汽车创新与开发系列

基于 ISO 26262 的功能安全

[德] 薇拉·格布哈特（Vera Gebhardt）
格哈德·M. 里格尔（Gerhard M. Rieger）
于尔根·默托克（Jürgen Mottok）
克里斯蒂安·吉塞尔巴赫（Christian Gieβelbach） 著

中德教育与科技合作促进中心　组译

程威为　张律　张亮　杨青　罗本进　等译

机 械 工 业 出 版 社

本书以一个虚拟项目Joy中的操纵杆传感器开发流程为例，系统介绍了基于ISO 26262功能安全的安全理念、团队组建、团队成员角色、具体项目、操作流程、技术手段、验证与确认计划、工作中产生的文档和工作产品、评审等内容，并在项目结束后进行了回顾。本书结合具体项目，手把手引导读者进行功能安全管理方面的学习，把枯燥单调的功能安全标准具体化、形象化，书中的案例对读者应用ISO 26262进行功能安全管理极具借鉴意义，适合汽车专业师生及汽车工程师、技术管理人员阅读使用。

First published in the German language under the title "Funktionale Sicherheit nach ISO 26262" by dpunkt verlag GmbH.

Chinese translation rights arranged with dpunkt verlag GmbH Germany through Media Solutions, Tokyo Japan

北京市版权局著作权合同登记 图字：01-2019-2811。

图书在版编目（CIP）数据

基于ISO 26262的功能安全/（德）薇拉·格布哈特等著；程威为等译．—北京：机械工业出版社，2021.1（2023.5重印）
（汽车先进技术译丛．汽车创新与开发系列）
ISBN 978-7-111-67586-0

Ⅰ.①基… Ⅱ.①薇… ②程… Ⅲ.①汽车-安全标准-国际标准
Ⅳ.①U461.91-65

中国版本图书馆CIP数据核字（2021）第031965号

机械工业出版社（北京市百万庄大街22号 邮政编码100037）
策划编辑：孙 鹏 责任编辑：孙 鹏
责任校对：王 欣 封面设计：鞠 杨
责任印制：邓 博
北京盛通商印快线网络科技有限公司印刷
2023年5月第1版第4次印刷
169mm×239mm·17.25印张·2插页·332千字
标准书号：ISBN 978-7-111-67586-0
定价：139.00元

电话服务	网络服务
客服电话：010-88361066	机 工 官 网：www.cmpbook.com
010-88379833	机 工 官 博：weibo.com/cmp1952
010-68326294	金 书 网：www.golden-book.com
封底无防伪标均为盗版	机工教育服务网：www.cmpedu.com

译者的话

近几年来，人类对能源环保及生态平衡的重视，使得电动汽车成为汽车行业发展的大趋势；芯片和人工智能等科技的快速发展，也让各种汽车辅助驾驶以及无人驾驶的开发成为热点。除了传统的汽车行业企业，又有很多新的玩家加入了汽车行业。而汽车作为复杂的系统，需要在各种工况之下在使用寿命期间达到很高的安全标准。目前，诸如转向失控、制动失灵等自动/辅助驾驶事故，电池自燃等各种新型安全事故亦层出不穷。汽车功能安全因而愈发重要，并且已经随着自动驾驶技术以及电动汽车的发展和普及，迅速成为与自动驾驶等新技术同等重要的技术热点，在未来必将成为自动驾驶和电动汽车量产投放市场决定性的一环。

在欧美，汽车的功能安全已经是超过二十年的老话题了。国际通用的汽车功能安全标准 ISO 26262 也已经实施了多年，并早已成为业界规范。在中国，汽车功能安全在过去一段时间几乎处于蓝海状态，直至国标 GB/T 34590 - 2017 在 2017 年公布，并自 2018 年起开始实施。实际上，国内多个整车厂几年前就已经暗自开始争夺功能安全方面人才，并启动功能安全技术的开发。在这个背景下，掌握功能安全技术，切入汽车功能安全蓝海，通过优秀的安全性实现产品差异化，无论对个人职业发展还是企业发展战略，都是极有意义的，当下也是一个难得的好时机！

然而，要想掌握功能安全，需要的知识涵盖多个领域，通常具有在软件、硬件、汽车工程、项目管理等多个方面的技术背景和经验才能起步。此外，目前国内基本没有成系统的中文学习资料。通读标准原文，枯燥无味，抽象难懂，不知所云。所以很多业内人士在没有专业指导的情况下很难真正进入汽车功能安全领域，乃至成为功能安全专家。

本人作为本书的发起人和译者之一，在功能安全领域有十多年的实际应用经历，包含 ECU、VCU 和自动驾驶的研发项目的功能安全，也主导过德国和其他国家主机厂

(OEM) 的一些项目。在中国的项目中，我看到了国内同行对功能安全这一“神秘”领域的学习热情和没有合适书籍的现实困难。

通过中德教育与科技合作促进中心，携手中国机械工业出版社，我们几位在某德国顶级汽车零部件商供职的华裔功能安全专家，共同选定了现有的最贴近项目实操的这本功能安全书籍，并花费了大量业余时间完成了翻译工作，希望能够为中国汽车事业的发展做一份贡献。

本书从功能安全的基本概念入手，比较系统地介绍了安全管理、安全开发流程以及相应的具体产品的开发活动直至各种验证、审核和评估，通过一个实操项目的演示，基本涵盖了功能安全开发的关键知识点，深入浅出，理论结合实例，既提供给功能安全领域的初学者一个手把手的基于完整项目实例的入门培训，也给有一定功能安全项目经验的资深人士一个系统梳理知识加深理解的机会。

在这里要特别感谢中德教育与科技合作促进中心主席罗本进博士的大力支持。可以说，没有罗博的参与和鼓励，是不会有这本书的。同时也要感谢机械工业出版社的孙鹏编辑，用非常专业的工作，在翻译编辑过程中，给了我们极大的支持与帮助，合作非常愉快。最后感谢我的妻子文馨，对我在事业的追求中给予了极大的理解与支持。

希望本书的出版，能助同行们一臂之力，为中国的汽车事业添砖加瓦。

程威为

前　言

决定写作本书是基于我们执行项目任务期间获得的实践经验。写作本书的目的是希望未来包括先进道路车辆在内的技术系统实现最佳功能——特别是在可用性、可靠性，尤其重要的是在无风险使用方面做出我们的贡献。

安全相关产品开发的现行标准纯粹从理论上是难以实施的。我们在不同工业领域的咨询和评估活动中总是反复看到这方面出现的各种问题。

我们很高兴能让读者深入了解我们几十年来在功能安全领域的经验并分享我们的知识，它是基于我们对许多安全相关项目的研发而获得的。我们相信，随着对开发安全功能的理解日益增加，对安全相关的思想和行动的意识也会同时提高。

在工程教育中，针对功能安全的系统讨论是建立一个电子技术和软件开发密切结合的框架。对于学生来说，这可以加深对软件密集型及与安全相关的系统的理解，并从专业的角度彻底掌握。对质量和功能安全的重视已经纳入对未来工程师的教育阶段中。目前业界合作伙伴共同开展的研发项目可以对此给予帮助。工程师就未来系统如自动驾驶的社会责任也对汽车系统的功能安全提出了新的要求，对此我们也想利用本书做些探讨。

开发团队特别受项目开始时规划缺陷的影响，导致为达到所要求的质量需要花费很多的额外精力。本书的一个重要用意是我们的一个尝试，即通过描述一个虚构项目“Joy”，在开发安全相关的复杂系统时，给开发团队的工作提供概念和规划阶段的资料。

若缺乏明确定义的流程和需求以及相匹配的资格审查，无论工程师如何努力去做，在安全非常关键的工作领域出现错误也是无法避免的，更不可能完全掌控。实践证明，遵守标准以及衍生的规则和流程，错误率可以大大降低。同样重要的是每个团队各自的特征，必须能在所有给定场合下提供成功的产品。成功意味着给交通市场提供技术安全、目的明确的产品。如果本书为此能够做出一点贡献，那我们付出的努力是值得的。

我们衷心感谢所有的同事对本书各章节的贡献，特别是来自 TÜV Nord Systems 的 Hermann Kränzle 先生和 Immanuel Höfer 博士，来自 tecmata GmbH 的 Carsten Handel 博士和 Claus Bernhard 先生。

特别感谢我们的朋友和家人的耐心和理解，因为我们经常没有时间陪伴他们。

与出版商的合作，特别是与不知疲倦的编辑 Christa Preisendanz 的合作非常出色。在幽默的工作氛围中，写作团队一起完成了艰苦的工作。

克里斯蒂安，没有你完成这本书是不可能的，你会得到 Bowmore 威士忌酒的。

作者

威斯巴登，奥格斯堡，雷根斯堡

作者团队

Vera Gebhardt

Vera Gebhardt 直到 1999 年底一直是一名认证的保险专家，在 DBV Winterthur 保险公司做多领域保险和电话客户支持。与此同时，通过在个人保险部门的认证咨询，她建立了一个稳定的客户群。2000 年 1 月，她转向 IT 行业，担任高级质量经理和测试经理，重点关注财务和保险。在转到工程/汽车行业后，她获得了 SPICE 审核员、CMMI 专业顾问和流程专家的资格，担任 Rücker AG 股份公司的软件质量经理。从 2004 年开始，她成为 IAE GmbH 公司的质量经理和项目经理，具有人事责任和签字授权。随后又获得在项目管理和功能安全方面的资格和认证。今天，Vera Gebhardt 是获得认证的 SPICE 审核员、iSQI 项目管理认证专家、功能安全首席顾问和 tecmata GmbH 公司的主要分公司领导。她负责人力资源、功能安全、质量管理和项目管理这些领域，以及整个业务网络的扩展。Vera Gebhardt 是 ASQF 的安全技术组的创始人和组长，她也是很多专业文章的作者。

vera. gebhardt@ tecmata. de · http：//www. tecmata. de

Gerhard M. Rieger

Gerhard M. Rieger 在奥格斯堡学习电气工程/通信工程。完成学业后，他在 TÜV Bayern e. V. 的电子设备自动化和安全技术部门 IQSE 担任原型验证的审核员。1992 年他还负责 TÜV Bayern Sachsen e. V. 的测试机构，到 1998 年前在“电信设备和远程控制设备”工作领域的管理层工作。直到 2001 年，Rieger 先生在 TÜV 产品服务有限公司的安全相关电子系统领域担任市场部门经理，并于 2001 年转到 RWTÜV 旗下的 TÜV Informationstechnik GmbH 公司担任部门主管负责安全认证服务。他的职责包括功能安全工作领域的建立，人事领导和测试机构的运营。他继续在母公司 RWTÜV 完善功能安全领域的建设，2004 年转到 RWTÜV 公司（自 2006 年起，改名为 TÜV NORD SysTec GmbH&Co. KG）的安全相关服务部门。在那里直到 2010 年他领导奥格斯堡分部的运营并负责“功能安全”工作领域。自 2011 年以来，他继续负责扩大奥格斯堡分部的建设以及 TÜV NORD Systems GmbH&Co. KG 的功能安全工作领域的扩展。

Rieger 先生是众多专业文章的作者，并在奥格斯堡大学主讲“功能安全性”课程。

grieger@ tuev – nord. de · http：//www. tuev – nord. de

Jürgen Mottok

教授 JürgenMottok 博士在雷根斯堡应用科学大学教授计算机科学。他的教学领域是软件工程、编程语言、操作系统和功能安全。他领导人身安全和信息安全系统实验室，是巴伐利亚信息技术（IT）的安全与安全集群顾问委员会成员，汽车安全软件系统论坛顾问委员会成员，ASQF 安全咨询委员会委员，计算机协会东巴伐利亚州的理事机构成员，巴伐利亚软件工程教学工作组的组织者，是具有授予博士学位资格的研究项目 $DynaS^3$ 和 $VitaS^3$，S^3OP 和 S^3EMO 的项目经理，研究项目的合作伙伴是 AVL Software and Functions GmbH 公司、Continental Automotive GmbH（大陆汽车公司）、iNTENCE Automotive GmbH 公司、Manu AG 公司和 exida GmbH 公司。Jürgen Mottok 博士在众多科学技术会议的议程委员会中担任委员。他是巴伐利亚州的科学、研究和艺术部的杰出教学奖获得者。

juergen. mottok@ hs – regensburg. de · http：//www. las3. de

Christian Gießelbach

工程数学硕士 Christian Gießelbach 在科隆大学学习数学和计算机科学，毕业后最初是 IVU Traffic 科技股份公司的软件开发人员。2007 年，他转到了 tecmata GmbH 公司并作为软件架构的专家以及测试设计师负责安全相关嵌入式开发领域的不同工业项目。Christian Gießelbach 是功能安全的首席顾问，负责安全软件系统的概念设计。他是 ASQF 安全专家组成员和 tecmata GmbH 公司的功能安全专家组顾问。

c. giesselbach@ tecmata. de · http：//www. tecmata. de

译 者 简 介

程威为，上海同济大学汽车系，德国卡尔斯鲁厄大学计算机系硕士；德国顶级汽车零部件企业项目安全经理，安全专家，负责多国客户项目及平台项目的功能安全。他在功能安全领域深耕十余年，拥有完整的功能安全开发技术和项目管理经验，涵盖汽车动力总成、自动驾驶及工业自动化等领域。

张律，毕业于德国斯图加特大学车辆工程硕士专业，后就职于全球顶级汽车零部件供应商，在其德国总部从事电子控制器在平台和客户项目中的研发工作。他始终致力于功能安全概念的研究和软件层面的实现，针对于不同的客户产品特点，就其特有的架构给出可行的功能安全解决方案，具有丰富的 ISO26262 在产品研发中的实践经验。

张亮，毕业于哈尔滨工业大学汽车工程学院内燃机系，德国埃森林根应用科技大学汽车机电系，先后就职于中国某顶级大型汽车公司，德国某顶级汽车零部件供应商。他多年来从一直从事汽车动力系统的研发工作，具有丰富的理论和实践经验。

杨青，德国杜伊斯堡－埃森大学机械电子专业硕士，中德教育与科技合作促进中心成员，全德华人机电工程学会成员，德国顶级汽车零部件企业功能安全应用工程师。他多年来一直致力于动力总成方面电子控制单元的功能安全应用客户项目，具有丰富的实践经验。

刘晨光，曾任德国联邦科学研究员，获得卡尔斯鲁厄大学应用计算机学博士，后加入德国采埃孚集团研发中心，计算工程师，从事变速器创新软件设计，兼任技术和商务谈判翻译。他兼任北京交通大学外籍客座教授，国际汽车工程师学会 SAE 会员。

罗本进，德国斯图加特大学工学博士，中德教育与科技合作促进中心主席，江苏省产业技术研究院首席科学家，长期任职德国汽车零部件企业前瞻开发部高级系统工程师。他多年来一直致力于混合动力系统、电驱动系统、全自动变速器及工业 4.0 的研究，具有丰富的实践经验。

目　　录

第1章　引　　言

事故的预防不应该用法律条文去理解，而必须把人的责任和经济上的合理性作为基本要求。

（Werner von Siemens，1880）

1.1　为何选择汽车专用安全标准 ISO 26262:2011

对安全嵌入式系统未来进行评估的一个重要贡献来自（德国）国家嵌入式系统路线图（NRMES）。

NRMES

安全嵌入的系统组件与电子和机电系统的组合是目前技术上的典型特征，例如在汽车安全系统上。NRMES 指出，嵌入式系统通常要符合严格的安全要求，违反其要求会给人和技术带来重大的破坏性影响。

这样许多系统，例如在汽车工程、航空电子或医疗技术之中，需要明确的准入许可（证），给予其达到足够的安全等级的证明。对于系统安全性的证明，正确性既不是必要的也不是充分的条件。安全证明需要遵循自己特定的方法，例如要求对风险的确定和评估（风险接受度）。

安全许可

在这种情况下，质量保证（QS）的方法，如测试、分析技术和正规的证明方法，会扮演一个重要的角色。它们对准入许可的获得提供帮助，但并不是取而代之。

质量保证（QS）方法

在技术应用领域，软件错误一方面构成潜在的危害，但另一方面，也可实现对安全的支持，例如通过对系统状态的连续诊断。因此，在嵌入式系统的安全分析和认证中，考虑软件是必不可少的。

软件关联

具有多方面的横向延伸效应的嵌入式系统作为重要创新动力，形成了现代控制和信息系统的神经系统。在这些产品中，确保各自的功能安全是内在固有的要求。这一点尤其适用于能源技术、医疗健康技术、交通和运输（包括汽车、铁路、航空航天）、工业自动化以及具有各种独特特征的信息

行业和功能安全

和通信技术。

1.1.1 ISO 26262：2011，2011.11.15 版本

汽车技术新标准 ISO 26262：2011 包含功能安全系统的开发指南（在本书中，只涉及 2011.11.15 版本第 1 至第 9 部分，以及 2012 年 1 月 8 日发布的标准第 10 部分）。

汽车行业几乎没有任何项目不需要按照汽车安全完整性等级（ASIL）来提出安全要求的。

汽车安全完整性等级（ASIL）

ASIL 基于特定的参数计算，并从 ISO 26262：2011 指供的表格为每个危险项给出 QM 等级 或 ASIL－A 到 ASIL－D 等级。新技术如辅助功能和扩展的车辆功能以及整合以前独立的功能为多功能系统的开发，导致与安全相关的软件密集型电子系统的数量不断增加，因此，它们需要根据汽车安全标准 ISO 2626：2011 的要求进行开发。

复杂性增加

这样一方面，与安全相关的电子组件和系统的数量得以增加，另一方面，它们之间的网络连接、交互性和复杂性，以及安全要求变得更加复杂。除了各个系统的安全要求越来越高，目前在开发项目时，通常分散式的开发形式也增加了其实施的复杂性。如此开发出的产品要保证能够正常运行，需要硬件和软件在满足功能安全要求的前提下无错误运行。新的技术，如混合动力和电动汽车，包含相当大的发展潜力。

1.1.2 汽车技术委员会

2003 年底，汽车技术委员会（FKRA）成立了一个工作组，其目标是将通用标准 IEC 61508 解释应用到汽车行业，以便能够反映出汽车行业批量生产的特点。

通过这些涉及功能安全（FuSi）的管理和技术方面的工作，在开发基于电子的零件时，实现目前最新技术水平能够达到的安全要求。

1.1.3 最新技术水平

为此，对安全有重要意义的所有方面的最新技术水平在 ISO 26262：2011 中都进行了描述。

在整个行业范围内已经完成了对修订后的标准的定义、介绍和确立。该标准于2011年批准生效。

如果汽车在各个层面，包括所有零件供应商都是根据ISO 26262：2011开发和制造的，那么汽车制造商就能够给出必要的证明，证明其所有安全关键性的电子设备，其生产是满足必要的要求的。一些与安全相关的功能，如全电子操作的驻车制动器、电子转向柱锁、车辆中可改变阻尼特性的空气悬架、宝马新的主动转向（Active Steering）系统，以及奥迪的动态转向（Dynamic Steering），其特点是通过有针对性的反转向来获得驾驶稳定性，这个系统也基于IEC 61508以及ISO/DIS 26262：2009标准的草案开发并通过独立机构的评估。这些开发的技术满足了目前最新技术水平前提下提出的最高安全要求。 验证

1.1.4 ISO 26262：2011——可实际应用的标准

近年来汽车召回和服务事件数量的不断增加证明了对道路车辆（< 3.5t）功能安全标准应用的加强，以及要求所有参与的公司在项目开始时就引入必要的功能安全管理（Functional Safety Management，FSM）。

2010年，联邦汽车运输局（KBA）公布的统计数据显示了创纪录的185起召回事件。相比在2000年，汽车制造商只有72次召回。一个亚洲汽车制造商的加速踏板召回案例表明，对汽车品牌来说，消费者的信任度在极端情况下会导致销量下滑和损害品牌的形象。 产品信任度和安全

自2011年发布ISO 26262：2011以来，汽车行业已经有了适合应用的功能安全标准。这个标准是在汽车行业的参与下创建的，汽车行业的具体需求得到了考虑。目前还没有规范和法规条文，规定汽车整车厂、零部件供应商或二级供应商必须实施ISO 26262：2011标准。但是标准定义了应该具有的最低技术水平，即在发生产品责任情况下，必须证明产品达到了目前最新技术水平。如果不应用ISO 26262：2011，在发生产品责任纠纷的情况下，所涉公司将很难证明其采用了最新技术以及最先进的科技。即使应用了功能安全标准，在出现产品责任纠纷的情况下，也难以保证万无一失地站在 产品责任

安全这边，因为标准如功能安全标准 ISO 26262：2011 只能代表达到了最低的技术水准。

最先进的科学和技术

汽车整车厂（在我们的示例中，为 Drivesmart 股份公司）和零部件供应商（在我们的例子中，为 safehicle 责任有限公司）也一直有义务，了解跟踪最先进的科学和技术的进一步发展，并相应作为公司产品开发的导向。

1.1.5 举证责任反转

如果在共同开发电子转向系统时没有满足标准如 ISO 26262：2011 的要求，如果发生了一个产品责任纠纷，要求对损失进行赔偿，因为产品的开发没有采用目前最先进的科学和技术水准，这时就需要证明相反的情况——即举证责任反转。这是很难做到甚至是不可能的。

1.2 符合 ASIL 的产品等级

在开发与安全相关的系统时，ISO 26262：2011 对责任、开发流程、文档和技术提出了重要要求。

为了在安全有关的领域及时提供专业解决方案，通过职业资质和必要项目经验获得的牢固的专业知识是必要的。

证据责任

在这里，针对项目中的非安全关键领域的要求，标准并没有真正地区分，但对安全关键领域，需要有明确的证据证明其应该具有的这些资质。

流程必要性

对所有开发、生产及退出报废阶段，要应用相应的方法和措施，构建一个整合的、符合标准和面向阶段的流程。也就是说，有一个真正针对产品的整个安全生命周期所定义的、引入的、稳固建立的、可控的和可追溯的流程。

此外，所有流程需要使用现代的工具支持。定义了的和可追溯的里程碑节点和签发（release）是必不可少的。

1.2.1 明确的责任分配

根据 ISO 标准的要求，项目成功最重要的因素是决策人的认可和他的相应义务，以及责任的明确分配。

该标准详细明确了这些需求，并要求在企业文化里有安全意识的思维和处理方法。图 1-1 显示了彼此层层搭建的步骤，这是在整个安全生命周期中必不可少的。

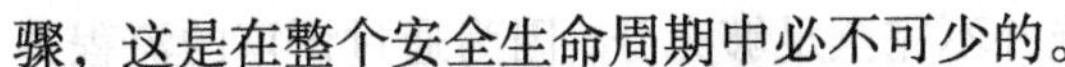

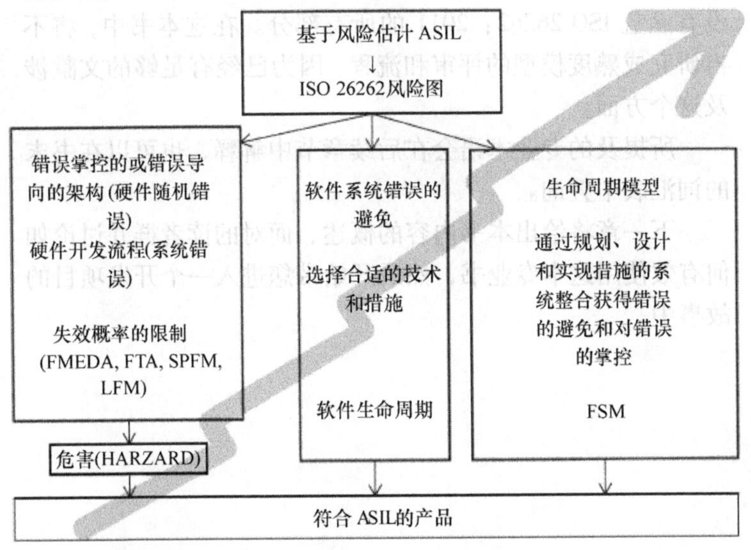

图 1-1
ISO 26262:2001 的基本支柱

在本书后续部分，我们将为您介绍关于规划的各种工作以及相关的工作成果，包括所有方法和流程。

G&R

在危害和风险分析（G&R）的框架下处理所有的危险场景，并基于风险分析获得 ASIL。

将在第 8 章对危害和风险分析（G&R）做详细叙述。

目标

其目标是，防止因为随机错误、系统错误和常见错误导致的安全相关系统的故障，也因此防止了人员的受伤或死亡。

事项定义
安全生命周期

通过事项（item）定义来确定它是否涉及一个新的开发或只是一项修改，从而确定应用整个安全生命周期或使用已有的安全生命周期。

1.2.2　流程模型和流程成熟度

V 模型

在开发阶段一个可能的面向阶段的过程模型是 V 模型 97 或 V 模型 XT。

以阶段为导向、有质量保证的项目管理及实施是开发安全相关嵌入式系统的必要先决条件。

流程成熟度

实际应用的开发流程的成熟度可以进行评审确定，例如，通过汽车 SPICE 或者根据 CMMI，目的是导出优化措施作为支持安全合规性流程的先决条件。然而，这些来自于成熟度评估的措施并不完全足够充分，因为通过评审的流程并没有涵盖 ISO 26262：2011 的所有部分。在这本书中，将不再研究成熟度模型的评审和流程，因为已经有足够的文献涉及这个方面。

所提及的专业术语会在后续章节中解释，也可以在书末的词汇表中查询。

下一章将给出本书内容的概述、面对的读者群并讨论如何有效使用这本专业书，然后开始带您进入一个开发项目的故事中。

第2章　在这本书将会学到什么

在本书中，通过一个汽车行业的虚构项目示例来学习如何实际应用汽车专用标准 ISO 26262：2011 进行产品开发阶段的项目规划。这个示例项目为“操纵杆传感器”（JSS），即“项目 Joy”。通过这个示例对试点项目（pilot project）的所有阶段，在一个安全相关的环境中对 ISO 26262 所要求的规划活动进行介绍。

2.1　一般提示

涉及的公司和项目团队必须根据 ASIL 要求对转向系统（操纵杆传感器）的开发实施项目规划步骤。

这个项目开发故事带你接近实际地实施特定生命周期阶段的项目规划。

具体细节上，我们会讨论以下生命周期阶段，并参考 ISO 26262：2011 的相应部分：

所涉及的标准部分

■ 在项目 Joy 和相应产品“操纵杆传感器”中为开发的规划任务和引入功能安全管理。

在 ISO 26262：2011（第2－6部分）规划阶段中的“功能安全管理”阶段为：

■ 事项定义（第3－5部分）

■ 初步化安全生命周期（第3－6部分）

■ 危害和风险分析（第3－7部分）

■ 功能安全规划（第3－8部分）

“系统开发”阶段是重要的规划步骤，将在此给予说明并解释其与工作成果之间的依赖关系。我们特别强调的是，要查看必要的文档和所需的工作成果。

■“系统开发”阶段的开始（第4－5部分），在这里，我们描述在此阶段的工作任务并指定责任人。

■ 我们在危害和风险分析的基础上处理技术安全要求的规范（第4－6部分）。

■ 系统设计（第 4 – 7 部分）不是本书的重点，因为本书专注于功能安全管理的规划任务。一个粗略的大大简化的体系架构只是用于让我们了解与安全相关的事项。

■ 我们把规划任务的事项整合（第 4 – 8 部分）作为本项目故事的前提，但不涉及具体的的实施。

■ 安全验证（第 4 – 9 部分）议题包含在第 10 章的验证和确认计划部分。

■ 功能安全审核（第 4 – 10 部分）会用详细的例子和工作辅助工具进行讨论。

■ 准备生产的产品发布（第 4 – 11 部分），将不详细讨论。

对于第 5 阶段“硬件级别的产品开发”和第 6 阶段“软件层面的产品开发”，如果实施对结果没有影响，我们会在规划步骤中讨论处理。

对于生产，我们在第 12 章有一个小的练习，针对规划的文档和工作成果。总体而言，标准的第 7 部分不涉及。

辅助流程（第 8 部分）会基于项目故事加以应用。深入的学习和理解会通过练习、方法、角色描述和工作辅助工具加以学习。

第 9 部分提供了详细的分解式的实施步骤。

最新技术水平

项目“Joy”及其产品“操纵杆传感器”要基于最新技术水平进行开发。

为此，ISO 26262：2011 是作为特定行业的安全标准来考虑的。参与的行业公司希望得到“安全合规”（即与标准要求达到一致）的必要实施方法和任务，以确保安全产品是用正确的流程开发出来的。

本书的目标读者群

本书重点是基于零部件供应商的视角以及与整车厂（OEM）的合作来设计的。

要一直与整车厂（OEM）的规划和要求保持一致，以满足客户与承包商之间的接口要求。它要表达在公司的各个流程领域实施的标准的具体需求如何得以实现。要考虑功能安全管理以及针对 ISO 26262：2011 所选部分的规划任务活动。

我们已抽象出并尽可能简单地勾画了整个系统的架构以及操纵杆传感器，以便能够清楚易懂地解释要进行的分析。技术深厚的读者肯定在这里看不到更多的细节，但请放心，这对要传达的内容已经绝对足够了。

根据 ISO 26262：2011 的功能安全的进一步技术实施没有在本书中考虑，因为对技术内容方面的进一步深入探讨，我们已经考虑写后续书籍了。这里描述的方法对每个开发人员在标准的应用上和所要求的开发成果上都有重要的借鉴作用。

2.2　项目“Joy”及其产品“操纵杆传感器”的前提和假设

为了把重点放在安全寿命周期的主要任务上，我们就相应地减少我们的自由度，认定一些项目的条件已经得到满足。

例如对于所描述的处理步骤的前提条件，至少存在下面一条：

- 已获得认证的质量管理体系。
- 专业的项目管理。
- 基于流程的开发，比如，在所提到的企业中根据 V 模型进行开发工作。
- 具有所提到的角色、技能和资源。
- 整车厂（OEM）与零部件供应商之间具有合作意愿。
- 高级管理人员的支持和同意。

对于重要的分析、规划确认和方法，我们根据项目实例进行接近实践的描述，针对标准规范的需求列出参考。　项目前提

对我们来说，重要的是不仅把可能的处理方法描述出来，同时要列出详细的专业上深化的内容。

如果处理在实际项目中出现的各个问题，那肯定要大大超出本书的范围。

我们主要涉及安全相关产品的开发规划阶段中重要方面和分布式开发时接口的必要工作任务。

第三方权利

为了不侵犯第三方的权利，我们尽力尝试避免提及市场上能够获得的实际工具。我们只是基于工具的使用目的修改描述这些工具，只是从标准的角度来介绍其必要的特性。对于可使用性，我们提出一些重要的选择准则。

书中提到的人物和姓名，当然是凭空想象出来的。如果凑巧与某个实际存在的人一样，当然不是故意所为，请忽略。同样，如果与真实的产品和项目纯粹巧合类似的话，也不是作者有意为之。

我们也尽力尝试解释标准，尽量不使用标准中的原图。使用这个 DIN 标准最主要的是基于最新版本的文本，出版单位是 Beuth Verlag GmbH，Burggrafenstraße 6，10787 Berlin。我们强烈建议买一本标准，以便能够通过跟随具体的标准来读这本书，这样就可以加深对标准中知识的理解，并在项目实践中使用标准。

由于授权的原因，我们只提供相关的信息，即在标准 ISO 26262：2011 中能够找到的提及的工作任务的需求和建议的方法。我们不引用标准中的原文。这种方式对读者的优点是，我们不只是重复标准的文本，而是解释标准的内容。参考提示是对某个主题的指南，便于读者对这个主题需要直接查询 ISO 26262：2011 时使用。

2.3 本书的阅读指引

所选择的段落和符号给读者必要的指南，同时可以让读者很快查询特定的内容点。

ISO 26262：对标准 ISO 26262 2011 的参考。

：项目故事，清楚地对标准规范要求的上下文进行描述。

：重要的说明和内容，部分会集成到项目故事中。

：执行的提示或特别的帮助设置。

：偏差。

在本书的描述中以及后面的附录中，能够找到工作辅助工具，在读者具体实施项目时可以作为模板使用。　帮助

检查列表、角色描述、模板表格和其他举例文本，不一定保证完整性。我们只是给出一个主意，作为读者继续设计自己模板和工作工具的出发点。把书中的模板和节选不做变化地应用到项目中，这是无意义和不够的。读者为特定的产品和项目所做的调整和实施，我们这里提供的辅助工具不能帮助进行验收。

另外我们也提供了一些有意义的参考文献和互联网地址，这样读者可以对特定的内容继续深入学习。书后的缩略语总览包含书中使用的术语。

现在是时候在读者的参与下，介绍我们的虚拟示例项目“Joy”及其产品“操纵杆传感器”了。

2.4 项目“Joy”描述文档

汽车生产商（OEM）Drivesmart AG 在电动汽车领域研发了一个新的设计概念。对于这个项目，大的挑战是开发一个线控转向（Steer - by - Wire）系统，它必须与传统的转向系统一样不会出错，同时能在经济可行的成本下制造出来。

对于这个试点项目，Drivesmart AG 决定对应用于测试和路试的前期开发进行委托开发。为了准备量产开发，已经按照标准 ISO 26262：2011 加以实施了。其后续计划是，第一个可安装的原型只让选出的有经验的职业驾驶员进行测试。

对这个项目的特别要求是驱动系统（动力总成）的高度集成，即制动和驱动功能的集成。每个车轮的功率电子和摩擦制动要同时能够实现足够高的驱动转矩以及牵引力密度。这就进一步提出了对电机、电控和制动冷却的额外要求，同时考虑环境因素对驱动的功能实现能力和包含的安全

功能没有影响。

对电动车来说，根据 Drivesamrt AG 公司的市场部门分析，转向系统采用操纵杆是一个创新，同时也是一个需求。传统汽车的转向系统采用液压、电液或者电动的转向方式。这种转向系统在转向盘与齿条之间有一个机械连接。

2.4.1 创新性

取消机械连接

取消转向辅助与转向执行器之间的机械连接是这个项目的重点。

也就是说，转向盘与汽车车轮之间不存在机械连接。计划采用的驱动方式是轮毂驱动。通过取消中心驱动电机和其辅助设施，带有轮毂驱动的电动汽车具有一个独特的能力，且在被动安全方面没有限制。进一步，人们可以在这种驱动方式下获得显著的更好的汽车操纵性。通过取消关联轴，可达到的车轮转向角大大增加。车轮的直接驱动也避免了动力总成引起的振动，这也会带来驾驶的舒适性。

许可情况

由于安全原因，操纵杆转向盘到目前为止还没有获得在公共道路上使用的许可。轮毂驱动与制动系统集成的功能安全对这个项目提出了明显的挑战，因为要保证，在一个轮毂驱动产生突然错误的情况下，汽车能够被安全地、可控地停下来。

2.4.2 产品信息

Drivesmart AG 建立了一个由开发人员和系统架构人员组成的有经验的团队，他们参加过传统转向系统的开发。

失效安全/错误容忍度

OEM 很清楚，要解决失效安全/错误容忍度上的问题，必须通过汽车制造专家、电驱动系统专家、制动系统专家跨专业的共同努力，同时还需要有丰富的专业知识。

操纵杆传感器产品的粗略要求

在这个项目“Joy”之中，汽车整车厂寻找合适的有资质的“操纵杆传感器”供货商。“操纵杆传感器”产品给这个项目提供一个智能传感器控制器。这个控制器是一个下层功能的指令提供者/输入器：转矩降低（制动），转矩需求（加速）和转向。这三个指令通过电子控制单元（ECU）的接口导入。通过手控杆，给出必要的移动方向需求。在接口上通过 Flexray 传输移动信息，从电子控制单元（ECU）传递到执行器。

由供货商开发的转向传感器，具有下列主要功能：

操纵杆传感器主要功能

转向传感器作为指令提供者通过 Flexray 协议发出用于负转矩以及正转矩的信号。另外它还要提供用于转向功能的控制信号。

移动方向有：

- 前行
- 纵向和横向的合并移动
- 零位置
- 位置保持的检测

移动和位置信息必须在任何时候都可以获得、保持和识别。这可以通过对电信号的转换实现。

信号触发执行器所定义的反应（执行单元），可以是电的或机械的反应。执行单元实现期望的以及必要的前轮转向角。电机和制动的执行单元也根据需求正确地响应。

安全架构必须保证系统必要的安全性（图 2-1）。

架构设计

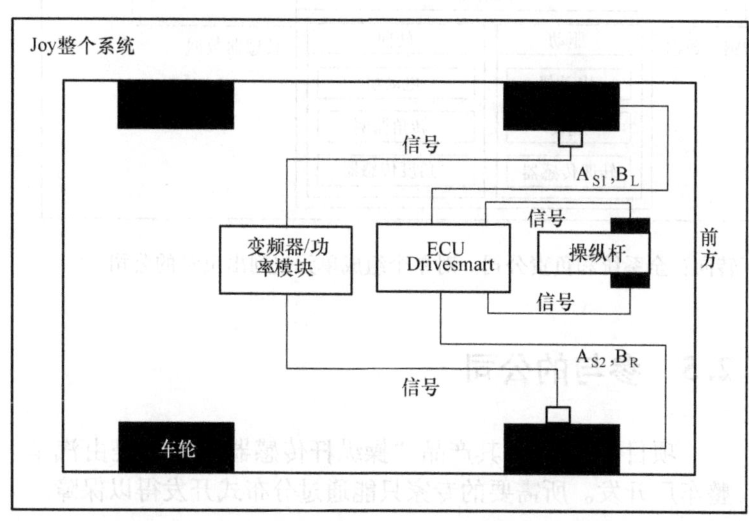

图 2-1
操纵杆传感器产品的架构和子系统定义

图 2-2 显示了要开发的转向机构的抽象概括。

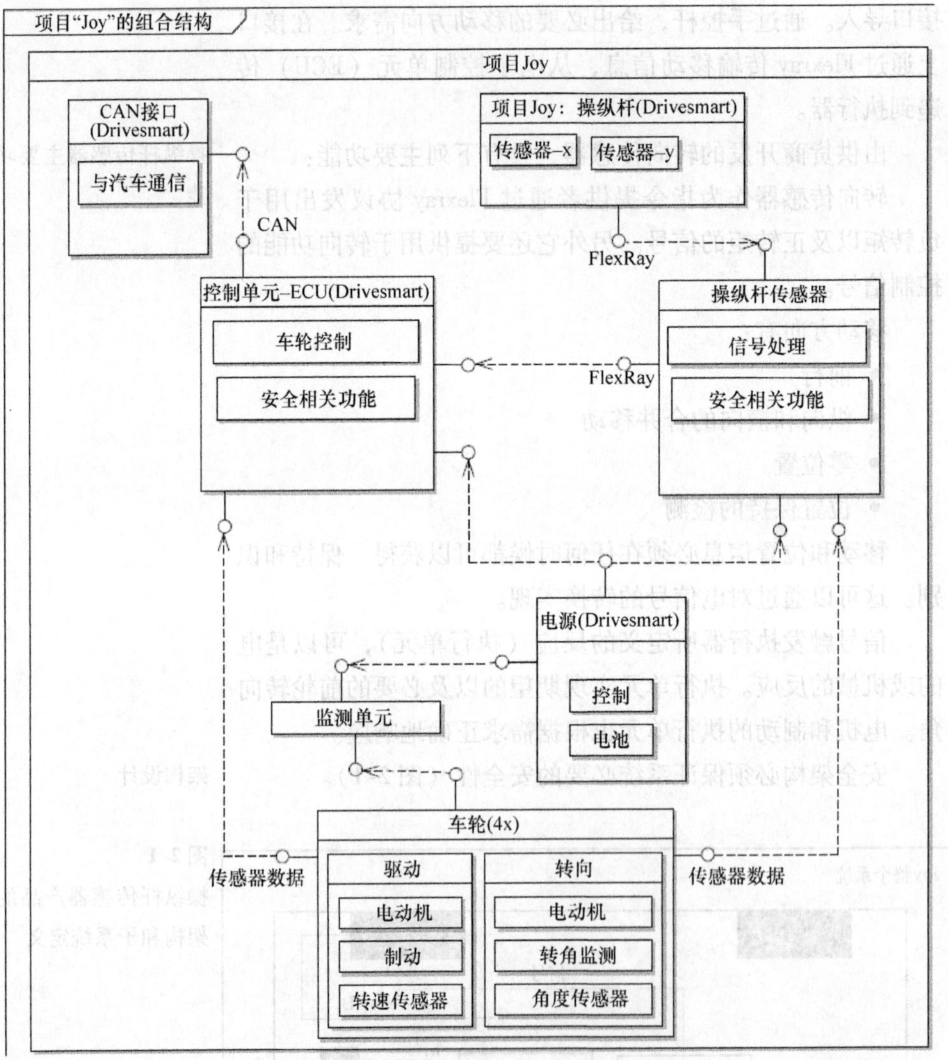

图 2-2 操纵杆转向：全系统和负责公司。对单个组成单元也列出负责的公司

2.5 参与的公司

项目“Joy”和其产品“操纵杆传感器”不只是由汽车整车厂开发。所需要的专家只能通过分布式开发得以保障。

汽车整车厂 Drivesmart AG

- 公司地址慕尼黑

- 创立时间 1950 年
- 董事长 Feliciitas Marke 硕士工程师
- 员工大约 6000 人

汽车制造商 Drivesmart AG 是包括商用车和赛车的德国汽车市场领导者之一。

越来越复杂的电气化给汽车制造商提出了新的要求，特别是在功能安全方面。这个整车厂已经引入了功能安全管理，并根据 ISO/TS 16949 获得认证。其开发流程通过 CMMI Level 3 审核。在产品开发项目以及所有产品开发流程中“安全流程”的部署目前正在多个试点项目中进行。项目“Joy”就是其中实施的项目之一。

除了汽车整车厂 Drivesmart AG，还有一些公司作为零部件供货商参与到项目及产品开发之中。

供货商 safehicle GmbH 公司做嵌入式开发

- 公司地址法兰克福
- 创立时间 1987 年
- 总经理 Juegen Gut 博士
- 员工大约 450 人
- 商业领域：嵌入式开发，汽车及其他工业的软件开发

safehicle GmbH 公司是一个中型企业，重点领域是汽车及其他工业的电子开发。公司获得 ISO 9001：2008 认证，并且在近几年其管理流程以及开发和支持流程成功通过依据汽车 APICE 能力等级 3（Level 3）的审核。在基于安全的嵌入式开发方面已有多年的经验，正在建立功能安全管理。项目“Joy”是根据 ISO 26262：2011 要求实施的试点项目之一，作为安全相关流程的部署。其商业目标是，优化已开发的流程以及增加的流程，建立起功能安全管理体系。

其相联系的技术目标是开发出控制单元，能够通过操纵杆来实现转向。对于这个安全相关的事项，汽车整车厂给出 ASIL – D 的要求。

其他参与的企业有：

Custom Chip GmbH（硬件供货商）

- 公司地址奥格斯堡

- 创立时间 2004 年
- 总经理 Martin Bauteil 硕士工程师
- 员工大约 30 人
- 商业领域：硬件开发

Kasaba Hobli Limited（制造供货商）

- 公司地址中国台湾
- 创立时间 2008 年
- 总经理 Fi Nish 博士
- 员工大约 1000 人
- 商业领域：汽车工业零部件加工制造

这个制造企业是 Drivesmart AG 的子公司，专注于汽车零部件的加工，是一个通过德国和亚洲标准认证的企业。

2.6 Joy 开发团队

Drivesmart AG 和 safehicle 等公司已经给项目“Joy”安排了相应的工作人员，见表 2-1 ~ 表 2-3。

在这里为了更好地让读者理解下面内置的项目故事，我们允许自己来预测项目工作的结果。角色的定义和分配是项目规划中的重要工作任务。供应商的选择将在其他章节做详细讨论。

表 2-1
Drivesmart 公司团队

Drivesmart 公司开发团队

姓名	角色	代表
Robert Flink	产品开发负责人	X
Dieter Gewiss	功能安全经理	X
Ulrich Richter	外部独立审核员	X
Peter Weiss	项目经理，需求经理	X
Lara Vero	技术经理，变更管理	X
Anja Bau	系统架构师	X
Ulla Wahrlich	测试负责人	X
Klaus Boden	配置经理	X

（续）

Drivesmart 公司开发团队		
姓名	角色	代表
Isy Kaput	集成师	X
其他员工	开发及测试工程师	X
Dave Rugby	质量经理	X
Susi Platine	硬件组长	X
Theodor Stanz	设计负责人	X
Rudi Band	生产负责人	X
Hape Fertig	验收	X

表 2-2

safehicle 公司团队

safehicle 公司开发团队		
姓名	角色	代表
Josef Byte	开发负责人	X
Rainer Fels	安全经理	X
Tanja Clock	项目经理	X
Wolfgang Lagert	配置经理和变更经理	X
Rudolf Blackbelt	安全协调人	X
Roman Brauch	需求经理	X
Paola Stabil	系统和软件架构师	X
Dirk Pattern	软件设计师	X
Ernst Probe	测试负责人	X
其他员工	开发及测试工程师	X
Klara Schauhin	质量委托人	X
Mandy Kurzschluss	硬件组长	X

表 2-3

Custom Chip 公司团队

Custom Chip 公司开发团队		
姓名	角色	代表
Konrad Transistor	硬件组长	X
Volker Audion	项目经理	X
Pietro Schalt	硬件设计师	X
Anne Transmis	安全协调人	X
Martin Volt	测试负责人	X
其他员工	开发及测试工程师	X
Theo Messgut	质量委托人	X
Ken Regler	硬件组长	X

因为企业负责人不属于开发团队，所以不列进团队表格里。

在安全意识思维的文化框架下以及从其他角度考虑，他们对项目“Joy”承担总的责任。

2.7 法律基础和责任

交通安全义务

safehicle GmbH 公司作为操纵杆传感器供应商，Drivesmart AG 公司作为汽车制造商，存在基于下列规定的交通安全义务：

- 根据产品责任的要求。
- 考虑设备的新立法和产品安全法（GPSG），其最新版由 2011 年 3 月 7 日实施的法律（BGBl. I p. 338）第 2 条加以修订。
- 同时受到 2001 年修订的欧洲产品安全准则 2001/95/EC 的约束，它已被转换为德国法律。
- 对有缺陷产品的责任准则。

要开发的电动车转向系统可能包含危险源，由此对于参与此项目的公司就存在义务，采取所有必要和合理的预防措施，防止伤害他人。

投入交通运行

只有当电动转向系统的所有单元（子系统）满足安全期望，车主期望新车拥有最新的科学和技术水平时，配备这个转向系统的 Drivesmart GmbH 公司的车辆才可以上路。在产品使用得当的前提下，两家公司都应对其缺陷后果引发的损害负责。

产品责任法

通过基于民法和刑法的产品责任法准则，如果电子转向系统的错误导致人员死亡或身体和健康受损，所有项目参与者都有义务，对受害者加以补偿，这个责任不仅在德国，在其他欧洲国家也在法律上给予规定。

产品安全法 GPSG 具有预防性特征，因此提供了一个民法产品责任法的公法补充。它还规定了所需的召回行动（召回义务），如果由于转向系统引发突然的、不可预测的、不可避免的和直接的严重危险，例如由于可能的系统性错误，根据道路交通法（StVG）之下的产品安全法 GPSG 第 2

部分第 1 段，主管市场监督机构负责发布产品召回令，而联邦汽车局 Kraftfahrt - Bundesamt（KBA）确定有关问题车的持有人的姓名和地址。

通过上述的义务描述可以明显地表明，大批量生产的存在安全漏洞的转向系统会迅速对参与的公司产生威胁生存的、财务上的损害。因此，项目负责公司 safehicle GmbH 和 Drivesmart AG 必须保证在所有流程上没有错误。也就是说，转向系统必须设计成能够按预期使用下在所有方面都对应目前最新的科学和技术水平。

没有错误

在我们的示例项目中，汽车整车厂（OEM）开发了一个原型供经验丰富的专业驾驶人在赛车运动中使用，但还没有批量生产。只有通过从这个有限的应用范围得到反馈之后，才能基于现场试验数据再进行技术优化和迭代并进行持续开发。

第3章　阶段模型

通过本章的介绍，您将对 ISO 26262：2011 生命周期模型有一个基本概念。

我们通过项目“Joy”示例向您展现阶段划分、活动计划，以及可行的方法和流程。

3.1　组织结构要求

ISO 26262：2011 是要求能够实现功能安全的一个战略，它包括组织内评估功能安全是否实现以及评估结果沟通方法。

一个已经建立起来的企业安全文化是实现生产安全产品的先决条件。除了实际产品外，还要对产品开发过程进行评估。为此要采用标准化以及与标准衔接以确保可靠性（图 3-1）。

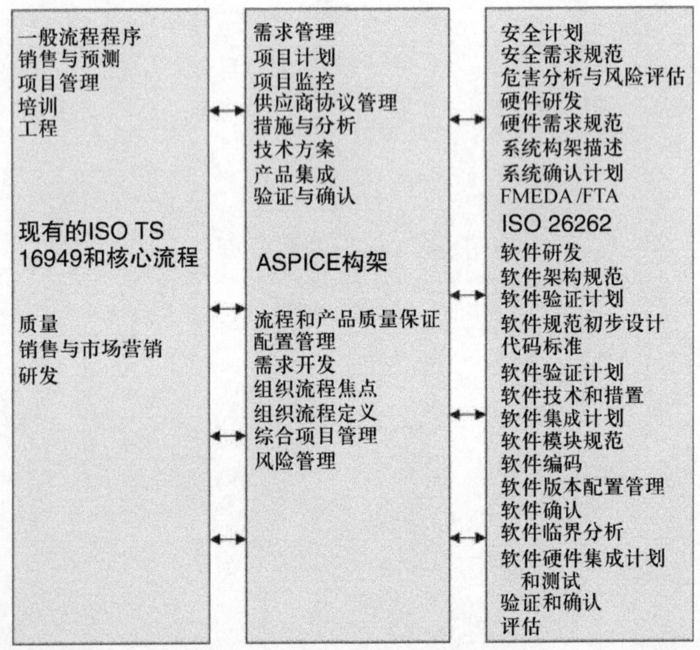

图 3-1
ISO/TS 16949 的核心流程，ASPCIE 构架和 ISO 26262 ：2011 之间的关系

在美国、日本、英国、法国、意大利和德国汽车协会之间制定的全球公认的标准 ISO / TS 16949：2002，以及已经实施了 SPICE 构架 或者 CMMI 的流程成熟度都为实现质量概念以及质量改进提供了一个非常好的基础。它们可以支持甚至改进相关项目所需的安全性，但是它们没有在标准中有具体的规定。

参考质量标准

3.2 流程模型和功能安全管理

由于汽车安全标准以及通用安全标准 IEC 61508，在实施创建安全相关产品的汽车项目时必须采用以阶段为向导流程模型。V – Modell 97 或者其后续模型 V – Modell XT 可以作为流程模型进行项目的计划和实施。这些流程模型给出具体的标准化流程、相应的结果以及所承担的角色。

以阶段为向导流程模型

当然，也可以使用其他程序模型。但是要对它们的开发方法和起始条件进行检查。通常重要的是分配任务以及与之相关的活动要有逻辑性，即在一个有意义的顺序下进行，并且根据活动来确定结果。

此外，工作角色划分以及明确的职责分配是必需的前提条件。

功能安全的跨项目管理涵盖了实际的开发过程、补充的流程领域以及更高层次的管理任务。

跨项目管理

ISO 26262：2011，第2部分，附件A：目标是定义对各个生命周期负责的组织结构以及与之相对应展开活动的要求。

3.3 ISO 26262：2011 阶段模型

ISO 26262：2011 中的10个阶段模型系统地绘制生命周期中所需的活动（图3-2）。

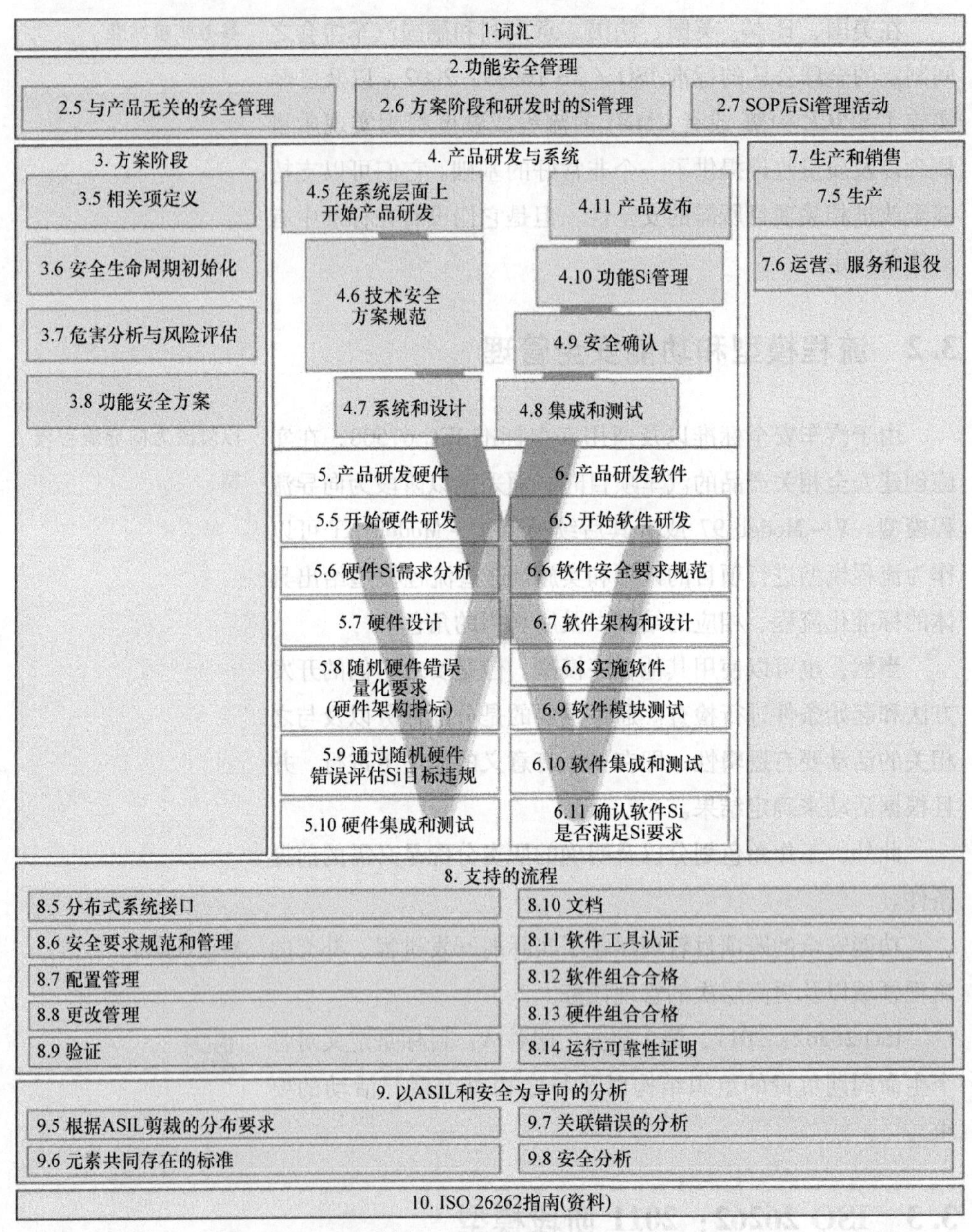

图 3-2 ISO 26262：2011 阶段模型（自由翻译自德文）[⊖]

⊖ 经 DIN 德国标准化研究所许可转载．应用 DIN 标准应从 Beuth Verlag GmbH、Burggrafenstraße6、10787Berlin 获取最新发行日期的权威版本。

该标准涵盖了功能安全管理阶段、工程阶段、生产和运营阶段、支持流程 以及安全导向分析阶段的管理职责。

此外，该标准包含词汇部分和信息部分作为指导。第1~9部分是规范。第10部分提供信息。

标准的10个部分

第1部分解释了标准中使用的术语（词汇表）。

第2部分描述了功能安全管理（FSM）。功能安全管理包括与项目独立的安全管理，产品开发过程中的管理活动以及SOP（生产开始）后与安全有关的管理活动。

第3部分介绍了概念阶段 连带相关（系统或子系统）的定义，包括应用的定性分析方法“危险分析”和“风险评估”以及单个安全相关功能分类。最后导出相应的“安全目标”并 随后分配所确定的ASIL。方案阶段以“功能安全方案”结束，并在以下所有阶段进行参考和补充。

第4部分描述了产品的系统级工程阶段，并解释了系统集成和产品发布的要求。从方案阶段产生的功能安全方案在此阶段进一步细化为技术安全方案。

第5部分包含硬件产品开发的要求。功能和技术要求来自第3和第4部分。硬件开发采用V模型方法。

第6部分包含软件产品开发的要求。功能和技术要求也来自第3和第4部分。软件开发采用V模型方法。

第7部分包含生产、运营、服务和报废。

第8部分中支持的流程伴随着生命周期模型的所有阶段。重要的框架条件，例如配置和需求管理，工具认证和文档要求以及“在应用中证明”的可能性是本标准部分的一部分。

第9部分以ASIL和安全为导向分析，描述了在安全导向分析规划和执行中的特殊要求和预期表现。描述ASIL分解并给出相关方案。要求解释共同存在的安全相关和非安全相关元素的区别。

第10部分提供信息，并提供理解所涉及要求的指南。

3.4 创建安全文化

企业文化会影响企业经验结果

更具体地说，这里是指规范的意图：创造一种与安全相关的工作文化。

公司的基本指导方针和行为准则不仅在内部定义方向，而且还影响外部如何与客户、业务合作伙伴、股东和供应商以及所生产产品的质量打交道。

公司所贯彻的价值提升了公司的形象，帮助赢得并保持客户。企业文化会大大加强员工行为：

- 工作积极性。
- 问题意识。
- 企业归属感。
- 企业认同感。
- 工作满意度。

因此，企业文化对经验结果有影响，并为所有员工提供有效行动的框架。这有助于高质量地开发与安全相关的产品。

3.4.1 项目举例

在 safehicle 公司内，与负责安全相关开发项目的各个团队一起举办为期两天的研讨会。总经理 Jürgen Gut 意识到改变企业文化和同时强调个人思想的必要性，所以他通过积极参与研讨会来表明这一点。他没有从管理层方面给设定任何价值。

实际情况分析

首先，汇总实际情况。safehicle 要通过一个有条理的研讨会从参与者的角度确定存在哪种价值文化。Jürgen Gut 博士为“Joy”项目开启了为期两天的研讨会，其中包括以下研讨内容：

- 我们充分发展和激活公司价值观。
- 我们在管理方面提供很少的标准价值观。
- 公司价值观取决于业务参数 如效率、有效性、成本节约和销售效率。
- 我们跨学科工作。

开放空间

工作小组很好地应用了这个透明和简单“开放空间”方法。

参与者积极工作，最后通过小组工作强化了安全文化作为公司的指导方针。

在最后的总结中，Jürgen Gut 博士讲道：

我们研讨会的成果对公司形象和内部文化中功能安全方

面进行了非常有个性化的提升。通过您的工作，一个衡量已实施安全文化的成熟度的标准目录产生了。

这个目录可以分为以下几个段落。

标准目录

3.4.2 安全文化问卷调查

第二部分 根据汽车安全标准 ISO 26262：2011 B.1 表格制定安全文化问卷（表3-1），其中包含安全文化指标：

表 3-1
评估安全文化问卷调查

问题	描述	安全文化
1	开发过程是否确保功能安全决策的责任明确？	
	责任不明确 追溯性	–
	开发过程确保功能安全决策的责任明确。	+
2	功能安全有什么优先权？	
	成本和时间进度比功能安全和质量重要。	–
	功能安全最有优先权。同时被评估得很高。	+
3	开发过程是否保证支持流程的独立性？	
	负责安全评估，质量和所支持的流程负责人完全受到负责该过程的人员的影响。	–
	开发过程确保过程域中的适当程度的独立性：功能安全性、质量、验证、确认和配置管理。	+
4	是否主动追求功能安全？	
	• 不，对功能安全持消极态度。 • 开发结束时的高负荷测试活动。 • 管理层仅在出现问题时响应。	–
	在开发过程中尽早发现并解决功能安全和质量问题。	+
5	是否将资源分配给功能安全的实施并且是否按计划使用？	
	使用的资源既没有计划也没有按时分配给各个任务。	–
	是计划好使用资源。根据能力情况配置人员。	+
6	是否介绍了议题小组成员不同立场以及如何处理？	
	■ 集体思考： 集体思考，而不是对自己的批判性思考。 ■ 堆叠甲板： 批评评论在评论期间被拒绝。 ■ 持评判立场的员工被边缘化并被指责没有团体精神。 ■ 意见分歧会在回顾检查时被当作负面影响。 ■ 少数持不同政见者被视为“麻烦制造者”“没有团队精神”或“举报者”。员工担心以后对自己不利。	–

（续）

问题	描述	安全文化
6	开发过程利用不同角度的多样性： ■ 欢迎知识的差异性和多样性并给予高度评价，并且是研发过程的一部分。 ■ 对所涉人员的多样性和差异性的不尊重行为要受到“惩罚”。 存在辅助交流沟通机制和舆论形成工具方法： ■ 鼓励自我探究的态度。 ■ 支持发现任何人的不足之处。 ■ 支持开发过程中发现问题的诚实态度，即使产品已经投入市场。	+
7	如何处理流程改进？	
	■ 没有系统的、持续的过程改进。 ■ 团队中没有反思阶段的学习周期。 ■ 没有“经验教训学习”阶段	−
	■ 持续过程改进是正在运行的流程模型的一个组成部分。 ■ 在“经验教训学习”研讨会上进行经验教训学习。	+
8	有哪个流程成熟度可用？	
	■ 采用“临时”流程。 ■ 规定不明确。 ■ 员工不确定项目的进度以及对自己的期望。	−
	研发流程 ■ 已明确定义。 ■ 有合理步骤（追溯性）。 ■ 并且可以衡量。 以下流程阶段可以清楚地加以区分： ■ 管理。 ■ 软件和系统开发。 ■ 开发接口。 ■ 验证和确认。 ■ 审计和评估。	+

ISO 26262

ISO 26262：2011，第2部分，第5.4.2段对培训安全文化提出了要求。

组织结构要求必须积极推动安全文化的培训。

必须通过适当的规则和流程来支持实施这些要求。组织结构必须积极创建所描述的业务流程，从而使发现的安全异常与安全管理人员以及所有相关角色之间的开诚布公的交流成为可能。

流程改进作为企业指导方针

在安全生命周期的活动期间，所需的记录内容（参见ISO 26262：2011，第8部分文件）必须由相应胜任的工作人员准备并作为工作产品。持续流程改进必须植根于组织机构的指导方针。

角色理解

学习型组织可以由员工的自身形象体现。相应的工具可以支持设计以开放性为特征的安全文化。

要赋予对安全工作熟知的员工以基于角色分工的责任和必要的权限。

3.4.3 World Cafe 和开放空间方法

Tipp

World Cafe 研讨会方法由美国商业顾问 Juanita Brown 和 David Isaacs 共同开发。

开放空间方法已被证明能够有效地组织大型团体，因为许多参与者可以自己组织自己，并在自己的责任范围内处理他们在外部社区的一般问题。这个方法的特征是小组在“自由”空间进行工作。该工作方法由 Harrisison Owen 开发。

3.5 技术安全管理

安全相关组件或系统的设计和应用有责任和义务遵守安全生命周期所有定义阶段的功能安全管理（FSM）标准的要求。

持续验证和确认（V + V）（错误预防和组织措施）是必须在经济和时间方面进行的基本活动。

（V + V）将在第10章“验证和确认”中讨论。

这里需要特定的组织流程和方法。

这些流程和方法通过 FSM 系统从根本上同时基于项目集成到公司中，类似于根据 ISO 9000 f 或 ISO / TS 16949 所要求的组织程序。可以通过有资质的第三方对 FSM 系统进行认证，但是标准并不做要求。

步骤和要求

流程和量体裁衣

根据公司或组织标准，可以创建功能安全管理特定适应特征。

内部标准中提到的角色、职责和流程在安全相关项目和产品的适应规则框架内根据需要进行更改和扩展。这对流程以及确定的产品是很有帮助的。

改变意愿

只有有改变的意愿，并且必须能够得到最高管理层在所有事务上的积极支持才能成功实施和建立安全管理。

3.6 Joy 项目的功能安全管理

OEM 采用已建立的功能安全管理（FSM）。

safehicle 公司部分采用 OEM 的 FSM，因为它自己的 FSM 尚未完全开发。最重要的活动和工作产品在安全计划中将与 OEM 共同定义，并通过文本、图形和过程描述进行记录（图 3-3）。

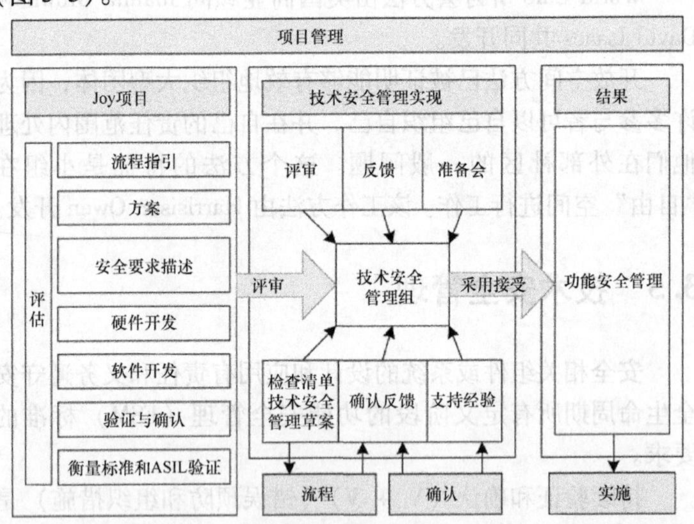

图 3-3
Joy 项目功能安全管理

图 3-3 总结了具有相互依赖的工作步骤并考虑必要的测试步骤的系统流程，以便对其有一个粗略的理解。其详细信息在各个定义的流程和文档中。

3.7 safehicle 公司安全政策和安全计划

safehicle 公司的安全策略以质量手册（QHB）为基础。

因此，安全经理 Rainer Fels 先生可以将其流程引用到安全计划（SP）。此外，Fels 先生确认在所有安全生命周期相关负责人都熟知 QHB，并且每个人在他的工作岗位上都有。这些人中的每个人都需要在实践中实施本手册的要求，同时也要确定和使用其改进可能性（持续改进过程）。Joystick传感器开发安全战略的重要组成部分是具体的产品安全计划（ISO 26262：2011，第2部分，第6.4.3.4段），以及相关的适用文件。ISO / TS 手册或 SPICE 框架中的详细规则应在安全计划中引用。作为安全标准规定的评估活动的一部分，将对安全计划要求进行审查。这增强了安全质量意识，确保了安全工作的文化。作为安全政策的一个重要组成部分，Fels 先生要求必须采取以下措施以确保功能安全。他还在安全计划中记录了这些内容。

确保功能安全的措施

■ 实施实现功能安全的战略、活动和步骤。

■ 根据 ISO 26262：2011 第8部分第5段制定开发接口协议（DIA）（项目 Joy 和其产品 Joy 传感器）。

■ 根据 26262：2011 第8部分制定相应支持流程。

■ 根据 ISO 26262：2011 第3部分，第7段进行危险分析和风险评估。

■ 根据 26262：2011 第3部分第8段，ISO 26262：2011 第4部分第6段和第7段，ISO 26262：2011，第5部分和 ISO 26262：2011 第6部分制定和实施安全要求。

■ 根据 26262：2011 第9部分第7和第8段分析相关误差和进行安全性分析。

■ 根据 26262：2011 第8部分第9段和 ISO 26262：2011 号第4部分第9段进行验证和确认活动。

■ 根据 26262：2011 第2部分制定功能安全一致性措施。

■ 在项目特定的安全管理中包含所有安全活动（ISO 26262：2011 第2部分第5段）。

■ 如有必要，根据 ISO 26262：2011 第8部分论证运营可靠性。

■ 如有必要，根据 ISO 26262：2011 第2部分第6.4.5段，细分安全生命周期。

根据 ISO 26262：2011 第2部分对安全计划中描述的每项活动根据以下几点进行扩展：

■ 设定目标。
■ 其他活动的依赖性和信息。
■ 开展活动的必要资源。
■ 开始时间和持续时间。
■ 确定相应的工作结果。

3.8 安全生命周期活动

3.8.1 项目实践举例

safehicle 公司的质量代表 Klara Schauhin 女士对项目组，特别是安全管理经理 Rainer Fels 起支持作用，在 GAP 分析中认为需要添加或修改流程。根据第一次粗略分析结果，将举行负责人工作会议。

与会人员

Rainer Fels 以咨询顾问身份在场，与会人员包括项目负责人 Tanja Clock，配置和更改负责人 Wolfgang Lagert，测试确认负责人 Ernst Probe 和开发经理 Josef Byte。

FSM 目标

Rainer Fels 向所有与会者解释："功能安全管理的总体目标是在我们的安全相关产品所经历的阶段定义所有技术活动和必要的流程。这里起决定性作用的始终是实现所需的安全完整性等级水平，我们必须通过适当的流程和活动来确保这一点。我们可以使用现有的公司标准，但仍需要针对项目和在开发产品的阶段进行特定调整。"

明确分工

Klara Schauhin 创建了一些幻灯片来展示当前状态并显示目标 - 实际分析的结果。她已经通过具体指定每个阶段的人员和部门的职责部分调整了该项目的公司相关规范。

安全计划和接口

已制定安全计划，并充分尊重安全手册的规定。现有的组织措施已纳入安全相关活动。特别是她已经考虑了相邻阶段的接口以及分布式开发中的信息结构和信息流。在今天的工作会议上，我们必须确定相应工作和补充流程，以便项目文档包含符合标准的应用所需的所有相关信息。

安全生命周期活动

Rainer Fels 准备了一份关于安全生命周期活动的报告，并从图 3-4 中的内容开始。

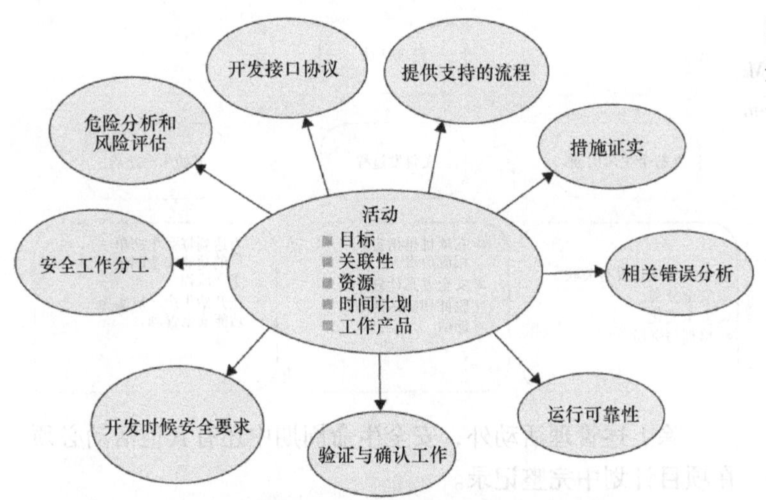

图 3-4
安全生命周期活动

对于此处列出的活动，我们必须继续进行目标 - 实际分析，并因此确定 Joy 项目所需要的具体要求。

Tanja Clock 问道：“我们项目的安全要求来自 Drivesmart 的危险分析。我们是否仍然需要对风险评估采取行动，还是应该依赖 OEM 提供的信息？” “在我们子系统 Joy – Stick 传感器的背景下，我们必须进行自己的风险评估并根据结果进行细化。”

更改处理

Wolfgang Lagert 想知道：“如果我们在处理更改时有不同的数值发生该怎么办，因为所需要的安全功能范围是不可行的？”“立即需要与委托方协商从 Drivesmart 方面对更改进行修改，并且必须进行相应的补充分析。从而我们软件要求也进行分析更改。”“然后我必须在现行工作辅助工具上补充更改管理，因为更改没有与安全相关方面直接关系。我已经有一些想法，我们可以在符合标准的情况下投票。”

Tipp

有关更改管理的更多信息，请参阅第 5 章“配置和更改管理”。

3.8.2 管理活动

高级别的管理活动和与项目有关的管理活动之间存在区别。

基于产品经历的不同阶段，特定的管理活动还存在更多的区别。图 3-5 显示了每个阶段的基本特征。

管理活动
在整个生命周期
在研发过程
开始生产之后
与具体项目没有关联
安全分类
安全文化
培训与资质
在项目里指定相应负责人
安全方案计划
验证和确认计划
评估
为达到每个生产单位的功能安全制定生产流程
在开始生产之后实施功能安全管理

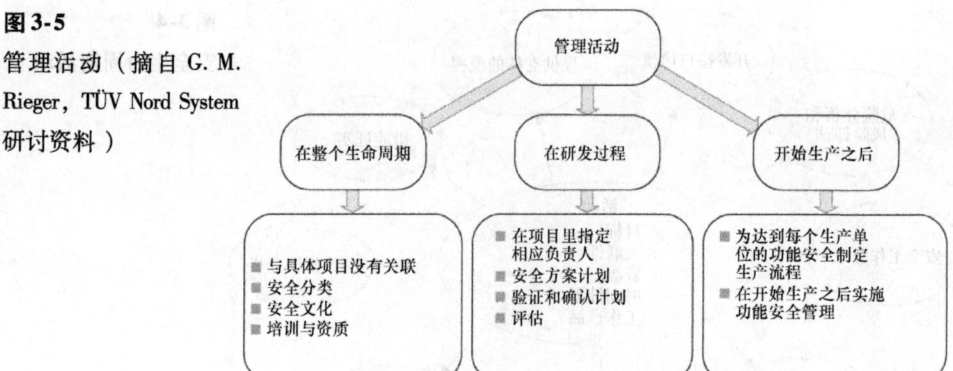

图 3-5 管理活动（摘自 G. M. Rieger，TÜV Nord System 研讨资料）

除上述管理活动外，安全生命周期中还有其他活动必须在项目计划中完整记录。

在图 3-4 中的预期活动可以作为向导，不过必须将它们明确地分配给安全生命周期中的各个阶段。

特别需要注意计划文档和由此产生的工作结果。图 3-6

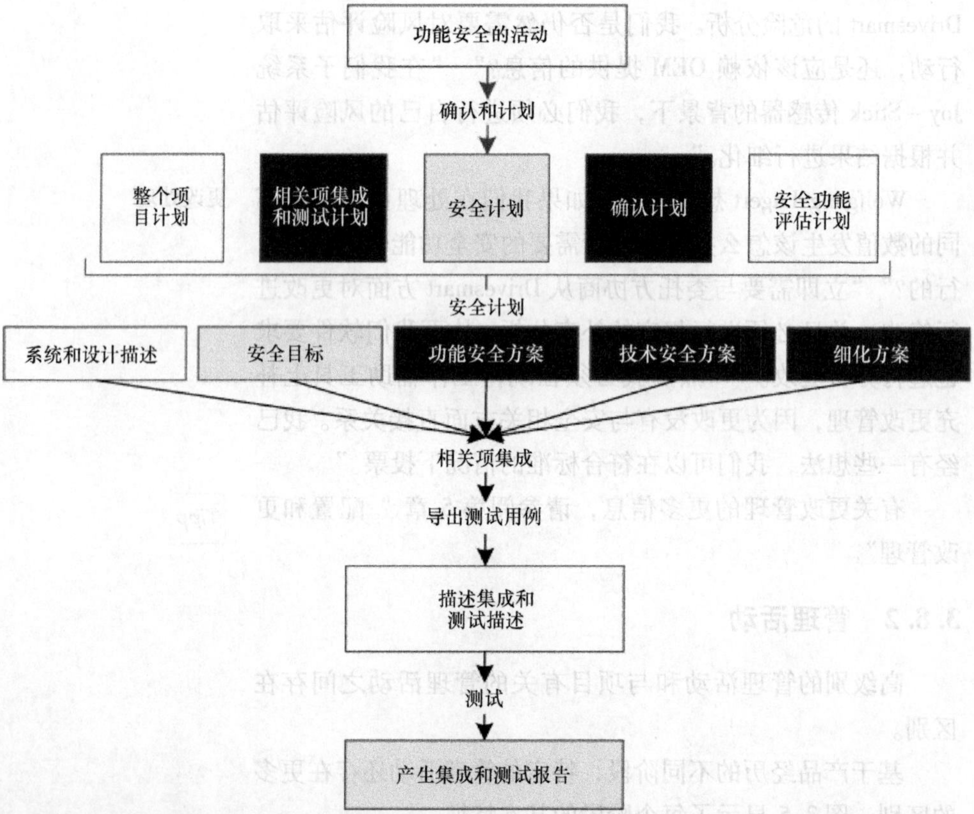

功能安全的活动
确认和计划
整个项目计划
相关项集成和测试计划
安全计划
确认计划
安全功能评估计划
安全计划
系统和设计描述
安全目标
功能安全方案
技术安全方案
细化方案
相关项集成
导出测试用例
描述集成和测试描述
测试
产生集成和测试报告

图 3-6 具体工作和工作结构

显示了计划中的重要文档以及它们如何通过结果结构相互联系在一起的。

有关文档和相关工作产品的信息，请参见第 12 章“文档和工作产品”和第 13 章“相关文档和工作产品”。 Tipp

3.8.3 证实措施

安全计划必须按照符合 ASIL 的确认措施（确认审查 ISO 26262：2011，第 2 部分，表 1）批准和授权。该标准将每项措施与具体的独立要求以及实施程度相结合。该项目的所有安全目标以最高的 ASIL 作为目标。标准使用以下符号：

(—) = 没有要求，没有建议支持或反对措施；

(I0) = 可以采取措施；

(I1) = 应该采取措施（措施由本组人员执行即可）；

(I2) = 措施由外组人员执行；

(I3) = 措施由完全独立于安全系统安全生命周期的其他部门或者组织的人员进行。

原始表格可直接在 ISO 26262：2011 中找到。

3.9 所需的流程支持

流程支持是整个产品开发和使用以及报废过程中的重要工具。与汽车相关的标准明确提到了第 8 部分中的基本支持流程：

- 分布式研发和接口。
- 安全要求描述。
- 配置管理。
- 更改管理。
- 验证。
- 文档。
- 熟悉软件工具。
- 软件组件的资格。
- 硬件组件的资格。
- 论证操作可靠性（在实践中证明）。

对本书的上下文中讨论了支持流程，我们指出了第 8 部分相应章节的标准和特定部分。 Tipp

分解 – 调整原则

在 safehicle 公司与负责质量管理、项目管理、开发、测试管理和功能安全管理人员的决策会议中，决定功能安全管理中的标准流程与最高 ASIL 级别一致，并必须通过分解原则调整到较低 ASIL 级别。

该程序符合标准，因为标准包含或允许此类适应原则。公司应该已经拥有以流程为导向的开发经验，这是实施成功的先决条件。

为了规划由标准要求执行的基本活动，功能安全管理通常会为生命周期模型中的每个相关部分制定一份清单。这些清单作为标准提供给项目，但是必须是根据产品和项目特点进行补充。

Tipp

示例清单在本书的附录 A. 1 中提供。对所有安全活动进行细致的规划至关重要，必须始终予以证明。

第 4 章　安全生命周期中的特定角色

为产品和项目选择 提供合适的资源，以及组织高效的团队是负责人的主要挑战。ISO 26262：2011 规定了要部署人员的要求并描述了他们的任务。本章介绍了安全生命周期中的特定角色及其在项目故事上下文中的活动，并为制定角色描述给出指导帮助。

4.1　高效的团体

机构组织必须通过项目管理程序确保安全相关项目开发所需的必要资源及时配备，明确确定和公布责任。每个角色都要检查自身和培训需求。团队必须能够根据给定的条件、流程、基础设施和程序方法完成项目。

ISO 26262

ISO 26262：2011，第 2 部分

第 5.4.3.1 节

要求管理能力。

第 5.4.2.6 节

必须有必需资源（工具、模板、人员、数据库……）。

第 6.4.2 段。

定义安全管理中的角色和职责。明确项目经理和安全经理角色。

4.1.1　资源规划项目举例

项目经理 Clock 女士分析了整个定义的安全生命周期中需要哪些资源。

她定义了角色和责任矩阵：哪个角色必须在哪个级别的产品开发中可用，如图 4-1 所示。

角色矩阵

在矩阵中记录是否每个角色是

■ 合作（M）。

■ 负责（V）。

■ 结果用户（N）。

■ 流程负责人（P）。

项目经理可以查询 safehicle 公司内部的功能安全管理信息。

在矩阵定义必要的角色和责任。它必须确保能得到所需专家的支持并将其写入项目计划中。

图 4-1

项目举例角色矩阵－整个矩阵部分

工作组/角色	功能安全管理		方案阶段		系统层面		硬件层面		软件层面		设计		预生产及调试		支持	
	组织	责任	组织	责任	组织	责任	组织	责任	组织	责任	组织	责任	组织	责任	组织	责任
项目经理	V	M	M	V	N	V	N	N	N	N	N	N	N	N	M	M
功能安全经理		V		M		M		M		M		M		M		M
安全协调员		M		M		V		M		M		M		M		M
配置管理经理		N		M		M		M		M		N		N		V
质量代表		M		N		N		N		N		N		N		V
系统测试经理		N		M		V		N		N		N		M		M
硬件测试经理		N		M		N		V		M		N		N		V
软件测试经理		N		M		N		M		V		M		N		V
设计测试经理		N		M		N		M		N		V		M		M
硬件项目分经理		M		M		M		V		N		M		M		M

（续）

工作组/角色	功能安全管理		方案阶段		系统层面		硬件层面		软件层面		设计		预生产及调试		支持	
	组织	责任	组织	责任	组织	责任	组织	责任	组织	责任	组织	责任	组织	责任	组织	责任
机械项目分经理		M		M		M		N		N		V		M		M
软件业务经理		M		M		M		N		V		N		M		M
外部业务伙伴		N		M		M		M		M		M		M		M
其他																

相对来说分布式开发的接口是特别困难的。

虽然项目计划是基于阶段制定的，但它不仅考虑根据相应开发流程制定的标准开发过程，而且还根据 ISO 26262：2011 开发阶段进行更改。但是，详细规划何时必须在哪个阶段哪个角色可用只能在当前粗略估计。职责的过渡需要激烈的讨论，需要进一步协调。

平衡资源需求

此外，它还考虑了 Drivesmart 安全计划中的特殊客户要求。

客户要求协商商定内部安全管理，提供安全管理以及运行良好的配置管理。

Tipp

此外，它还考虑了 Drivesmart 安全计划中的特殊客户要求。

在征求 Clock 女士和领导管理人员的意见后，经验丰富的项目经理兼工程师 Rainer Fels 先生担任职能安全经理。

4.1.2　有条理地确定培训需求

在组建项目团队时，Clock 女士很快发现一些项目团队成员仍然需要对 ISO 26262：2011 和其中所需的方法的培训。

每个团队成员通过一个点程序评估他们对标准的理论和

实践知识。在 Clock 女士主持的团队会议期间，标准的哪些部分需要学习以及哪些可以从团队交流经验中受益变得明了。基于该项目的计划持续时间，Clock 女士认识到 1~3 天的一次性培训将不够。因此，她决定进行几项培训，每项培训都与即将到来的开发阶段有关。该团队立即看到了这种方法的优势。

当前的疑问和问题可以直接与培训师讨论——视情况而定。她和安全经理 Rainer Fels 共同确定关于所需培训的标准。为所有项目团队成员举行一场为期一天的研讨会作为项目的开始。该研讨会由具有坚实 ISO 26262：2011 知识的经验丰富的培训师进行，旨在确保基本知识水平以及对安全相关项目的共同理解。

4.2 资质

在安全生命周期内，必须在所有阶段明确或实施安全要求。

通过对项目参与者（管理人员、开发人员、测试人员、设计人员等）进行针对性的培训，同时兼顾为实施安全意识思想文化而制定的指导方针，从而确保在标准的意义范围内的相应的技能和安全意识。

资质证明

该标准没有规定必须提供哪些资质证明，但必要时必须提供这些。相应的指标可以是：

- 相应的职业培训及大学教育。
- 相关项的技术知识。
- 相同领域的实践经验。
- 针对特定任务或任务领域的特殊附加资格。
- 根据核对表进行能力评估的结果。

项目越复杂，ASIL 越高，实际经验就越重要。

举证责任

举证责任由功能安全管理承担，主要由项目管理人员进行。应该指出的是，在确认和评估的背景下，根据定义的 ASIL，对所采用的人员的独立性有要求。例如，在必要独立性的情况下，项目经理不能承担相应的职责，尽管他有相关的知识。以下表 4-1 和表 4-2 是活动的系统化记录，以及所需资质和权限的示例。

表 4-1

活动和资质关系部分 1

活动		资质		权限
	对待开发系统的技术理解	了解功能安全、安全标准、安全流程和安全工程	适当的培训来执行任务（安全过程和安全工程）	对沟通和决策的影响
安全要求管理	可以在项目期间获得	基本经验	关于经验	确保需求管理流程
制定衍生安全要求	深入技术理解（详细知识）	安全要求知识	要求管理方面的专业知识	
实施安全要求	深入技术理解（详细知识）	安全要求知识	安全描述知识	
执行安全分析	可以在项目期间获得	基本理解	根据任务	讨论结果

表 4-2

活动和资质关系部分 2

活动		资质		权限
	对待开发系统的技术理解	了解功能安全、安全标准、安全流程和安全工程	适当的培训来执行任务（安全过程和安全工程）	对沟通和决策的影响
计划，对验证和确认的执行和记录	深入技术理解（详细知识）	错误模型专业知识	分析模型专业知识	讨论结果
配置管理	深入技术理解（详细知识）	错误模型专业知识	计划和执行测试、模拟、车试方面的经验	确保配置管理流程
更改管理	深入技术理解（详细知识）	基本知识	更改管理、版本管理和变体管理	确保更改管理流程
证实措施	可以在项目期间获得	基本知识	更改管理、版本管理和变体管理	讨论结果
准备生产加工	基本知识	专家知识	如有必要有评估经验	

4.3 Joy 项目安全经理

与 IEC 61508 不同，安全管理经理实际上在汽车行业标准中被视为一个职位。

必须在组织内定义职位的特定特征（职位描述）。

决策能力

它的基本特征是决策能力。项目经理可以完全或部分地接管安全经理的任务，前提是他具有必要的资格并且可以向他项目里的人分配任务。

职能冲突

在实践中，这两种角色经常与他们的任务发生冲突，因为无法再承担工作量和工作时间。安全经理角色可以由不同的人根据标准承担。为实现这一目标，需要进行详细的规划和定义，协调工作并不总是与应当的计划相符合。

划分界限

根据产品和开发过程，安全生命周期阶段之间的界限划分是有意义的，特别是如果生产、维护和报废所需的知识对于开发过程中的专家而言过于特殊。

功能安全经理应该有自己的咨询和执行专家，因为个人不可能在所有领域和安全生命周期具备所有要求所需的必要能力。安全管理人员依赖团队合作和支持流程（的工作结果）。

4.4 功能安全经理职位描述

表 4-3 功能安全经理职位描述只是 safehicle 公司的一个示例为您项目提供参考帮助，不应该作为模板直接使用。

表 4-3
功能安全经理职位描述

（功能）安全经理（FSM）职位和活动	
职责	安全经理在从方案到生产的产品开发过程中负责定义系统的功能安全性。他是涉及技术或组织要求的所有关安全相关标准、指南和具体规定的核心联系人。他是内部和外部的功能安全的接口，特别是对客户和供应商。作为一名员工，他完全独立于项目，而不是开发团队的成员
根据 ISO 26262，安全经理的主要作用是通过评估来评价安全项目中产品的功能安全性和安全管理。评价产品开发过程是安全经理和功能安全管理的义务。他必须确保系统（相关项）满足用户的期望，包括产品生命周期的无缺陷。安全经理不要在安全项目中从事其他工作，以确保必要的独立性。但是，ISO 26262 允许项目经理扮演 FSM 的角色	

（续）

（功能）安全经理（FSM）职位和活动	
任务	监控流程每个阶段的开发流程/产品开发流程是否充分满足安全要求，并确保流程中所需的活动和工具得到正确、全面的实施和使用
	确定、规划实现和评价安全（特别是评估）的措施，并与相关公司的安全管理人员以及必要时的外部评估员协调
	安全计划由总安全经理以及功能安全管理部门提供，并且必须做更改以适应项目特点。安全经理知道已制定的更改原则并提供给项目使用 以上措施和计划要在安全计划中汇总 标准要求将安全计划作为一项工作产品
	安全经理对流程和产品进行检查，或安排相应的专家进行。目标是提供给项目经理发布建议。特别是涉及功能安全的系统设计和更改的发布
	计算故障概率，并检查要开发系统相关的记录值，包括硬件和软件
	在审核或评估后，确定解决与安全相关问题的措施
	安全经理向项目经理和相关高级负责人员报告安全审核和安全评估的结果，并提醒他们注意风险
	安全经理必须创建必要的先决条件，以在组织/项目中实现功能安全相关知识。为此，他确定培训措施的标准及其范围，并评价培训的有效性
能力/所需技能	为了满足各种需求，安全经理必须具备所有开发阶段的实践知识 ■ 很好的系统理解能力，并具有过程管理和质量管理方面的工作经验 ■ 必须有 ISO 26262 知识以及其他与产品相关的安全标准/指南的理论和实践（要有证明） ■ 实践知识和培训：危害分析，FMEA 和 FTA ■ 证明有可靠性工程领域的知识 ■ 需要管理经验和团队领导经验 ■ 客户和供应商的高沟通能力和专业形象 ■ 升级报告和解决冲突能力

4.4.1　项目举例

对于 Joy 项目，Clock 女士在项目方案中从功能安全管理引用了标准职位描述，并对其补充，以使其适合项目的重要特点。

她补充了以下安全经理的要求和任务：

■ 所采用技术的技术专长：转向技术、机械、电子、软件和安全标准的实践知识以及影响产品功能安全的其他适用标准或法规。

■ 支持制定危害分析以及相应检查实施。

■ 除非由 FSM 提供，否则提供模板。

■ 配合功能 FMEA 包括细化。

■ 检查 FTA。

■ 具有流程导向的开发培训师经验，在开发阶段指导团队。

■ 参与推出符合 ISO 26262：2011 的团队新流程。

4.4.2　Joy 项目的安全协调员

Fels 先生检查现有的资源，尤其是团体成员的能力。

“Tanja，为了确保所有必要的活动和所需的特殊的技术专长，我想用 Rudolf Blackbelt 作为这个项目的安全协调员。我已经和他谈过了，他会同意并且可以工作。我需要照顾的其他项目，我认为这是一项重要措施，他是一位经验丰富的系统工程师。”

“Rainer，您作为功能安全经理负责，Rudolf 是团队与您之间的接口，并担任产品专家?”“完全正确！通过这种方式，我们可以保持沟通渠道简短有效，Rudolf 给我中间状态和结果以及重要的决策信息。他还在流程方面为团队提供帮助，因为他能够很好地掌握所使用的方法和程序。”

4.5　安全协调员职位描述

表 4-4 是一个示例，可以根据需求进行删减或增加。

要对这个职位定义需要多少技能，我们让您根据项目特点自己决定。

表 4-4　安全协调员职位描述

项目中安全协调员职位和活动	
职责	安全协调员，也称为安全负责人，是安全经理和开发团队之间的接口。对于每个相关阶段要任命一名安全负责人。他接管安全经理的控制和监督任务的一部分，但是这个职位直接参与项目团队
安全协调员是项目团队的直接联系人，负责功能安全以及项目团队与安全经理或功能安全管理（FSM）之间的接口。特别是在危害分析、FMEA、FTA、概率计算和工作产品评审领域，安全协调员必须支持团体。他负责协调所有与安全相关的活动，并向安全经理提供发布建议	
任务	■ 安全协调员协助项目团队调整标准安全计划及其实施（例如：作为审查员和主持人参与评审） ■ 安全协调员通知安全经理安全计划的措施在多大程度上成功实施 ■ 协助项目团队维护安全计划，跟踪和评估计划中的安全相关活动 ■ 协助制定危害分析或作为审查员进行审查 ■ 帮助开发和完善功能性 FMEA ■ 参与错误树分析（FTA）及其评审 ■ 参与定量安全考虑和概率计算
能力/所需技能	■ 需要与安全经理相同的知识和能力 ■ 工作重点是在项目层面实施计划的措施 ■ 因此对要开发的安全相关项必须要有非常好的技术知识 ■ 有制定系统和功能 FMEA 和 FTA 的经验 ■ 可靠计算概率和错误率 ■ 系统知识、硬件知识和软件知识

在这个示例中的能力和任务必须要根据产品和项目以及组织结果特点进行补充和更改。

4.6　安全生命周期的其他角色

在以安全为导向的研发整个产品的生命周期中还有其他的角色，我们将对其做以下简短的介绍。

基本上与安全相关的研发项目需要研发组项目经理、确认测试组、质量代表、版本代表、需求管理、配置代表、更改管理、整个产品组等。

4.6.1　销售代表和产品专家

销售代表其对具有安全功能的产品和组件在一般常识下

起顾问作用。产品专家特别需要有功能安全技术知识来协助销售代表。产品最初的客户要求来自销售，这些必须由专家进行分析，以确定其在功能安全方面的可行性和相关性。

4.6.2 招标部门的职员

销售人员（包括外国销售公司）根据产品描述和产品培训对产品有一般了解。这应包括有关功能安全的产品信息。这些专业人员处理客户咨询并为产品报价。如上所述，产品专家的建议对于避免错误报价至关重要。在缺乏此类专业人员和结构系统化信息的情况下，可能会导致错误的报价，从而对企业造成经济损失。

4.6.3 订单处理负责人

订单产生也即产生了整个订单处理的负责人。只要前提与功能安全相关，他就必须采用功能安全的要求并且适当情况下进行补充。对此他需要特定的专业知识和产品专家的支持。如果没有相应规定，他必须为制定和处理订单制定相应规定。

4.6.4 ASIL 产品专家（产品管理部门员工）

ASIL产品专家是销售、专业部门和生产部门的接口。他能总结外勤/销售的安全技术要求，并把它们转给相应部门进行详细处理。例如可以转给相应的有能力的研发工程师。

一个重要的任务是始终通过培训和与专业部门交流一直了解产品/部件安全功能当前状态。他对销售员工进行培训并给予信息。他始终支持销售和订单负责人。

4.6.5 项目经理

每个项目都有项目经理这个角色。它根据被公认的标准并且以流程来提供产品和服务。前提是已知基本任务和责任程度。基本上，项目经理需要技术知识，并有领导力和好的沟通能力。项目经理的活动旨在提供可用资源，并有效地使用它们以按时交付高质量产品。他必须在早期阶段识别并避免项目中的所有风险和含糊之处，或找到适当的措施。在

4.3 节我们已经讨论了关于功能安全经理的作用。必须明确项目经理对所有阶段负责。

这不会因使用功能安全经理的角色而发生变化。

4.6.6 研发人员和测试确认人员

计划的任务必须由每个开发过程中的专家执行。

这些可以来自各种专业，包括工程师、计算机科学家、物理学家、数学家、机电一体化人员、设计人员、嵌入式开发和功能安全项目中的其他专家和技术人员。

根据专业领域，任务细分为以下几组：

■ 系统开发人员负责定义整个系统。项目中的任务：系统需求规范，系统架构，特别是连接和集成系统的接口设计，系统集成，系统验证确认和整个系统的质量保证。

■ 电子开发人员负责项目中的电气工程任务，例如需求描述，电路图和创建布局，验证和确认（尤其是硬件测试人员）。

■ 软件开发人员负责项目中编程任务（V 模型），例如：在不同开发阶段的需求描述，实施，设计，验证和确认。

■ 设计工程师负责项目中的机械任务，例如 需求描述，设计和起草，验证和确认。

■ 实验工程师/验证确认人员负责测试项目中的任务，例如 测试方案，测试描述，物理测试（类型测试）和产品相关测试。

4.6.7 装配人员

装配人员基于产品描述和产品培训具有功能安全的一般知识。

他们根据给定的订单数据组装具有安全功能的产品。

4.6.8 检查和调试人员

在明确的产品培训和精确的产品描述以及其他辅助工具的基础上，检查员根据给定的规格对安全相关产品进行最终测试。

他们调试安全级产品，负责测试电气安全。他们必须使用确认结果来证明功能已完全正确实现。

4.6.9 处理订单的服务人员/文员

在产品的安全生命周期中，必须为客服人员提供特定的功能安全知识。

产品描述通常非常广泛，只有针对性的产品培训才能确保客户对安全功能的投诉得到正确识别和采纳。客服人员协调安全相关产品的维护和维修，并直接与客户和车间的维修技术人员进行协调。如果服务人员能够在投诉和功能安全之间建立联系，则可以立即联系车间的经过相应培训的专家。由于他对具有安全功能的产品的了解，他将采取正确的措施，从而避免进一步的危害。

4.6.10 车间维修技师

维修技师具有基于技术产品描述和密集产品培训的一般和进一步功能安全知识。

他们对具备功能安全的产品进行故障查找、维修、维护和维修。

因为风险是已知的，并且通过要遵守的措施最小化或消除，所以只有对功能安全方面进行维护、修理、调试和报废进行计划，客服人员才能得到充分的培训和保护。

4.6.11 独立的第三方（评估）

独立第三方可以根据 ISO 26262 进行审核和安全评估。

Tipp

第 9 章“功能和技术安全要求描述”中介绍了安全评估。

4.7 角色多样性

本章并未详细介绍 Joy 项目组中提及的所有角色。

添加了安全生命周期中涉及但未直接在开发团队中列出的角色。

在实践中必须始终根据适用的流程和标准定义并定义与项目相关的角色。

Tipp

配置管理员的角色描述可在第 5 章“配置和更改管理”中找到。

第5章　配置和更改管理

本章介绍配置管理和变更管理中的核心活动。揭示了与管理学科和其他支持流程的接口。作为项目故事的一部分，将创建配置管理计划。同时考虑了与 ISO 26262：2011 第 8 部分要求的直接关联。

5.1　配置管理

标准期望并要求专业的配置管理。

ISO 26262：2011，第 8 部分，第 7.4.3 段：所有与安全相关的工作产品。

5.1.1　配置管理的任务

配置管理（KM）的任务是归档所有工作产品，包括其历史和相关文档，并以系统结构的方式提供给相关方。

管理项目工件（资源、数据、文档、图表）是配置管理活动不可或缺的一部分。必须在项目开始时规划配置管理和版本控制中的项目特定流程。项目配置管理计划安排并确定如何和在哪里存储各个工作产品以及如何与开发状态相匹配。

配置管理（KM）和变更管理（CM）的典型文档是：

- 配置管理计划。
- 更改管理计划。
- 更改要求。
- 更改要求影响分析和计划。
- 更改报告。

5.1.2　活动项目举例

safehicle 团队必须确保管理和维护文档版本，并确保相关信息在每个开发阶段的一致性和重现性。

这些要求不仅涉及文档和资源，还涉及工具、软件工具和硬件。

配置经理 Wolfgang Lagert 对现有的 KM 流程进行差距分析。分析结构表明，safehicle 的标准过程在内容和方法方面与 ISO 26262 的许多要求相对应。然而，存在一些缺点，因为 KM 管理的不够完整且不及时。

KM 计划

“我定义了要补充的流程步骤，并调整项目的 KM 管理计划，以便影响功能安全的因素获得特殊标记。为此，我提出了‘FuSi - IDs’的格式规范。我看有必要扩展确定 KM 管理活动状态方法。此外，我还确定了 KM 中的存放、存储、处理和交付机制。如果有 KM 管理审计重要标准，我需要尽快得到这些信息，以便将其纳入我的工作中。”

5.1.3 里程碑 - 基线 - 接口 - 权限

与发布管理和项目进度计划协调，为确定的里程碑以及里程碑交付定义基线及其内容。

产品的关联版本（电子布局、软件、要求等）由基线标识出来。对于在不同系统中进行版本化的项目，它确定如何创建和识别统一的基线。

为项目分析和记录配置管理所需要的模块、组件、子系统、文档、源代码、工具、编译器、测试用例、数据和接口。

KM 策略

这考虑了制定的 KM 策略。根据安全生命周期模型计划 KM 活动并将其收录在相关的计划文档中，同时分配任务（包括所需信息）。

KM 结构

设置 KM 系统访问权限（包括权限控制）。为项目定义结构、层次、存储和归档。通过使用在 safehicle 中已经证实的合适工具来支持所确定的任务。此外，还要有明确的流程。

并行开发

为了掌握部分并行的开发，Wolfgang Lagert 与团队共同制定战略，很快发现开发人员需要访问相同的源代码库才能保证进度。特别是，对标记和合并分支的过程进行了深入讨论，并找到了一个流程。

5.1.4 工具使用和交付 KM 项目

为交货指定基线标准。在这里同时考虑了给定的 KM 策略和产品发布过程。

由于对每个配置对象（KM 对象）都必须描述工具，Lagert 先生提供了一个模板。通过使用 KM / Versioning 工具和给定的标准确保了对更改和释放的控制。项目团队在使用该工具方面有足够的实践经验。该工具会自动创建历史记录，但必须为每次更改手动输入简短有力的发布说明。

工具使用

为了软件集成和交付汇编，Wolfgang Lagert 定期和按需要知道每个配置项的相应状态。在该工具的支持下，标签显示以下状态：

有状态报告的 KM 相关项和标签

- 工作进行中
- 检查中
- 错误
- 延期重新进行
- 释放

必须验证这些状态报告，以确保 KM 相关项和基线的一致性。

与项目经理 Clock 女士和安全经理 Fels 先生一起，分析了备份、存储和归档的规划和实施要求，并在 KM 计划中记录了合适的方法和程序。此外，还与参与公司的项目经理和配置代表对交付的处理进行协调，并采纳要考虑的风险和问题。

备份

记录更改 KM 相关项的决定标准，并且阐述了在共同批准流程框架内的上报等级。

批准过程

5.2 配置经理

表5-1 是一个对角色和职位描述的详细举例。

表 5-1
配置经理角色描述

配置经理角色	
负责	配置经理负责确保所有信息和工作产品都清晰可识别归档且可以重新调出，并与开发步骤相对应。为此，他必须确定产品和项目的合适策略 由他负责的 KM 进程必须支持知识 KM 单元的透明度 必须监督 KM 下的所有要素，为此，必须提供合适的流程和规则

（续）

配置经理角色	
目标（来源：汽车SPICE）	KM流程的目的是建立和维护流程或项目的所有工作产品的完整性，并为所有相关人员提供工作产品
任务	■ 提供流程 ■ 评估流程的有效性 ■ 支持并要求审核 ■ 优化流程 ■识别并提供KM任务的工具培训和方法培训 ■ 访问控制规定 ■ 工具集成 ■ KM和版本管理中的资源规划 ■ 配置单元的定义 ■ 控制、引导、纠正和管理KM相关项的措施 ■ 版本控制程序 ■ 分配需求和任务 ■ 确定KM中信息结构和信息要求 ■ 确定基线管理程序 ■ 定义结构 ■ 提供编号和目录方案 ■ 发布版本
接口	就配置单元的更改而言，需要更改管理委员会密切合作 ■ 必须对这些更改进行描述、分类、评估、批准、优先排序和实施 ■ 配置管理必须建立用于监控KM对象的标准化过程，并确保其跟踪效果
资质/所需技能	■ 基础技术知识，开发人员知识 ■ 多年版本管理实践经验 ■ 可靠处理过程评估 ■ 配置管理知识 ■ 项目管理知识

Tipp

在实际应用中，这个模板可用作起始文档。

5.3　根据 ISO 26262：2011 进行更改管理

更改管理（CM）将在标准的第8部分描述。

更改管理目标

在那里提出最低要求，目的是根据定义的分析和评估过程引入安全相关产品的更改。更改管理的目的是跟踪所有正在进行和计划中的变更，并确定决定这些变更的正式框架。

ISO 26262：2011，第8部分，第8.4.2.1段和第8.4.2.2段包含更改请求的最低要求。

每个更改请求（CR）必须包含以下信息：

- 明确标识，例如 一个数字序列
- 日期
- 更改的详细描述
- 请求更改的原因
- 与申请更改相关的产品版本

开发过程中的更改管理

当然更改管理计划可以要求其他的信息。

重要的是，只有不再处于开发阶段的工作产品更改才需要 CR。例如，在软件开发中中间版本可以存储在源代码管理中，而不需要更改请求来进一步处理它们。只有当软件组件离开实际开发阶段（例如提交进行验证）时，才可以通过更改过程对其进行修改。

ISO 26262：2011，第9部分，第8.4.3.1段规定在实施前分析更改请求的影响。

分析 CR

在做出是否实施 CR 决定前必须要具体分析哪些产品部分受到更改的影响。

除此之外还必须检查对安全方案或安全要求可能的影响。否则，产品可能会通过几个“小”更改而偏离既定安全方案的风险。每个 CR 的分析必须至少解决以下几点：

- CR 的类型（例如，故障排除、适应已更改的组件、扩展）
- 受影响的工作产品
- 对于分布式开发，受影响而需要告知方
- 对功能安全的影响
- 实施和测试的时间表

ISO 26262：2011，第 8 部分，第 8.4.4.1 段描述了如何决定是否以及何时实施 CR。

通过 CCB 对 CR 决定

每个完全分析的 CR 必须由称为“变更控制委员会”（CCB）的有资格机构做出决定。

通常，至少项目经理、安全经理和测试经理要在 CCB 中。这可确保考虑到对项目的所有影响。如果授予更改，则将确定负责的开发人员和实现的时间。受影响的工作产品将重新进入生命周期的适当阶段以便实施更改。

ISO 26262：2011，第 8 部分，第 8.4.5 段描述了实施更改请求，并要求采取验证措施。

必须以可理解的方式记录每一项更改。

这里包括已更改的工作产品，不过在配置管理中已经确认更改。此外，更改本身必须写明何时流入整个产品。如果 CR 被拒绝，则必须记录此决定的原因。

5.4 safehicle 公司更改管理计划

没有东西包括产品和项目是一成不变的。

正如差距分析已经显示的那样，需要在更改管理过程中进行调整，以符合 ISO 26262。

上报等级

同时担任更改经理一职的 Wolfgang Lagert 就重要问题询问了安全协调员。“Rudolf，你有没有检查我的更改管理计划有关更改（修改）的流程以及检查结果怎样？” – “Wolfgang，你在这个项目开始时就已经明确确定了如何应对变化并且也与团队就相关战略进行了协商。”

“确定决策者以及上报等级，这很好。也许你可以将更改管理更多地集成到 KM 文档中，你不一定要为它创建自己的规划文档。” – “好吧，我可以不需要太多的工作做到这一点，我们将在下一次团队会议上介绍这个规划。我要请 Tanja 把它列入议程。”

功能安全方面的变化

“该流程补充的目的是什么？我们都知道这些更改究竟会从何而来？” 架构师 Paola Stabil 提出了这个问题，他过去常常因产品需求的变化而不得不进行架构改变。

功能安全附加安全功能影响分析

Rainer Fels 回答：“当然，我们建立在现有的变更管理基础之上，并使用现有的标准。此外，现在特别重要的是计划的更改或扩展是否会对功能安全产生影响。根据评估，应允许或放弃更改。此外，还必须评估是否需要其他安全功能以确保产品继续满足所有安全目标。这里新的东西是扩展影响分析。" – "Rainer，这是否意味着我们现在需要新的流程并且不得不在文档上又花费大量时间?" – "不，Tanja，别担心。我们的 KM 和更改管理要连在一起来看。Wolfgang 已经通过更改管理对 KM 计划进行了扩展，今天我们想给你们介绍这些调整。我把重要的几点列在白板上，此外你们将获得已经更新的模板和流程。"

5.5 流程调整方面

在更改管理中，确定对产品进行修改的整个过程，特别是：

■ 每个变更请求（CR）需要哪些信息。

■ 如何分析 CR，谁和什么数据。

■ 谁决定实施。

■ 管理 CR 的工具。

更改管理流程定义了 CR 标准：

1）CR 可以由于错误而产生，但也可以是扩展和/或改进。原因直接用工具记录。

2）更改控制委员会审查 CR，并在必要时将其分发给负责的开发人员/专家进行详细分析。

3）在分析结果的基础上，专家小组决定是否以及何时实施 CR。

4）在 KM 管理确定哪个更改对应哪个 CR。

5）对于每个 CR，保存当前状态在工具中：

- "提交" 对应已提交，但尚未分析的 CR（第 1 点）。
- "已分析" 对应已经分析的 CR（第 2 点）。
- "实施"，如果实施得到批准（第 3 点）。
- "拒绝"，如果未实施 CR（第 3 点）。
- "测试"，实施完成后的。
- "已关闭"，完成更改相关项的验证后。

上报还包括责任方的参与。

因此，上报过程必须在早期阶段与客户协调。项目控制评估更改的上报过程盈利能力（成本/收益）。

5.6 审批过程

当多个人在项目中处理安全相关系统并且必须互相协调、分配接口、工作结果和任务时，质量保证合作总是变得有趣。

要必须避免由于不一致或对接口的错误理解导致的失败。

因此，在不同项目合作伙伴之间建立审批流程尤为重要。必须在每个项目中实施审批流程。它包括详细信息：

■ 所有相关项目合作伙伴参与者包括项目经理、FSM、开发经理等职位。

■ 项目合作伙伴的系统组件或子系统之间的技术接口。

■ 根据获得的经验值的反馈决定接口变化。

■ 明确决策对实现安全目标的影响。

最能描述审批过程中项目合作伙伴之间关系的相关因素是合作伙伴之间的信任、合作和冲突管理。

项目合作伙伴必须对（安全相关的）功能接口（软件软件，软件硬件，硬件硬件）实现通用的语法和语义理解。

Tipp

批准过程对应于 CCB（变更控制委员会）对（技术）接口进行协调。特别是，批准过程中处理正在开发的系统的以安全目标为焦点的所有决策。必须对影响多个开发伙伴并影响系统功能安全的决定做出表决。

举例 – 调查问卷

批准过程可以通过指导性提问得到支持。

以下是系统、软件或硬件可能的调查问卷的摘录：

■ 计划更改（接口）的预期优点是什么？

■ 计划（接口）更改将如何影响项目成本？

■ 计划（接口）更改对项目进度有何影响？

■ 计划（接口）更改将如何影响系统/软件/硬件质量？

■ 提议（接口）更改的实施将如何影响项目的资源计划？

■ 建议的（接口）更改是否可以在项目的后期实施？

■ 建议的（接口）更改是否会危及产品的质量或稳定性？

■ 社交接口（如跨文化交流）对技术接口的设计有何影响？

5.7　接口修改和批准

由于对 Joystick 传感器的修改会产生严重后果，因此必须计划同意修改的流程。

Drivesmart 已将批准流程作为流程元素引入。此外，Drivesmart 已经提前计划如何管理不同的硬件和软件以及相关的验证措施。此外，Drivesmart 已经决定如何运行各种版本以及如何引入正式的配置控制。

safehicle 公司计划按时进行，并包含所有相关人员的指示。一定要注意有关与连接到 Joystick 传感器的其他系统的接口可能存在危险的信息结构和信息历史记录的过程。

考虑技术接口修改

虽然审批流程是一项管理活动，但也应澄清与结构变更相关的技术风险以及制定措施以避免这些风险。

以下提问可以提供支持：

■ 有哪些方案可以避免或识别接口的错误使用？

■ 如何避免使用接口时出现误解？

■ 如何避免使用接口的定时错误？

表5-2中列出了软件组件之间的几种类型的接口。

表5-2
接口种类

	接口种类
1	参数接口
	将数据或函数引用从一个模块传输到另一个模块的接口。注意：对象的方法具有参数接口
2	共享内存的接口
	模块共享一个共同的内存 常用于嵌入式系统 见黑板（设计模式）

（续）

	接口种类
3	流程接口
	系统使用接口封装了许多“内部”接口 见外观（设计模式）
4	消息传递的接口
	通过消息提供服务请求 请参阅客户端 - 服务器（设计模式） 请参阅发布者订阅者(设计模式)

Tipp

接口错误是复杂系统中最常见的错误类型之一，可以归类为以下类型的错误：

- 接口使用不正确
- 界面误解
- 定时错误

接口错误类型见表 5-3。

表 5-3
接口错误类型

1	接口使用不正确
	例如： ■ 参数类型错误 ■ 参数数量错误 ■ 提交顺序错误 ■ 方向属性错误 ■ 参数的物理范围错误 ■ 错误状态未知 ■ 违反了前后条件 ■ 违反不变量 ■ 违反响应时间 ■ 其他组件的动态行为错误 ■ 未设计并发 ■ 未满足资源请求
2	接口误解
	误解被调用组件的接口行为 →被调用组件的行为错误 →循被调用组件的错误行为（调用者）
3	定时错误
	典型的实时系统： ■ 数据的生产者和消费者以不同的速度工作 ■ 生产者不能足够快地更新数据 ■ 消费者使用过时的数据

5.8　回顾

项目所有阶段的变化，甚至整个组织流程和程序的变化都源于对所有项目问题的持续审查和改进。

进行更高级别的功能安全管理以及更改管理设置的回顾可以作为持续审查和改进的一种方法。

回顾促进在组织中旨在改善开发过程的学习过程，因此是安全文化的重要组成部分。当个人和团队经常反思自己的行为并对此学习时，就会产生安全文化。当它涉及安全文化的设计时，这种过程符合 ISO 26262：2011 的意图。

目标是将来应用团队成员所获得的经验。项目结束时应进行回顾。此外，项目可以定期进行回顾。

5.8.1　回顾方法

在回顾中，通过明确的回看来实现有组织的学习。由此可以识别系统和软件开发过程中的问题、堵塞和障碍。回顾需要半天到三天，具体取决于项目规模。要有人来主持回顾。主持人必须创造适当的氛围。在工作会开始时，主持人与项目团队一起来确定不是从组织的层次结构派生的游戏规则。以下是可能的规则摘录：

■ 基本设定是每个人在任何时候都从他们的角度做了正确的事情。

■ 所有参与者都诚实公开地讲述他认为重要的，并且不能因此受到批评或惩罚。

■ 回顾不要留在过去：目标是未来的流程改进，而不是去确认责任。

回顾显然有一个积极的方向，并审视影响该项目的所有问题。

5.8.2　实施回顾

同样，回顾过程会冒着让参与者感到无聊的风险，因此创造性的准备、构思和执行非常重要，并对主持人提出了特殊的挑战。然而，基本上顺序重复如下：

■ 方案

■ 准备
■ 收集数据
■ 邀请
■ 实施
■ 跟进和评估

主持人使用关键提问（表 5-4）和主持技巧，以便在可持续的变化文化的道路上积极地与团队合作。

表 5-4
选择关键问题

回顾过程	管理关键问题
前提	在没有人身攻击的情况下创建一个无故障的公开讨论氛围，在这种情况下可以相互信任
准备关键问题（管理关键问题并涵盖所有项目问题）	这些包括一般性问题以及有关技术背景、框架条件、影响因素、风险、团队/沟通、结果、解决方案结构、复杂性、流程、使用的工具的问题
收集事实	您对结果的满意度如何？ 最困扰的是什么？
找相关和错误的过程	是什么帮助或阻碍了我的工作？
复杂性问题	什么复杂性是必要的，什么不是？
能力	分配任务的人员是否合适？
找到能力	在团队成员中谁能控制所需的更改？
确定重要性和优先顺序	更改有多重要？

成功的回顾会发现功能正常、无功能的过程以及应对未来变化的能力。

回顾会的参与者试图寻找解决方案。如果解决方法超出了回顾的时间范围，则指出负责人。但是，有必要确定后续回顾会时间。

客户应参与后续工作，以确保所确定已知更改的可持续性。评估报告应包含对未来项目的建议。

为项目中的常规回顾创建条件。根据产品的不同，汽车行业有中间交付发布周期。项目中这些中间交付的里程碑是回顾的理想选择。

要反对试图通过取消回顾来弥补项目延迟。花点时间确定并实施改进。质量的提高是可持续的。

在回顾中更改大组方法并更改工具。通过改变刺激人类的大脑产生新思想的方法。

第 6 章　安全生命周期和开发接口协议的初始化

本章介绍安全生命周期初始化，以及在分布式开发安全相关项目时应考虑的内容。我们退一步，通过选择 safehicle 来阐明供应商选择标准并展示实用方法，并解释如何产生开发接口协议（DIA）。

6.1　初始化

在分析要使用的阶段模型的各个部分时，Drivesmart AG 的项目团队确认所有标准规范部分都适用。第 10 部分是一个帮助，可以提高对实施需求流程的理解。

整个项目的实现不能由 Drivesmart 公司作为 OEM 单独完成。

6.2　供应商选择

出于这个原因 Drivesmart 委托 safehicle 作为供应商开发 Joystick 传感器元件。OEM 已经与该供应商合作开展各种开发项目。

资格要求
选择报告

Drivesmart 提前向 safehicle 公司发送资格问询，以获取供应商选择的信息。决定分包商的依据是 Drivesmart 准备的选择报告。例如，要判断 safehicle 是否具有根据汽车安全标准开发 Joystick 传感器的能力。选择供应商的标准被附在检查清单中。

表 6-1 显示了分配给 Joystick 传感器开发的一些职责。

表 6-1
Drivesmart 与委托方 safehicle 负责人的计划举例

部件	Joystick – Sensor_xyz_123_xyz
负责人 开发经理	Josef Byte 先生
项目经理	Tanja Clock 女士

（续）

安全经理	Rainer Fels 先生
配置经理	Wolfgang Lagert 先生
系统结构	Paola Stabil 女士
…	…
开始/持续时间	XXX/XXX
文件	选择报告_项目_Joysticksensor_v0_1. doc
文档路径	M：\ 项目 \ 委托方下 \ 选择报告_项目_Joysticksensor_v0_1. doc

选择标准

由于非常好的参考、以前合作的积极经验、所需技能的资格证书和良好的供应商评估，safehicle 公司获得合同。选择 safehicle 公司之后启动和计划共享开发。为此，在 Drivesmart 作为 OEM 和 safehicle 作为转包商之间创建了开发接口协议（DIA）。

6.3 资质查询和选择报告

Tipp

资质查询包含基于 ISO 26262：2011 要求的重要标准和信息，以便能够比较和选择供安全相关项目使用的供应商。典型举例：

■ 关于供应商是否符合 ISO 26262：2011 标准的正式问询。

■ 系统的系统描述或功能描述。

■ 安全目标以及具有指定 ASIL（规格）的功能或技术安全要求，如果此时已存在（否则将设定“最坏情况假设”下的 ASIL）

■ 给供应商的具体问题。

评测选择报告

选择报告包含对资格要求的评估以及进一步的具体评估，以确定供应商是否有能力根据 ISO 26262：2011 标准进行开发或生产。决定本身可以包含在同一文档中。例如，可以包括以下评估：

■ 分包商的质量管理体系。

■ 分包商过去提供的性能和质量。

■ 确认供应商提供功能安全的能力，并作为其产品的一部分。

■ 以前的安全评估结果。

■ 供应商的开发，生产，质量和后勤部门的推荐，只要这些部分对功能安全有影响。

■ 合格流程成熟度评级和审核的证据。

根据 ISO 26262：2011 第 2 部分的要求，必须对安全生命周期进行共同调整。

部分外包

如果客户允许，分包商可以转包部分订单。在这种情况下，他必须与承包商签订相应的协议，并作为第三方供应商的委托人。对自己客户的责任不受影响。如果供应商承担部分风险分析，客户必须接收并检查结果。

有限责任委托

功能安全的责任不能完全委托给供应商。这同样适用于功能安全方案。最终，供应商的每项安全相关活动都必须与客户沟通并由客户进行检查。

6.4　开发接口协议

开发接口协议（DIA）（图 6-1）定义了客户与供应商在功能安全领域的责任和沟通。为了减少上述不可预测的产品责任风险，特别是 ISO 26262：2011 的实施对于整个系统或单个元件（子系统）的开发和生产是绝对必要的。跨公司合作对产品责任产生影响，需要在功能安全管理领域给予特别关注。

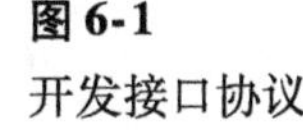

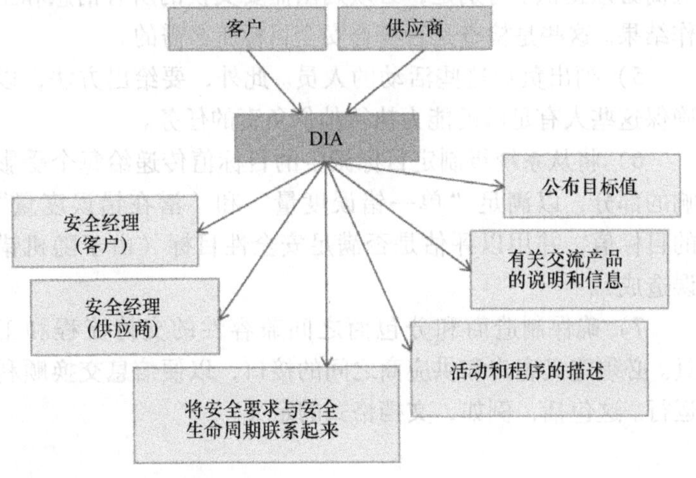

图 6-1
开发接口协议

FuSi 管理（在整个价值链中）由技术要求和措施、技术要求、法律框架条件和参与公司之间关系的结构决定。根据 ISO 26262：2011 的建议，分布式开发的启动和规划以及质量管理所需的透明度必须通过开发接口协议（DIA）中产品责任的精确分配来保证。

ISO 26262

ISO 26262：2011，第 8 部分要求委托方（客户）和供应商创建 DIA。

供应链 OEM 合作

只有通过供应链中的密集和全面合作才能满足安全标准的要求。除了开发能力之外，还必须考虑制造能力。

确定接口能力

如果要按照 ISO 26262：2011 标准进行开发，则必须根据标准精确定义接口。这包括流程和负责人的准确定义。为此，必须创建文档“选择报告”和“DIA”。要规范性地规划 DIA。

ISO 26262

ISO 26262：2011 在第 8 部分介绍了 DIA 的内容。

必须在 DIA 中记录以下项目：

DIA 内容

1）指定制造商和分包商的安全经理。

2）安全生命周期和阶段的分配以及活动应根据标准要求分配给最终客户、客户和供应商（承包商）。

3）要确定每个缔约方必须开展哪些活动和进程。在这里，例如，定义由谁执行哪些验证和确认措施。必须指定每个活动的负责人/角色。

4）必须描述交付范围。确定哪些工作产品和文档由供应商必须提供。特别是，必须列出需要交换的所有信息和工作结果。这些是检查是否符合安全目标所必需的。

5）列出负责这些活动的人员。此外，要给出方法，以确保这些人有足够的能力执行他们负责的任务。

6）将从系统级制定目标派生的目标值传递给每个受影响的部分，以满足“单一错误度量”和“潜在错误度量”的目标值，并用以评估是否满足安全性目标（由于随机错误造成）。

7）确保制造商和分包商之间兼容性的支持流程和工具。必须定义客户和供应商之间的接口，以便信息交换顺利运行。这包括，例如，文档格式的定义。

6.5 DIA——程序 Joy 项目举例

在开发开始之前，Drivesmart 的安全经理 Dieter Gewiss 先生和 safehicle 的安全经理 Rainer Fels 先生开会讨论 DIA。DIA 由两家公司的开发经理会前准备。同意 safehicle 将对传感器的软件进行临界分析。此外，设置传感器的最大可接受错误率。

Drivesmart AG 的产品开发主管 Robert Flink 先生与 safehicle 的开发经理 Josef Byte 先生共同确定将要接管的软件开发范围。在若干技术会议中并基于整个系统的架构，对会前准备的 DIA 经过调整和最终明确定义。

safehicle 承诺提供软件质量保证的概述、安全功能的测试用例以及各个里程碑的接口文档。在调试之前，要由 safehicle 的外部安全评估来确保 Joystick 传感器满足所有安全目标。由此可以确定 safehicle 相对委托方必须负责并遵守标准的第6阶段“产品开发软件”。

safehicle 希望通过 Custom Chip 公司的转包交付所需的硬件。符合标准并以流程为导向安全相关硬件的开发的责任将被委托给第三方供应商。safehicle 仍对 OEM 负责。由于 Custom Chip 公司能证明其在安全关键开发领域的经验，并在报价中明确提到的安全要求，因此公司也收到了合同。它还能令人满意地满足标准目录，因此是整个项目团队的一部分。此外，safehicle 决定对供应商进行独立的安全评估，以便能够识别并采取必要的措施。

在软件开发团队和硬件开发团队的联合启动会议中，对委托的范围进行具体细化并由相应的设计文档和协议规定加以约束。Drivesmart 还以文档形式从本次会议中收到相关数据，如有必要可以用于参考或讨论变更。

该产品由 Drivesmart AG 通过其在中国台湾的子公司 asaba Hobli 生产。

6.6 安全生命周期初始化

安全生命周期的初始化基于项目的定义。该标准将新开发和已开发产品/组件的修改之间的区别指定为重要标准。

ISO 26262：2011，第 2 部分：对于基于项目定义的初始化，必须首先确定该项目是新开发还是修改。

该决定为所有后续决策、阶段方向和责任确定了方向。

Joy 项目 – 阶段和任务的分配

该项目根据标准开发过程标准进行开发。基于该标准 Joystick 传感器是新的开发而不是现有系统的修改。

分类

这种区分和分类在规范上是必需的，因此需要仔细记录和沟通。safehicle 内的子项目软件开发规定了功能安全管理和项目管理要执行的阶段和活动。

此外，所使用的程序模型的模板也适用。因此，这些部分是：

■ 概念阶段（第 3 部分）。

■ 系统的产品开发（第 4 部分）。

■ OEM Drivesmart AG 负责生产和运营（第 7 部分）。

对第 5 部分和第 6 部分对接口功能 OEM 负有责任和义务。这包括，例如，（安全）要求要专业准备并按时交付。必须与供应商协调和定义审批流程和截止日期。

第 1 部分（词汇），第 2 部分（功能安全管理），第 8 部分（支持流程）和第 9 部分（面向 ASIL 和安全导向的分析）必须由整个项目的所有参与者协调和遵循。

6.7　招标和转包

更高级别的，与项目无关的安全管理在项目选择供应商上提供支持。硬件供应商的要求（由 safehicle 转包）最初由 OEM 和供应商 safehicle 达成一致。在招标过程中，safehicle 补充了内部条件和内容。safehicle 的开发经理 Josef Byte 先生在内部与销售和报价部门确定委托范围。在招标中，根据 OEM 规范的要求和安全要求已经做粗略描述并加以引用参考 ISO 26262。

ISO 26262：2011，第 8 部分包括选择标准。

必须考虑到安全团队成员所需的技能和能力进行选择。

ISO 26262：2011，第 2 部分：组织特定的政策和流程。

供应商必须证明他具有特定于组织的指导方针和流程。

ISO 26262：2011，第 2 部分：需要资格证书。

选定的人员必须能够证明资格。

标准的第 8 部分简要概述了客户至少需要根据定义的 ASIL 向供应商提供的内容。表 6-2 中的清单帮助供应商选择过程和相关活动。

表 6-2
清单

ID	活动	从客户到供应商的数据	从客户到供应商的数据
X	与项目无关供应商预选标准→指向安全文化	基于问卷调查的能力评估 ■ 安全文化 ■ 能力证明 ■ 专业质量管理证明 ■ 通过独立评估符合 ISO 26262：2011 ■ DIA 模板	
			接受条件
			评估
			改进建议
		对供应商不符合 ASIL 的评估	
Y	合格资质	客户组织的定制特定流程，包括方法、语言、工具、框架条件、指南等	
			■ 检查协议评估 ■ 记录结果 ■ 改进建议 ■ 实现目标的替代方法或建议
		关于差距和替代方案的迭代调查和研究	迭代变更/适应规划和备选方案
		对供应商不符合 ASIL 的评估	
Z	招标要求	RFP，RFQ，包含项目特定的适应流程、产品概念、项目定义和安全目标	
			■ 报价 ■ 符合 ISO 26262：2011 的声明 ■ 更新已交付的信息

该清单是一种辅助工具，需要根据每个组织单位和特定产品进行必要变更并进行审查。资格报告要作为检查清单的一部分。

第7章 汽车安全完整性等级的概念

在危害分析和风险评估中，汽车安全完整性等级（ASIL）是根据事先给出的方法确定的。此等级可以对不同种类与安全相关的系统功能进行评估。而 SIL（安全完整性等级）实际是一种衡量标准，来表示降低风险的需求程度。针对功能安全管理的范畴，Joy 项目已经创建了帮助工具以便理解汽车安全完整性等级（ASIL）。

7.1 ASIL 的历史和背景

创建史

ISO 26262 的工作起源于 2002 年，并由宝马公司作为德法合作项目启动。从 2005 年开始，相应的工作被 ISO（国际标准化组织）所接管。然后在 ISO 26262 的发展中，来自多个国家的安全专家参与其中。在 ISO 的委任下，ISO 26262 的项目管理职责最后落在了隶属于 DIN 德国标准化研究所的汽车标准委员会手中。总共耗费了 200 个技术人员工作一年的人力成本。创建史如图 7-1 所示。

图 7-1 创建史

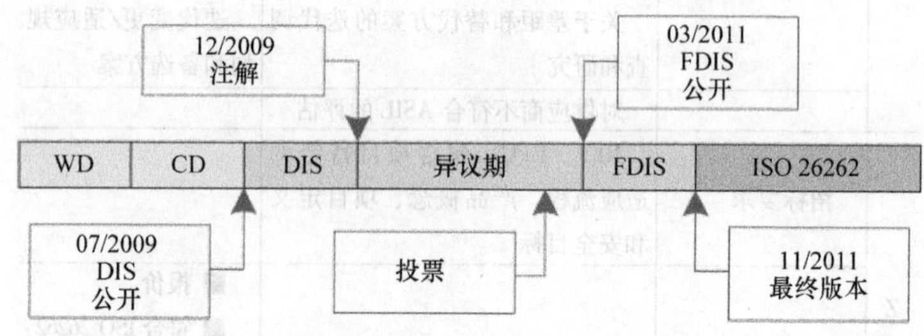

ISO 26262 和 IEC 61508

汽车标准 ISO 26262 是基于汽车行业特殊要求，对现有的通用型功能安全标准 IEC 61508《电气/电子/可编程电子系统的功能安全》的一次匹配。ISO 26262 作为适用于 3. 5t 公路车辆的功能安全标准取代了 IEC 61508 对于汽车行业的要求，并且成为正式合法的公路车辆标准。与 IEC 61508 不同，ISO 26262 是在汽车行业参与下，并且考虑了其特殊性所形成的，是一个可以被汽车行业实际使用的功能安全领域的标准。

汽车行业的特别之处：

■ 包含了持续的验证和确认环节的汽车行业典型生命周期模型。

■ 开发接口协议（DIA），即分布式开发中的安全责任分配。

■ 使用已经认证过的元素，而这些元素的行为是已经定义了的（SEooC_Safety 的元素在领域中）。

■ 分级别及使用已经认证的研发工具。

在汽车工业中，工况模式是被寄予了很高甚至是不间断的（“high demand”）运行率。为了确知安全目标，ISO 26262 标准定义了特定的安全要求等级（ASIL——汽车安全完整性等级）。总共四个离散的级别将确定安全功能所需要的安全完整性，这些安全功能是分配于安全有关的系统中。

7.1.1 降低风险

四个降低风险的等级：

1）ASIL A = 所需风险降低的最低水平

2）ASIL B

3）ASIL C

4）ASIL D = 所需风险降低的最高水平

图 7-2 展示了根据 IEC 61508 和 ISO 26262 风险降低水平之间的比较。

IEC 61508的限值			ISO 26262的限值	
安全完整性等级(SIL)	高的或不间断的需求率的运行模式(每小时出现危险故障的可能性)		ASIL	每小时出现危险故障的可能性
4	$\geqslant 10^{-9} \sim 10^{-8}$		D	$<10^{-8}$/h
3	$\geqslant 10^{-8} \sim 10^{-7}$		C	$<10^{-7}$/h
2	$\geqslant 10^{-7} \sim 10^{-6}$		B	$<10^{-6}$/h
1	$\geqslant 10^{-6} \sim 10^{-5}$		A	$<10^{-5}$/h

图 7-2
SIL 和 ASIL 进行比较

对 ASIL 的分级是为了定义将每个安全功能风险最小化

所需的措施。ISO 26262 描述由危害分析与风险评估得出的 ASIL 初始级别和由分解后导出的 ASIL 级别。在此，初始 ASIL 是进行 ASIL 分解的起始点。待开发的相关项所拥有的安全目标都具备 ASIL 级别，这个级别将作为属性伴随此相关项的整个开发过程，并且被每个导出的安全要求所继承和标注。

安全完整性

安全完整性意味着用于安全方面系统的安全功能的有效性。安全完整性证实一个与安全有关的系统在所有指定的条件下和指定的工作时间内按照要求运行着所需的安全功能。

7.1.2 在 Joy 项目里从安全目标到安全概念

一旦某项目从危害分析与风险评估确定了安全目标，项目团队就可以从安全目标中获取功能安全要求。在此过程中，额外留意所分配的 ASIL 级别自始至终与相应的危险事件保持一致。这些安全要求会随着之后的研发阶段进一步地被细分和具体化。系统架构师 Paola Stabil 支持将安全要求分配给系统架构。功能安全概念在此概念期继续得以发展，并且囊括至不同的子系统间的接口定义。定义及分配 ASIL 级别给每个安全相关的功能就此完成。

7.2 ASIL 在标准书中表格的意义

ISO 26262 中的表格根据上下文分为信息类或标准类。表中列出的不同方法帮助评价一个功能安全要求在多大的程度上与标准保持一致——也就是说，它可以评价使用的方法是否满足了相对应的要求。根据 ASIL 等级来使用所规定的方法简化了符合标准要求的证明过程。如果不得不使用表中未列出的方法，那么必须给出正当的理由：这个被选用方法依旧符合相应的要求。

在被提及的方法中，有些可以使用替代方法或者是组合多个方法，这些情况时，会在数字的边上表示字母来进行标注，例如：2a，2b，2c 等（表 7-1）。

方法		ASIL A	ASIL B	ASIL C	ASIL D
1a	方法 xy	+ +	+ +	+	+
1b	方法 xy	+	+ +	+ +	+ +
1c	方法 xy	+	+	+	+

表 7-1

不同的可能性及替代方法的选择示例

依据 ASIL 级别给出使用此方法的推荐程度。

■ “ + + ”：对于所获得的 ASIL 级别，强烈推荐应用此方法。

■ “ + ”：对于所获得的 ASIL 级别，普通推荐应用此方法。

■ “0”：对于所获得的 ASIL 级别，没有推荐是否应用或者禁用此方法。

与 IEC 61508 的差别：

在此与 IEC 61508 有所不同，后者具备更多的组别。IEC 61508 的表格里建议和要求根据安全完整性级别被放置在一起。同时给出这个流程和措施的意义，以及在使用这个方法时的所要求的有效性。我们这里只关注意义，为了与 ISO 26262 可以在这个层面上直接进行比较。意义表达如下：

■ “强制性”

该过程或措施于此安全完整性级别是必需的。

■ “ + + ”

该过程或措施于此安全完整性等级是特别推荐的。如果该过程或措施未被应用，必须根据各自情况，逐一给出不应用的原因。

■ “ + ”

该过程或措施于此安全完整性等级是推荐的。

■ “0”

对于该过程或措施，没有推荐是否应用或者禁用此方法。

■ “ – ”

该过程或措施于此安全完整性等级是明确不推荐的。如果该过程或措施被应用，必须根据各自情况，逐一给出应用它的原因。

7.3 依赖于 ASIL 的要求和推荐

总的来说，ISO 26262 对产品、流程和资源都有明确的要求。我们在下面会给出这些核心要求的简明摘要。

对于个人能力的要求：

■ 内部人员

■ 外部人员

于安全管理的要求：

■ 进行危害分析与风险评估

■ 确定谁负责什么

■ 定义启动、批准和授权的流程

■ 信息以何种方式形态搭建，以及信息的范围

■ 创建一个“与安全相关进行工作的文化”

技术要求：

■ 设计、开发、验证、确认

■ 安装和调试

■ 操作和维护

■ 报废、回收

对于每种要求类型，都有更详细的描述，方法定义、建议和关于独立程度的声明。根据定义的 ASIL，必须选用正确和适当的方法，以及正确的独立程度来满足标准的要求。

在标准的第 9 部分中，指定了关于 ASIL 和安全导向分析的要求。指定的要求可以在考虑 ASIL 剪裁（分解）之下被分解。

必须遵守 ISO 26262 在每个小节中对于 ASIL A、B、C 和 D 的要求或建议，除非另有说明。这非常重要，因为这些要求和建议始终与安全目标（Safety Goal）的 ASIL 级别相关联。这也适用于通过分解得到的 ASIL。如果某 ASIL 级别在 ISO 26262 的小章节前被置于括号内，这意味着，对于此 ASIL 级别以下对应的章节只是视作建议而非要求。这样的建议不允许在书写上与分解后得到的 ASIL 相混淆。

7.4 ASIL 分解的基础

复杂的电气或机电（软件密集型）系统通常是由逻辑

上和技术上单独的组件所组成。将系统分解为更小的子系统组件是在系统开发中很常见的。每个系统组件都有明确定义的任务或子任务。对于所开发的安全相关的系统，系统的功能和安全方面要求是通过这些单独组件共同配合得以完全实现的。

7.4.1　操纵杆传感器的分解方法

safehicle 公司的开发经理 Josef Byte 与 Paola Stabil（系统架构师）共同决定，对所开发的系统按照划分和征服方法（D&C 方法）分解各个系统组件。通过此举措，操纵杆传感器系统被分解成清晰的较小组件。为了逐级降低复杂性，系统组件进一步地被拆解，从而使设计可以变得越来越详细。该开发团队首先进行粗略的系统分类至以下的元素：

- 操纵杆上的传感器技术
- 用于测量轮角度的传感器技术
- 伺服电动机上的计数器
- 计算相应的转向角
- 机械实施

为所有元素分配 ASIL 值。

7.4.2　安全要求的分解

ISO 26262

ISO 26262：2011，第 9 部分，第 5 节包含了在分解安全要求和安全功能时的要求。

在功能安全领域，ISO 26262 允许对安全功能也进行分解。相应的分解要求在标准书的第 9 部分中得以描述。

ASIL 的降级

如果分解的过程中，使得复杂的安全要求在冗余系统组件中得到实现，那么根据 ASIL，各个组件可能会获得较低的安全等级。这里有个前提，即每个系统组件都是彼此独立且无相互影响的。此外，必须保证，这些冗余组件不存在共因时效。如果某个情况下，造成多个组件都发生错误，那么冗余设计就是无效的。

冗余组件

这种独立性可以通过技术手段或者过程措施来实现。经常遇见的技术手段是将功能分解至不同类型的冗余的组件，并且在这些组件里以不同的方式方法执行相同的功能。例如，通过两种不同的物理原理或使用不相干的计算逻辑来确认一个测量量。

根据经验，冗余度越高，那么每个组件所需要的 ASIL 要求就会越低。当一个功能被多次在不同组件里运行时，那么一个冗余组件的失效会被剩余的组件弥补上。

通过分解来降低成本?

在实践中，分解经常应用于降低 ASIL 的要求。这尤其可以避免或者减少产生最高成本和花费的“D”级别。该方法可能存在缺点，即需要使用更多的硬件，以及冗余所带来的项目成本的增长。也可以对一个现有的，但是又以较低的 ASIL 级别开发的组件入手，通过额外的安全功能对其进行扩充。

系统架构必须是在综合考虑了基于较低的复杂性下的低成本软件开发和不断上升的硬件成本后的妥协方案，通常这是很难达到的。不存在一个固定的规则：是较低的冗余加之较高的 ASIL 级别还是相对而言更高的冗余加之较低的 ASIL 级别来得更好。

图 7-3 显示了根据 ISO 26262：2011 第 9 部分第 5. 4. 10 段可能的分解情况。一个具有 ASIL D 的系统组件可以通过以下分解等效实现。

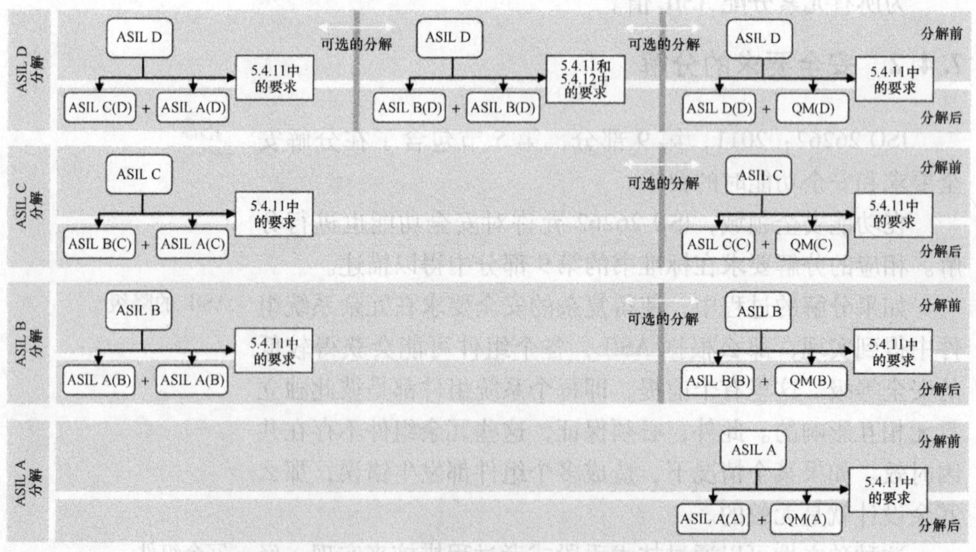

图 7-3　基于一个 ASIL D 级别的功能的分解案例

1）一个 ASIL A 组件，另一个 ASIL C 组件。

2）两个 ASIL B 的冗余组件。

3）一个 ASIL D 组件，另一个依据 QM 开发的或已经在车辆中实现的组件。

前两个案例描述了功能分解的主要思想：一个具有高 ASIL 要求的组件被两个较低要求的冗余组件所替代。

另一个被允许的分解组合，但是未在图中列出：分解为与原始要求具有相同 ASIL 级别的两个组件：

4）两个 ASIL D 的冗余组件。

注：经 DIN 德国标准化研究所许可后转载。对于 DIN 标准的权威和有效使用是依据 Beuth 出版社（Beuth Verlag GmbH，Burggrafenstraße6，10787Berlin）最新发行的标准版本，在此出版社可以获取此标准。

尽管 ASIL 等级没有变化但仍旧分解

通过分解却未改变 ASIL 级别，这种分解方法的益处无法立时显现出来。形式上，这样的分解没有赢得任何东西，因为必须继续根据 ASIL D 开发组件并且另外附加了一个组件。如果现有组件已经包含了此功能，通常会使用第三个方案。此时只需根据 ASIL D 来开发一个组件的安全机制即可。

在一个全新的产品开发中，使用这种划分方案，会在非功能性要求上有其后期的应用之处。两种方案都表明系统的可靠性和可用性应该被同时给予考虑。在某些情况下，冗余的使用可以使得功能得以继续运行，系统的失效可以在特定情况下被抑制。不应将这些基本的设计决策孤立起来。除了直观的技术和经济因素外，还必须考虑那些难以被量化的基本要素，例如可用性。

7.4.3 分解的局限和限制

ISO 26262

ISO 26262：2011，第 9 部分，第 5.4 段包含通过分解来实施 ASIL 降级的限制。

上一小节展示了如何通过分解来降低一个安全功能的 ASIL 级别。值得注意的是，以这种方式降低 ASIL 并非永远有效。无论是在工具的验证还是在工具的确认中，都存在特殊要求针对这些被划分出来的元素。

验证和分解

根据标准，在验证期间，在“真实的” ASIL B 和派生出来的 ASIL B（D）之间存在差异。尽管它们已经分解，但验证的范围和形式必须始终向着安全目标的 ASIL 级别看齐。在上述情况中，已将具有 ASIL D 分级的安全要求分解为两个 ASIL B（D）的要求，但仍旧需要根据 ASIL D 执行验证。分解不会改变原始安全目标的分级。

ASIL D 的分解

专门针对 ASIL D 的分解总是将安全要求的级别分至 ASIL C，即使是分解成两个 ASIL B 的要求。此外，在研发这两个冗余组件中应用到的开发工具必须符合 ASIL D 的验证。在涉及通用的开发工具时，安全目标是被置于分解之上的。这里的背景是，两个组件可能因为相同的工具错误而受牵连，以这个角度看，两个组件就不是冗余的关系了。

7.4.4　可用性的方面

汽车系统中，与安全有关的功能的可用性可以区分为“失效安全”和“容错”。第一类，失效安全，配有错误检测和识别，并在必要时实现安全状态。即，一个没有危及系统和人身安全的状态。根据不同的功能，进行系统完全关闭或者功能上的限制。

容错类的系统允许即使发生故障，也可以维持完整的与安全有关的功能继续运行。

7.4.5　安全状态的简例

对于操纵杆转向系统，“禁用功能”并不是安全状态——由于系统错误，车辆可能无法操控。该开发人员必须选择适当的冗余，以便车辆可以继续被控制。为此在系统设计时，每个平行运行的组件都可以单独地控制转向功能。

根据表 7-2，此相关项的容错等级被定义。

表 7-2　容错等级

容错等级	等级定义
FTS1	系统安全并且正确地进行反应
FTS2	系统进入容错，但未有功能限制
FTS3	系统运行是安全的，但是功能受限制
FTS4	系统进行安全的反应（失效安全）
FTS5	系统运行变得无法预见

7.5　使用 ISO 26262 的优点和启示

7.5.1　更优的流程质量

对于像 safehicle 这样的全球性公司，使用一个国际性的标准是必需的。借助 ISO 26262 严格的规划要求，对时间和文档要求进行精确的描述是开发和制造过程中固定的组成部分，甚至于贯穿整个产品生命周期。针对与安全相关的每个研发活动，必须对其进行规划、定义和记录。

更优的产品质量

正式定义的流程有助于提高产品的质量和安全性。同时，产品的功能也会变得更强，因为信息和结构被可理解地和明确地定义了。

- 严格的面向要求的开发模型（图 7-4）
- 覆盖车辆的整个生命周期
- 确定在系统级或子系统级的残留错误概率
- 分领域的供货商的责任

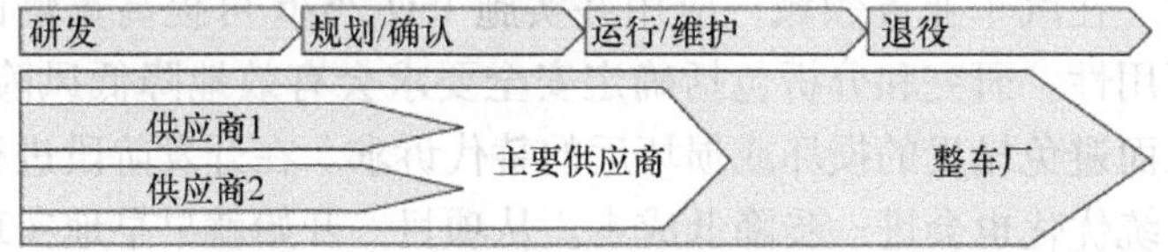

图 7-4
面向要求的开发模型（来源：TÜV Nord Systems）

借助于严格监管哪些功能应该被实现，可以防止过度设计。另外，已经嵌入的功能但却未有规范化，将导致产品的复杂性和错误概率提高。这种通常在非安全相关的项目里呈现的现象可经由严格的流程规范和由此产生的产品规范化来消除。

7.5.2　更优的商务关系

经由安全审核和评估给出客观的用于控制供应商及其产品的准则。标准已经对选择第三方提供了有价值的信息和原则，这些信息使得在不同的供货商之间进行客观的比较成为可能。

特别是借助标准要求的开发接口协议（DIA）可以使得分布式业务合作伙伴之间的经济和权力诉讼变少。因此会是一个好建议，对 DIA 这个具有契约性质（包括有参与项目的双方签名）的独立文件进行标准化格式化。更多关于开发接口协议的细节可以在第 6 章中找到。

7.5.3 更优的产品质量

通过使用标准来避免错误

特别是，在考虑 ISO 26262 要求的属性下对安全要求的确切描述有助于提高产品质量。没有解释的余地，安全要求必须明确地被标注出来。短而易懂的句子和一个适当的语言是创建安全要求时的主要质量特征。

该标准要求严格的并且是连续的版本控制，并非常准确地定义了配置管理和版本管理领域的内容。由此产品及其组件可重复被生产和被追溯。版本信息可以被恢复。对于每个版本，工作产品是清晰可辨的，包括它的状态和内容。所以有缺陷的版本会在早期被识别并且不会在无意间交付该产品。

该标准要求在整个生命期间里进行产品观察，对每个错误故障的反馈进行确认。从这些反馈里，持续提升优化该产品。

7.5.4 经济上的益处

在汽车业务领域，应用并实施 ISO 2626 可提高车辆的可用性。研究和分析包括确定安全要求会有效地降低风险，从而避免昂贵的损坏或损坏后的替代诉求。在开发阶段进行系统优化也会进一步降低成本。从项目一开始就早早地实现安全功能会为后续功能的实现节省高昂的后继费用。

总的来说，一个公司通过更优的产品质量可持续地提升公司的市场地位。负面的消息，例如产品召回，会减少很多，甚至完全被避免。

7.6 定量和定性的方法

危害分析和风险评估在 ISO 26262 所描述的阶段模型里被排在概念阶段。

ISO 26262

阶段模型 ISO 26262：2011，第 4 部分：第 3 – 7 阶段在 ISO 26262：2011，第 4 部分，图 1。

在产品开发期间，系统层设计时执行安全分析。

ISO 26262

阶段模型 ISO 26262：2011，第 4 部分：第 4 – 7 阶段在 ISO 26262：2011，第 4 部分，图 1。

ISO 26262 使用 ASIL 表示法来分类所存的不适当的残留风险。由此分类导出针对该产品和相关的开发流程的要求。通过应用措施目录，如 ISO 26262 所描述的，实现了所需的风险降低。依旧存在的剩余风险应被转移到可容忍的范围内。

7.6.1　定性的方法

只能在拥有可靠的数据时才能使用定性的方法来确定 ASIL 级别。这类可靠的数据是通过收集可靠性数据得出，例如，从类似的前代产品的运行经验中（通过他们的系统化和应用）得知产品是可靠的。用定性方法可以对非常复杂的问题进行详细的、全面的和整体的描述。

7.6.2　定量的方法

在定量方法中，每个特征都会系统化地通过具体数值记录下来，例如故障率。对产生的数据进行分析，以达到通过数值来表达复杂的内部链接。这大大简化了结论描述并有助于系统理解。使用定量方法时客观性是尤其重要的。ISO 26262 使用风险图表中的参数确定了进行分析所需的特定条件，试图以此来确保客观的检测分析数值。因此，在概念阶段使用定量方法“风险图”是确定 ASIL 的一个必用方法，对被考察的系统进行早期的关键性和危险性预测。在“系统设计”阶段，使用定量方法时会设定一些通用的前提和设想。这些前提和设想被应用在对项目或者产品自身特殊情况进行一一发问和分析的过程中。

Tipp

在第 8 章“危害和风险分析”我们为您介绍使用定量的方法测定 ASIL 等级。

7.7　安全性分析

安全性分析的目的是验证故障原因（fault）和故障行为（failure）对于特定的系统或系统元件的功能影响。分析使用定性和定量的方法，这些方法通常在产品开发过程的不同阶段被使用，因而创建不同抽象程度的模型。

在进行安全性分析时，会定义发生系统或系统元件故障行为时的条件和原因，这个故障行为就是使安全要求或目标无法满足。此外，安全性分析会帮助发觉其他功能性和非功能性的危险情况（Hazard）。

汽车功能安全标准，ISO 26262，使得以风险为基底来确定ASIL等级变为可实施。

ISO 26262

见ISO 26262：2011，第9部分

安全性分析包括以下的任务：

■ 确认安全目标和安全概念。

■ 验证安全目标和安全要求。

■ 确定导致安全目标或安全要求失效的故障原因和发生的条件。

■ 确定进行错误检测或错误行为检测的额外要求。

■ 确定必要的错误检测措施。

■ 确定有关安全目标和安全要求验证的进一步要求，例如车辆测试。

■ 确定单点故障量度（见ISO 26262，第5部分，C.2）和潜在故障量度（见ISO 26262，第5部分，C.3）。

当以定量的方法确定失效率，或者与可靠性分析技术相结合时，定性的方法只能确定错误情况图。然而，两种方法都具有对相关的错误类型和故障模型认知的要求。安全经理在研讨会中会将这类认知知识与开发工程师一起分享。

定性的方法可用于不同的分析层级（系统、软件、硬件），详细说明见下：

■ 在不同的且进一步细化的观察层（系统级和设计级）的定性FMEA。

■ 定性故障树分析（FTA）。

■ 危害情况和操作研究（危害和可操作性研究，HAZOP）。

■ 定性的扩展的基于时间的自动机（Extended Timed Automata，ETA）。

通常而言，安全分析时采用的定量方法主要用于对机电元件或硬件元件的分析。对硬件架构的验证是前设条件。随机的硬件错误将导致安全目标无法满足。机电元件或硬件元件的故障率将引入定量方法中。

更具体地，区分了下列定量的方法：

- ■ 定量的 FMEA
- ■ 定量的 FTA
- ■ 定量的 ETA
- ■ 马尔可夫模型
- ■ 可靠性框图

在“系统和设计”阶段使用定量方法可以来验证在概念阶段时借助于风险图表定性估评的 ASIL 等级。

7.7.1　在操纵杆项目中的定性和定量方法

ISO 26262

safehicle 公司（供应商），Drivesmart AG（OEM 整车厂），Custom Chip 公司（二级供应商）和 Kasaba Hobli Limited（生产厂方）在 DIA 中共同规定了“Joy”项目中，在安全分析时使用的定性和定量方法。研发主管 Robert Flink 和 Josef Byte 与安全经理 Dieter Gewiss 和 Rainer Fels 一起决定了，为开发中的“Joy”系统使用 FMEA 作为定性方法和 FTA 作为定量方法。项目合作伙伴包括管理层主管一致同意这个决策。这些规定会在开发接口协议中（DIA）记录。

研发主管 Josef Byte 与项目经理 Tanja Clock 还有安全经理 Rainer Fels 一起确认：对于操纵杆传感器这个产品，将采用额外依据于 ISO 26262 的风险图表的定量方法。该决定是基于此产品和项目开发是全新的事实。

7.7.2　认识论

通常而言，基于认识论的建模方法可归类于归纳法或演绎法。安全性分析中的归纳法是依循一种自下而上的方法，建模从已知的错误原因和对于未知后果的预测开始。与之相反，安全性分析中的演绎方法是自上而下的，并且开始于对已知后果的分析。

Tipp

有关归纳法和演绎法的进一步解释，请参阅第 11 章“系统级产品开发”。

第 8 章　危害分析与风险评估

在项目实例中，执行了危害和风险的分析；期间也会描述危害分析与风险评估的意义、目的和实际操作。列出的分析表是进行实际分析和文本描述的重要辅助手段。

8.1　危险和分类识别

危害分析与风险评估（G&R）在考虑了所有可预见的系统使用条件后，对非期待的系统行为造成的后果进行分析，并且对这些潜在的危害和风险进行分类。

分类

这种危险分析将系统可能发生的危险情况进行归类。相互作用的元件的安全目标（safety goal）和 ASIL 等级将由这个分析导出。这种分类是实施功能安全管理流程和所需技术措施的基础。在确定了 ASIL 的基础上导出安全目标——用在设计和所要求的流程，并且定义安全概念——为了给严重故障（Hazards）提供足够的安全保护。在 ISO 26262：2011 的规定中危险的分类将基于：

■ 评估后果的严重程度，考虑了可能的伤害，如对人造成的伤害——S：严重程度。

■ 评估发生危险情况的相对频率——E：发生率。

■ 评估损害在人为干预或其他措施后依旧无法避免或减轻的可能性——C：可控性。

对参数 S、E 和 C 的分类是为了设定系统和开发过程的相关要求，以此实现将风险降低到适当的程度。

8.2　执行分析——项目实例

Drivesmart 公司对 Joy 项目执行了危害分析与风险评估（G&R）来得知与此系统相关的所有危险。使用 G&R 来确定属于线控转向系统（相关项）以及制动和驱动功能（相关项）的各类安全相关功能（如负或正转矩和转向功能）的安全完整性等级（ASIL）。

由安全经理 Dieter Gewiss 领导，Drivesmart 公司里的项目成员随着 G&R 的开始，展开联合研讨会。

相关项的理解

Gewiss 先生希望达到对线控转向系统以及制动和驱动系统的整体功能，包括由此产生的车辆特性有足够程度的了解。这包括之前一个由认证的培训师对参与者进行的特殊培训（见第3章）。

在 G&R 系列研讨会的开始，与会者就坚定地认为，Drivesmart 公司内来自于制动系统和转向系统部门的专家以及依据 ISO 26262：2011 规定的每个阶段的联系人要参加研讨会。Dieter Gewiss 解释说，“这很重要，这样的话，在 G&R 期间分析和定义了重要的接口和特定的危险情景”。“我们如何开始?”项目经理 Peter Weiss 问道。现在 Dieter Gewiss 开始解释 G&R 的执行过程，“我们必须设定执行 G&R 的时间节点和费用，并合作确定进一步所需的信息。我会向所有参与者解释执行此分析的方法。我们将使用来自功能安全管理工具箱中的表格。在提供的模板里所需用的方法已经预先填入其中了。工作表里包含了要检查的所有基本特征，附录中解释了操作守则和标注的意义。因此对于我们来说，不会产生创建这些特定模板的费用。”

危害分析与风险评估报告

作为一名定义产品要求的经理，Peter Weiss 参与了整个分析会议。参与者越来越明白此分析阶段在转向、制动或驱动系统的整个生命周期中有其非常特殊的价值定位，这中间也包括每个系统中应用到的元件。Weiss 先生特别注意到一个事实，G&R 的结果对于所有参与的人员来说都是明白和清楚的，因为这些结果直接影响到产品生命周期中的其他阶段。G&R 的结论和结果会被记录在“危害分析与风险评估报告”中。这个报告连同危害分析与风险评估表中的信息还包含了对于之后的安全概念所需的信息，这个报告本身也是出自相同的模板库集。

独立的确认审查

在危害分析与风险评估后，完成了第一个可呈现的初稿，此时 Ulrich Richter 先生——Drivesmart 公司的评估人员受邀请来参加结果展示演讲。Richter 先生作为独立人员根据 ISO 26262：2011，第3部分，第7段，如有必要，还有 ISO 26262：2011，第8部分，第5段，完成了相关项里所

有安全目标危害分析与风险评估的确认审查。他也解释了，为什么他给某些风险参数做出了不同的估值。

保守的做法

“以保守的方法来识别和归类危害和风险是极好的。必须仔细考量所有可预见的场景，同时这些场景仍然是现实可能存在的。通常在危害分析与风险评估之初，由一队经验不怎么丰富的小团队开始，给出的评估里某些会过于严格。有时候根据不同的危险场景邀请非常有经验的员工和独立的第三方一起来分析会很有帮助。今天讨论到的不同观点和偏差要详细和准确地记录下来。对于参数估值的改动必须完全可以被追溯。这个文档我无论如何都会在安全审查时详问。当遇到保修索赔甚至产品损坏后，为了对产品研发进行辩护，认真和出于良心的分析以及完整的文档记录就变得非常有必要了。”

该团队决定在分析报告下次改动完后，再次邀请 Richter 先生，因为他所提供的信息和视角是非常有帮助的。

8.3 在产品生命周期阶段的程序

在进行危害分析与风险评估的时候，转向系统的安全机制是不被考虑的。首先，描述所有操作使用情况和运行模式，在期间转向或制动和驱动系统的错误会引发危险。这是为了得知对于系统和系统功能可预见的正确的和非正确的使用。在此，确定可能的驾驶情况，并将其总结在一个列表中。

危险的状态

危险的状态就是将驾驶汽车时由于转向、制动和驱动系统的错误所导致的状况和不同的驾驶环境进行组合。由转向、制动和驱动系统以及其元件所能诱发的危险情况会进行系统层面的组合，最后借助于查询清单得出。

8.4 与其他系统的相互作用

在进行危害分析与风险评估时，也必须考虑到与其他相连系统的相互作用。

危险是系统故障的潜在根源。危害分析与风险评估作为一种方法，为了对可能的系统危险情况（在这个项目示例中就是转向系统和驱动或制动系统）进行分类，并且推导出安全目标（Safety Goals）和 ASIL 等级。

危险事件

危险事件就是在驾驶汽车时可能出现的行驶状况，并且此时安全相关的功能又出现错误的情况的组合。

8.5 风险分析

风险评估基本上包括对以下问题的澄清：

- 会发生什么？
- 多久发生一次？
- 发生时会产生什么影响？
- 可控性有多大可能？

危险当然是尽可能少。然而也要考虑到：

一个没有任何残余风险的技术是不可能的，并且每个人本质上是被大自然暴露于无法完全避免的危险之中，这样的危险是完全无关乎任何技术系统始终存在的。

基本上以下方法是有效的（图 8-1）：

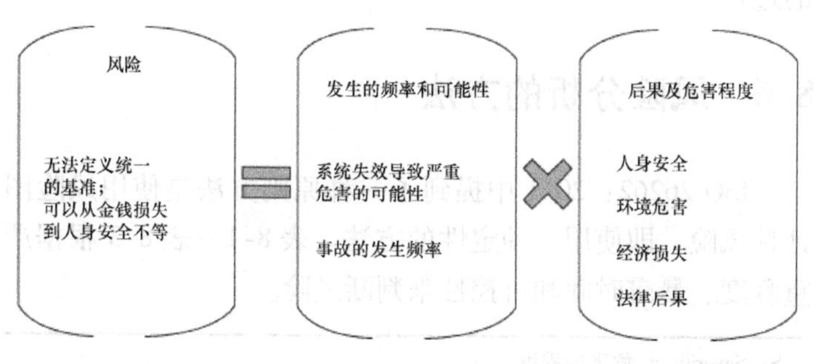

图 8-1
用于危险分析的公式（来源：TÜV Nord Systems 公司）

作为汽车制造商，Drivesmart 负责危害分析与风险评估的结果，并在 ISO 26262：2011，第 3 部分的基础要求上进行风险分析。

在分析期间，会权衡哪些危险风险是可接受的，哪些是必须解决或者降低的。

必须对基本危害进行描述，这样参与项目的研发伙伴才会得知在被涉及的汽车功能中哪些是相关的和有意义重大的危害。这里还包括那些与环境相关的危害。最后的结果将作为输入信息，用于整个系统和其相关元素安全要求的制定。

在项目实例中，供应商对危害和风险的分析

safehicle 公司的团队也对其所定义的相关项进行了危害和风险的分析。

在安全意识的公司文化下，公司不只是依靠 OEM 提供信息和分析结果，而是团队依据已有的专业知识进行类似的分析。背景是，OEM 并不会把他的分析结果完全交给供应商。

为了确认相关项和元件的 ASIL 等级，OEM Drivesmart 尽可能地对供应商提供支持。例如，Drivesmart 使用现有的目录其包含了大量的环境条件。safehicle 公司借助这些既有的内容用于他们关于操纵杆传感器的 G&R。产品开发主管 Robert Flink（Drivesmart）和安全负责人 Rudolf Blackbelt（safehicle）还有 Anne Transmis（Custom Chip）对每一个目录中已有的内容进行逐一校对。safehicle GmbH 的安全经理 Rainer Fels 和 Drivesmart AG 的 Dieter Gewiss 参与了完善场景的过程。

8.6 风险分析的方法

ISO 26262：2011 中提到了一种原则方法是使用风险图评估风险，即使用一种定性的方法。表 8-1 ~ 表 8-3 根据严重程度、暴露时间和可控性来判断风险。

表 8-1
危险效应的分级

S：Severity = 危害的程度				
	S0	S1	S2	S3
描述	无伤害	轻微或有限的伤害	严重或危及生命的伤害（可能幸存）	危及生命的伤害（不太可能幸存），致命伤害

表 8-2
处于可能发生危险的情况的可能性

E：暴露的时间＝发生可能性，或者是发生情况的频繁度					
	E0	E1	E2	E3	E4
描述	几乎不可能	可能性非常低	可能性低	中等可能性	可能性高
值	0.0001	0.001	0.01	0.1	1
估值	—	在大多数的驾驶员一年少于一次	在大多数的驾驶员一年很少几次	在一普通驾驶员每个月都有或者更频繁	对于所有在每次开车都会出现的情况
	—	<0.1%的平均运行时间	<1%的平均运行时间	1%～10%的平均运行时间	>10%的平均运行时间

表 8-3
可以在风险来临时规避风险的分级

C：可控性＝普通驾驶员的控制力				
	C0	C1	C2	C3
描述	通常可控	简单可控	正常可控	很难控制或不可控
值	0.001	0.01	0.1	1
估值	<0.1%的普通驾驶员或者是其他道路人员不能规避危害	<1%的普通驾驶员或者是其他道路人员不能规避危害	<10%的普通驾驶员或者是其他道路人员不能规避危害	普通驾驶员或者是其他道路人员不能规避危害

基于先前的分类，在最后一步，根据标准中的风险图给每个可能发生危险的事件得出所要求的 ASIL 级别（图 8-2）。

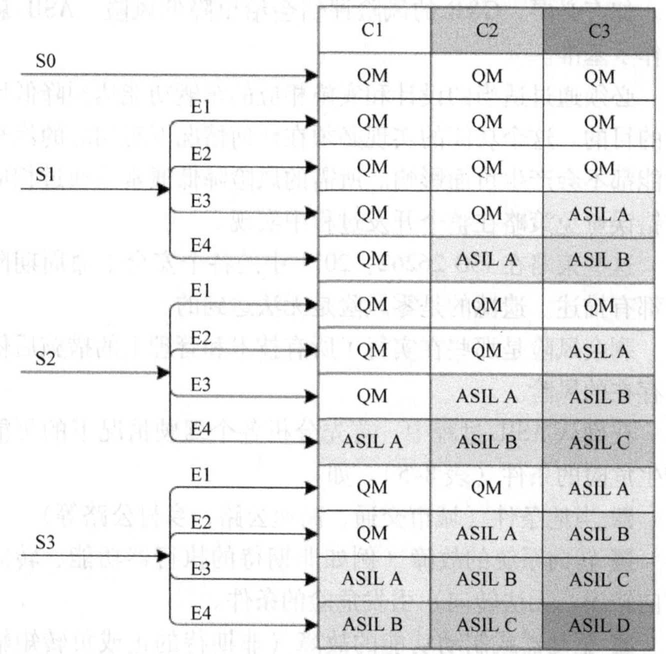

图 8-2
ASIL 的分级（ISO 26262：2011，第 3 部分，表 4）

以风险图的表达方式，ASIL 分级的结构清楚地表现在各个分类的组合上。ASIL 可以直接从三个值的总和中导出。例如，S=3，E=3 和 C=2 给出的总和是 8，那么相对的 ASIL 就是 B。表 8-4 显示了总的分配原则。

表 8-4
由 S、E 和 C 每个子分析值引导得出的 ASIL 级别

	总和 S+E+C				
	≤6	7	8	9	10
ASIL	QM	ASIL A	ASIL B	ASIL C	ASIL D

ISO 26262：2011 第 3 部分中的表 4 显示了风险图。

ASIL A、ASIL B、ASIL C 和 ASIL D 要求采取特殊的措施。如果分析结果是 QM（质量管理），那适用的标准就足够了，没有必要采取特殊的安全措施。应该注意的是每个相关项，或者元件都需要确认 ASIL 级别。

8.7 ASIL 的确认

确认 ASIL 需要一系列的步骤。这些步骤会研究由汽车功能所引出的危险情况。

最初，用于降低风险的措施和安全机制是不会被考虑的。如有必要，G&R 的风险评估会给出降低风险。ASIL 就用作了基准。

必须通过适当的设计和实施相应的车辆功能达到降低风险的目的。这个功能的实现必须在任何情况下对相应的汽车功能都不会产生负面影响。所需的风险降低通常是通过相应的错误避免策略在整个开发过程中实现。

这些策略在 ISO 26262：2011 中的各个安全生命周期阶段都有描述。遗憾的是零风险是无法达到的。

剩余风险和零风险

剩余风险是那些在实行了所有技术和管理上的措施后依旧存在的风险。

在确认 ASIL 过程中，首先分析各个驾驶情况下的可能产生危险的条件（表 8-5）。如：

■ 当地条件（城市交通，高速公路，乡村公路等）。

■ 转向系统的故障（例如非期待的执行器功能、转向方向错误、无法转向）引发危险的条件。

■ 驱动器或制动功能的故障（非期待的正或负转矩输

出、意外的机械制动、没有机械制动、只输出负转矩等）引发危险的条件。

表 8-5
驾驶情况

编号	驾驶情况
1	城市交通
1.1	堵车下的跟车驾驶
1.2	多车道道路
1.3	由于路边停的车或者指示牌导致视线受阻
1.4	倒车（无 ABS）
2	高速公路驾车
2.1	多车道道路
2.2	无限速道路
2.3	突发状况，特别是在弯角之后
2.4	由于道路施工，道路变窄
3	乡村公路
3.1	由于路面不平或者开裂导致的危险状况
3.2	特别窄的道路
3.3	特别陡峭的道路

随后，结合驾驶情况考虑环境条件（表 8-6），以及道路状况（干燥、潮湿、冰雪覆盖有结冰的道路等）以及交通情况（交通繁忙、行人、大量的迎面而来的对向交通、交叉路口、平行驾驶、未固定住的悬崖等）。

表 8-6
环境条件

编号	环境条件
1	天气状况
1.1	雾气导致的视觉上快速变化
1.2	在不同气温下，下雪时不同的驾驶条件
1.3	突然的降雪和降冰
1.4	在铁质桥面上更高的滑冰危险
2	视线条件
2.1	白天
2.2	夜晚
2.3	强太阳光照入
2.4	在早晨和黄昏时，光线较暗

（续）

编号	环境条件
2.5	起雾的前车窗
3	道路类型
3.1	沥青路面
3.2	未涂焦油的小巷
3.3	多车道多分叉的道路
3.4	隧道

在每个组合中，对乘员及其他被动参与道路的使用者的影响在考虑了他们停留的可能性下进行区分。

基于并紧随着危害分析与风险评估，除了 ASIL 分配之外，元件的关键性也会在考虑 G&R 给出的容错时间下被确定，元件可向下延伸到各个软件模块。这些数据将在确定汽车安全完整性的要求时被使用。确定关键性应是对 ASIL 等级的补充，目的是为了可以区别不同元件或软件模块的安全完整性的要求。由于并非所有软件模块在产品实现伊始就是已知的，所以确定关键性是一个迭代过程。G&R 在产品实现过程中也不断地发展，必须在任何情况下都要根据新的发现和知识进行调整。对 ASIL 评级的任何更改都应是谨慎小心的，并且进行书面解释。

8.8 来自于 Joy 项目的具体案例

ASIL 的确认是由 Drivesmart 公司根据表 8-7 完成的。

获知 ASIL 需基于各个因素互相组合，这些因素有功能、故障功能、环境条件、道路类型、受危险群体、故障影响和情景描述，即在发生错误时车辆的动态姿势和状态。该表创建完后，通过过滤器可随意进行各种组合。对于每一个所选出的组合，紧接着对严重性（S）、暴露性（E）以及可控性（C）进行解释，之后通过危害和风险图确认 ASIL 级别。由此产生的最高 ASIL 将用于相应的错误功能，作为其基础。表格里简要描述了与安全要求规范相关的安全目标以及容错时间和安全状态。

表 8-7

摘自 G&R，不确保其完整性。工作表的图片仅显示范围。每个部分的内容我们将在以下文段进行详解。

ID	Funktion	Fehlfunktion	Umgebungs-bedingung	Straßentyp	Gefährdete Personen	Fehlerauswirkung	Szenario, fahrdynamischer Fahrzeugzustand/Fahr-situation	S
1	Vortrieb entsprechend dem Fahrerwunsch am Jogstick oder anderer Systeme (Tempomat) einstellen	kein oder zuwenig Abtriebsmoment (Höhe des Moments falsch), Drehmoment-reduzierung bis zum Stillstand (Vortriebsmoment entfällt)	Tag mit starker Sonnen-strahlung	Asphaltstraße/ Landstraße	Fahrzeuginsassen des verursachenden und des kollidierenden Fahrzeugs	Plötzlich ungewollter Verlust der Fahrzeug-beschleunigung	Einfahren in eine Kreuzung oder Verkehrsinsel wegen Leistungsverlust zu langsam, Seitenaufprall	2
2	Vortrieb entsprechend dem Fahrerwunsch am Jogstick oder anderer Systeme (Tempomat) einstellen	kein oder zuwenig Abtriebsmoment (Höhe des Moments falsch), Drehmomentreduzierung bis zum Stillstand (Vortriebsmoment entfällt)	Nacht	Extrem schmale Landstraße	Fahrzeuginsassen des verursachenden und des kollidierenden Fahrzeugs	Plötzlich ungewollter Verlust der Fahrzeug-beschleunigung	Überholvorgang "Fahrzeug fällt aus, alle übrigen Funktionen wie Beleuchtung, Bremsen und Lenken sind noch funktionsfähig	3
3	Vortrieb entsprechend dem Fahrerwunsch am Jogstick oder anderer Systeme (Tempomat) einstellen	kein oder zuwenig Abtriebsmoment (Höhe des Moments falsch), Drehmom-entreduzierung bis zum Still-stand (Vortriebsmoment entfällt)	rapide Sichtänderung durch Nebelbänke	Asphaltstraße /Autobahn	Fahrzeuginsassen des verursachenden und des kollidierenden Fahrzeugs.	Fahrzeug ist nicht verfügbar und bleibt liegen	Fahrzeug bleibt auf der Autobahn liegen mit vorheriger gewollter Abschaltung der Energiezufuhr für den Motor	3
4	Vortrieb entsprechend dem Fahrerwunsch am Jogstick oder anderer Systeme (Tempomat) einstellen	Vortrieb wird plötzlich zu groß bereitgestellt was zu Fahrzeug-Beschleunigung führt	normale Umgebungs-bedingungen	Asphaltstraße /Stadtmitte	Fußgänger	Plötzlich ungewollte Fahrzeug-Bewegung aus dem Stillstand	Fahrzeug steht an erster Stelle an der Ampel oder am Zebrastreifen	3
5	Vortrieb entsprechend dem Fahrerwunsch am Jogstick oder anderer Systeme (Tempomat) einstellen	Vortrieb wird plötzlich zu groß bereitgestellt was zu Fahrzeug-Beschleunigung führt.	starker Regenfall	Asphaltstraße /Rollsplit	Fahrzeuginsassen und ggf. kollidierendes Fahrzeug	Plötzlich ungewollte Fahrzeug-Beschleunigung	Kurvenfahrt mit maximaler Geschwindigkeit. Fahrzeug ist kurz vor der Destabilisierung. Gegenverkehr auf der Landstraße und Bäume am Seitenrand	3
6	Lenkwinkel entsprechend der Fahrervorgabe über Jog-Stick eingeben und Nabenmotoren ansteuern.	Nabenmotor(en) an einem Rad oder beiden Rädern wird falsch angesteuert und hat Versatz	starker Wind	Landstraße oder Autobahn	Fahrzeuginsassen, kollidierendes Fahrzeug	Fahrzeug folgt nicht der gewünschten Richtung, Lenken erschwert oder nicht mehr möglich	Kurvenfahrt mit hoher Geschwindigkeit auf schmaler Landstraße mit Gegenverkehr und seitlichen Objekten; Autobahnfahrt mit hoher Geschwindigkeit	3
7	Bremskraft entsprechend dem Fahrerwunsch am Jogstick einstellen und regeln.	Ungewolltes maximales Bremsmoment	normale Umgebungs-bedingungen	Landstraße mit Gegenverkehr und seitlichen Hindernissen evtl. Rollsplit	Fahrzeuginsassen, kollidierendes Fahrzeug, Zweirad oder Fahrradfahrer	ungewolltes Abbremsen des Fahrzeugs bis zum blockieren der Räder, Fahrzeug ggf. nicht mehr lenkbar, Schleudergefahr	Landstraße mit Gegenverkehr und seitlichen Hindernissen	3
8	Bremskraft entsprechend dem Fahrerwunsch am Jogstick einstellen und regeln.	Ungewolltes hohes Bremsmoment an allen vier Rädern	starker Regenfall	Landstraße oder Autobahn	Fahrzeuginsassen des verursachenden und des kollidierenden Fahrzeugs.	ungewolltes Abbremsen des Fahrzeugs bis zum Stillstand, ohne blockieren der Räder, Fahrzeug lenkbar, keine Schleudergefahr, kein Verlust der Seitenführungskräfte	Autobahnfahrt mit > 130 km/h, Bremslichter gehen nicht an, nachfolgendes Fahrzeug fährt auf	3
9	Bremskraft entsprechend dem Fahrerwunsch am Jogstick einstellen und regeln.	Ein Seite wird überhaupt nicht gebremst	starker Regenfall	Landstraße mit Gegenverkehr und seitlichen Hindernissen evtl. Rollsplit	Fahrzeuginsassen des verursachenden und des kollidierenden Fahrzeugs	deutlich veränderter Bremsweg mit Stör, Bremsverlust, Stabilitätseinbuße mit Schleudergefahr	hohe Geschwindigkeit auf der Autobahn oder Landstraße	3
10	Bremskraft entsprechend dem Fahrerwunsch am Jogstick einstellen und regeln.	Ein Rad an der Vorderachse wird nicht abgebremst	starker Schneefall	Landstraße mit Gegenverkehr oder Autobahn.	Fahrzeuginsassen des verursachenden und des kollidierenden Fahrzeugs	Stabilitätseinbuße und reduzierte Bremswirkung	hohe Geschwindigkeit auf der Autobahn oder Landstraße	3
11	Bremskraft entsprechend dem Fahrerwunsch am Jogstick einstellen und regeln.	keine Bremsansteuerung	normale Umgebungs-bedingungen	Autobahn, Landstraße.	Fahrzeuginsassen des verursachenden und des kollidierenden Fahrzeugs, Fußgänger, Zweiradfahrer, Radfahrer	keine Bremswirkung	Einfahren in Kreuzung oder Kreisverkehr, Autobahnfahrt mit > 130 km/h	3

（续）

K	L	M	N	O	P	Q	R	S
Begründung für Severity	E	Begründung für Exposure Time	C	Begründung für Controllability	ASIL	Sicherheits-ziel	Sicherer Zustand	Fehlertoleranz-Zeit
Seitenkollision mit Delta-v 15-35 km/h; Verletzungen bis AIS 3-4 sind nicht auszuschließen (Schwere Verletzungen, Überleben wahrscheinlich).	2	E3: Kreuzung (1-10% der durchschnittlichen Betriebszeit) E2: Vorfahrtsberechtigtes, seitliches Fahrzeug ersetzt im kritischen Abstandsbereich	2	Durch andere Verkehrsteilnehmer beherrschbar. Weniger als 10% der durchschnittlichen Fahrer oder andere Verkehrsteilnehmer sind gewöhnlich nicht in der Lage den Schaden abzuwenden.	QM	Vortrieb nach Vorgaben bereitstellen		2000ms
Überholvorgang kann nicht abgeschlossen werden, Kollision mit Gegenverkehr: lebensbedrohliche Verletzungen (Überleben unwahrscheinlich) oder tödliche Verletzungen sind nicht auszuschließen. Mehr als 10% Wahrscheinlichkeit für AIS 5-6	1	E4: Landstraßenfahrt E2: Überholen (gem. Zeitbereich <1% of operating time, ISO 26262-3 Tabelle B.2 E3: Gegenverkehr im kritischen Abstandsbereich [illegible]	2	Weniger als 10% der durchschnittlichen Fahrer oder andere Verkehrsteilnehmer sind gewöhnlich nicht in der Lage den Schaden abzuwehren.	QM	Vortrieb nach Vorgaben bereitstellen		2000ms
Auffahrunfall, Verletzungen bis AIS 5-6 sind nicht auszuschließen (Lebensbedrohliche oder fatale Verletzungen)	2	E4: Autobahn E3: Staubildung E2: Fehler muss während der Abschaltung der Energiezufuhr für den Motor auftreten.	1	Weniger als 1% der durchschnittlichen Fahrer oder andere Verkehrsteilnehmer sind gewöhnlich nicht in der Lage den Schaden abzuwehren.	QM	Vortrieb nach Vorgaben bereitstellen		2000ms
Kollision mit Personen auf dem Fußgängerüberweg sind nicht auszuschließen. Verletzungen bis AIS 5-6 sind möglich (Lebensbedrohliche oder fatale Verletzungen)	3	E4: Stadtfahrt mit halten an Fußgängerüberweg E3: Erstes Fahrzeug am Überweg	3	Durch das ansteuern des Joystick erteilt der Fahrer den Befehl zu Bremsen. Da das Fahrzeug trotzdem aus dem Stillstand beschleunigt dürfte die meisten Fahrer überfordern. Der durchschnittliche Fahrer oder andere Verkehrsteilnehmer sind gewöhnlich nicht in der Lage den Schaden abzuwenden da die Situation plötzlich und unerwartet auftritt.	C	Vortrieb nach Vorgaben bereitstellen	Safe Torque Off aktivieren	200ms
Plötzliche ungewollte Beschleunigung des Fahrzeugs kann ggf. durch den Fahrer nicht beherrscht werden. Verlassen der Fahrspur kann zu Unfällen mit Verkehrsteilnehmern oder Objekten führen.	2	E4: Landstraßenfahrt E3: Kurvendurchfahrt mit Grenzgeschwindigkeit E2: Zeitanteil für den kritischen Betrachtungsfall ist [illegible]	3	Die meisten Fahrer kommen mit dieser Situation nicht zurecht da die Situation ein extremes Bremsen erfordern würde. Für diese Ausnahmereaktion sind die wenigsten Fahrer in der Lage	B	Vortrieb nach Vorgaben bereitstellen	Safe Torque Off aktivieren	200ms
Folgt das Fahrzeug nicht dem Richtungswunsch des Fahrers ist ein Verlassen der Fahrbahn bzw. ein Zusammenstoß mit entgegenkommenden Fahrzeug nicht auszuschließen. Kollision mit hoher Geschwindigkeit, Verletzungen bis AIS 5-6 sind nicht auszuschließen (Lebensbedrohliche oder schwere irreversible Verletzungen).	4	E4: Kurvenfahrt auf Landstraße oder Autobahnfahrt mit hohen Fahrgeschwindigkeit und starkem Seitenwind	3	Das Fehlverhalten des Lenksystems überfordert alle Fahrer. Der durchschnittliche Verkehrsteilnehmer oder andere Verkehrsteilnehmer sind gewöhnlich nicht oder kaum in der Lage den Schaden abzuwenden.	D	Fehllenken verhindern		100ms
Spurversatz durch schleudern des Fahrzeugs und dadurch Kollision mit hoher Geschwindigkeit mit anderen Verkehrsteilnehmern oder Objekten. Verletzungen bis AIS 5-6 sind möglich und nicht auszuschließen.	4	E4: Landstraße	3	Der durchschnittliche Fahrer oder andere Verkehrsteilnehmer sind gewöhnlich nicht in der Lage den Schaden abzuwenden da die Situation plötzlich und unerwartet auftritt.	D	Ungewollte Aktivierung mit maximalem Bremsmoment während der Fahrt verhindern		400ms
Nachfolgendes Fahrzeug hat nicht genügend Zeit, um einen Auffahrunfall zu verhindern. Kollision mit Differenzgeschwindigkeit von > 40 km/h, Verletzungen bis AIS 5-6 sind möglich und nicht auszuschließen (lebensbedrohliche bis irreversible Verletzungen)	3	E4: Autobahn E3: nachfolgendes Fahrzeug befindet sich im kritischen Abstandsbereich.	3	Der durchschnittliche Fahrer oder andere Verkehrsteilnehmer sind gewöhnlich nicht in der Lage den Schaden abzuwenden da die Situation plötzlich und unerwartet auftritt.	C	Ungewollte Aktivierung mit maximalem Bremsmoment während der Fahrt verhindern		1000ms
Durch schleudern kann es zu Kollision mit anderen Verkehrsteilnehmern kommen. Seitenkollision mit Delta-v > 35 km/h, Verletzungen bis AIS 5-6 sind möglich und nicht auszuschließen (lebensbedrohliche bis irreversible Verletzungen)	3	E3: Fahren auf regennasser Landstraße E3: starkes Bremsen	3	Weniger als 10% der durchschnittlichen Fahrer oder andere Verkehrsteilnehmer sind gewöhnlich nicht in der Lage den Schaden abzuwehren.	C	gleiches Bremsmoment an allen Rädern gewährleisten	Radschlupfregelsysteme abschalten	200ms
Durch schleudern kann es zu Kollision mit anderen Verkehrsteilnehmern oder Objekten kommen. Seitenkollision mit Delta-v > 35 km/h, Verletzungen bis AIS 5-6 sind möglich und nicht auszuschließen (lebensbedrohliche bis irreversible Verletzungen)	3	E4: Fahren auf Landstraße E3: starkes Bremsen	3	Der durchschnittliche Fahrer oder andere Verkehrsteilnehmer sind gewöhnlich nicht in der Lage den Schaden abzuwenden.	C	gleiches Bremsmoment an allen Rädern gewährleisten	Radschlupfregelsysteme abschalten	200 ms
Kollision mit Differenzgeschwindigkeit > 40 km/h, Verletzungen bis AIS 5-6 sind nicht auszuschließen (Lebensbedrohliche oder irreversible Verletzungen)	4	E4: Landstraße oder Autobahn	3	Der durchschnittliche Fahrer oder andere Verkehrsteilnehmer sind gewöhnlich nicht in der Lage den Schaden abzuwenden.	D	Bremskraft entsprechend Fahrerwunsch gewährleisten		500 ms

以下与危险相连的系统功能将在危害分析与风险评估的工作表（表 8-8）中被考虑到：

■ 根据驾驶员在操纵杆上或其他系统，例如，设置巡航控制，输出向前驱动力。

■ 根据驾驶员通过操纵杆的操控给入转向角度，并在前轮上驱动轮毂电机。

■ 根据操纵杆上的驾驶员要求调整和控制制动力。

表 8-8

G&R 的工作表－功能

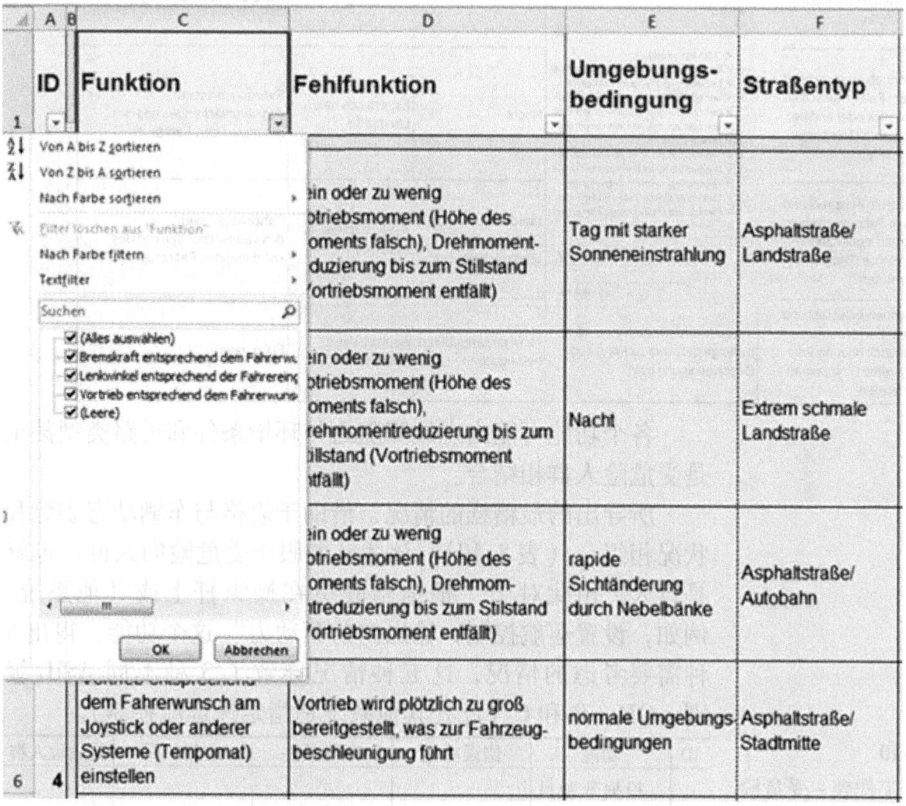

	A	B	C	D	E	F
1		ID	Funktion	Fehlfunktion	Umgebungsbedingung	Straßentyp
				ein oder zu wenig otriebsmoment (Höhe des oments falsch), Drehmoment-duzierung bis zum Stillstand Vortriebsmoment entfällt)	Tag mit starker Sonneneinstrahlung	Asphaltstraße/ Landstraße
				ein oder zu wenig otriebsmoment (Höhe des oments falsch), rehmomentreduzierung bis zum tillstand (Vortriebsmoment ntfällt)	Nacht	Extrem schmale Landstraße
				ein oder zu wenig otriebsmoment (Höhe des oments falsch), Drehmom-ntreduzierung bis zum Stillstand Vortriebsmoment entfällt)	rapide Sichtänderung durch Nebelbänke	Asphaltstraße/ Autobahn
6		4	Vortrieb entsprechend dem Fahrerwunsch am Joystick oder anderer Systeme (Tempomat) einstellen	Vortrieb wird plötzlich zu groß bereitgestellt, was zur Fahrzeug-beschleunigung führt	normale Umgebungsbedingungen	Asphaltstraße/ Stadtmitte

Von A bis Z sortieren
Von Z bis A sortieren
Nach Farbe sortieren
Filter löschen aus "Funktion"
Nach Farbe filtern
Textfilter
Suchen
(Alles auswählen)
Bremskraft entsprechend dem Fahrerwu
Lenkwinkel entsprechend der Fahrereing
Vortrieb entsprechend dem Fahrerwuns
(Leere)
OK　Abbrechen

对每个功能，都会紧接着定义可能的错误功能。

8.8.1　驱动的案例

对于功能“根据驾驶员在操纵杆上或其他系统，例如，设置巡航控制，输出向前驱动力”，定义并分配了以下故障（表 8-9）：

■ 没有或驱动转矩太小（转矩量错误），转矩减少至静止（向前驱动转矩消失）。

■ 突然提供过大的推进力，导致车辆加速。

表 8-9

G&R 的工作表 – 错误功能

ID	Funktion	Fehlfunktion	Umgebungs-bedingung	Straßentyp	Gefährdete Personen
1	Vortrieb entsprechend dem Fahrerwunsch am Joystick oder anderer Systeme (Tempomat) einstellen		Tag mit starker Sonnenein-strahlung	Asphaltstraße/ Landstraße	Fahrzeuginsassen des verursachenden und des kollidierenden Fahrzeugs
2	Vortrieb entsprechend dem Fahrerwunsch am Joystick oder anderer Systeme (Tempomat) einstellen		Nacht	Extrem schmale Landtraße	Fahzeuginsassen des verursachenden und des kollidieren-den Fahrzeugs.
3	Vortrieb entsprechend dem Fahrerwunsch am Joystick oder anderer Systeme (Tempomat) einstellen		rapide Sichtänderung durch Nebelbänke	Asphaltstraße /Autobahn	Fahzeuginsassen des verursachenden und des kollidierenden Fahrzeugs.
4	Vortrieb entsprechend dem Fahrerwunsch am Joystick oder anderer Systeme (Tempomat) einstellen	Vortrieb wird plötzlich zu groß bereitgestellt was zu Fahrzeug-Beschleunigung führt	normale Umgebungs-bedingungen	Asphaltstraße /Stadtmitte	Fußgänger

Von A bis Z sortieren
Von Z bis A sortieren
Nach Farbe sortieren
Filter löschen aus "Fehlfunktion"
Nach Farbe filtern
Textfilter
Suchen
(Alles auswählen)
Ein Rad an der Vorderachse wird nicht a
Ein Seide wird überhaupt nicht gebremst
kein oder zuwenig Abtriebsmoment (Hoh
kein oder zuwenig Abtriebsmoment (Hoh
kein oder zuwenig Abtriebsmoment (Hoh
keine Bremsansteuerung
Nabenmotor(en) an einem Rad oder bei
Ungewolltes hohes Bremsmoment an alle
Ungewolltes maximales Bremsmoment
Vortrieb wird plötzlich zu groß bereitgest
Vortrieb wird plötzlich zu groß bereitgest
(Leere)
OK　Abbrechen

各个功能可能出现故障随之与环境条件和道路类型甚至是受危险人群相结合。

所导出的最糟糕的情况，借助于表格与车辆动态姿势和状况相组合（表 8-10）。该团队着眼于受危险的人群，也就是行人。由此对于“根据驾驶员在操纵杆上或其他系统，例如，设置巡航控制，输出向前驱动力”这个功能，得出 5 种需要考虑的情况，这五种情况导致了 3 种不同 ASIL 级别 – QM，B 和 C（此处其他系统是指定速巡航控制）。

表 8-10

G&R 工作表 – 受危险的人的作用

ID	功能	错误功能	环境条件	道路状况	受危险人群
4	根据驾驶员在操纵杆上或其他系统，例如，设置巡航控制，输出向前驱动力	突然提供过大的推进力，导致车辆加速	普通环境条件	沥青路面/市中心	行人

借助于根据 ISO 26262 所说的故障树，在考虑故障效应、情景和驾驶车辆动态姿势/状况下，对 ID 4（上述 G&R

工作表的第 4 行）产生的 ASILC 做出如下解释（表 8-11）。

故障效应	情景和驾驶车辆动态姿势/状况
车辆突然由静止开始移动（非期待的移动）	车辆处于交通灯的首排，或者紧挨着斑马线

表 8-11 G&R 工作表 - 部分结果

该团队记录了严重性 S3 的解释：

不能排除与人行横道上的人产生碰撞。伤害达到 AIS 5 - 6（缩写的伤害量表，见表 8-12）是可能的（危及生命或不可逆转的伤害）。为了解释严重程度，借用简化或缩短的伤害量表 AIS，此表是对于每个伤害的致命性的度量。

AIS：来自汽车事故研究的这一量度描述了 6 个损伤严重程度。在低伤害严重程度下，主要是皮肤表面有划痕、切口和血肿。AIS 代码 6 量化了无法治疗的死亡后果。

AIS 代码	AIS 受伤严重度
1	非常轻微
2	需要认真处理
3	严重
4	很严重
5	危急
6	最大级（无法治疗）

表 8-12 AIS 量度

对于暴露性 E3 的解释：

- E4：在城市行驶途中，车辆停在人行横道前
- E3：第一辆在横道线前的车

对于可控性 C3 的解释：

通过移动操纵杆，驾驶员发出制动命令。然而，车辆依旧从静止开始加速，大多数驾驶人无法应对。一般的驾驶人或其他道路使用者通常无法避免伤害，因为情况发生突然且事出意料之外，见表 8-13。

S	对于严重性的解释	E	对于暴露性的解释	C	对于可控性的解释	ASIL
3	不能排除与人行横道上的人产生碰撞。伤害可达 AIS 5 ~ 6（危及生命或不可逆转的伤害）	3	E4：在城市行驶途中，车辆停在人行横道前 E3：第一辆在横道线前的车	3	通过移动操纵杆，驾驶员发出制动命令。然而，车辆依旧从静止开始加速，大多数驾驶人无法应对。一般的驾驶人或其他道路使用者通常无法避免伤害，因为情况发生突然且事出意料之外	C

表 8-13 G&R 工作表 - 原因

从 ISO 26262：2011 的风险表，得出所需风险降低程度是 ASILC（图 8-3）。

图 8-3 G&R 风险表 - ASILC 的结果

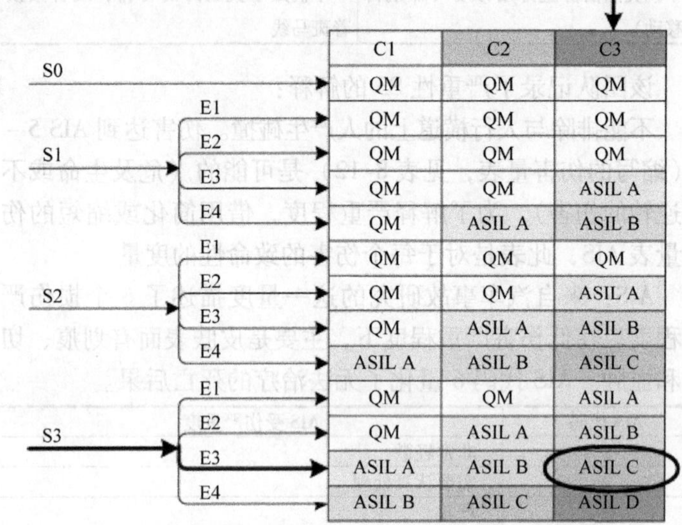

对于安全要求规范，将随着 ASIL 的等级将安全目标、容错时间，以及安全状态都一起定义了（表 8-14）。

表 8-14 G&R 工作表 - 安全状态

ASIL	安全目标	安全状态	容错时间
C	根据需求提供向前驱动	激活安全切断转矩功能	200ms

8.8.2 制动力的案例

制动力大小也可以由操纵杆来控制。表 8-15 是部分场景的摘录，来确定转向系统的这一功能的 ASIL。

表 8-15 G&R 工作表 - 制动力

ID	功能	错误功能	环境条件	道路状况
7	相应于驾驶人在操纵杆上的要求调整和调节制动力	非预期的最大制动力矩	常规环境条件	乡村道路，有对向来车和路边的障碍物，可能有路面开裂
8	相应于驾驶人在操纵杆上的要求调整和调节制动力	在所有四个轮子上有非预期的过高制动力矩	强降雨	乡村道路或者高速路

（续）

ID	功能	错误功能	环境条件	道路状况
9	相应于驾驶人在操纵杆上的要求调整和调节制动力	一侧轮胎完全无法制动	强降雨	乡村道路，有对向来车和路边的障碍物，可能有路面开裂
10	相应于驾驶人在操纵杆上的要求调整和调节制动力	前轴的某侧轮胎无法制动	大雪天	乡村道路有对向来车或者高速路
11	相应于驾驶人在操纵杆上的要求调整和调节制动力	无法控制制动系统	常规环境条件	高速路，乡村道路

制动器会发生三种主要类型的故障：制动不均匀、过强和过弱的制动力。每一种故障发生都可能导致与其他车辆，有时甚至与行人发生严重的交通事故。表 8-16 展示了在上述情况下可能由于制动系统的故障导致的错误和危险。

表 8-16
G&R 工作表 – 制动的风险

ID	受危险的人群	故障效应	场景、车辆的动态状况/行车状况
7	乘客，相撞的车辆，两轮机动车或者自行车	车辆非预期的制动直至抱死，车辆可能无法转向，发生失控	乡村道路有来车和路侧边的障碍物
8	故障车辆和被撞车里的乘客	车辆非预期的制动直至完全停住，无抱死，车辆可以转向，无失控，无丧失侧向力现象	高速路车速大于 130km/h，制动灯不亮，后车追尾前车
9	故障车辆和被撞车里的乘客	明显的制动距离变长，损失 50% 的制动力，失去车辆稳定，有失控风险	在高速和乡间道路高速行驶
10	故障车辆和被撞车里的乘客	失去车辆稳定和减弱的制动效果	在高速和乡间道路高速行驶
11	故障车辆和被撞车里的乘客，行人，两轮机动车人员，骑自行车的人	无制动效果	驶入十字路口或者环岛，高速路车速大于 130km/h

车辆制动器几乎用于所有驾驶情况。因此无论是车里的乘客还是其他道路使用者都不断暴露在这个系统潜在的危险之下。这反映在所有情况下曝光时间（E）至少是3。某些危险只发生在制动过猛或者后车过于接近前车时，因此并非在所有情况下都需要“E=4”。

制动系统中一旦出现错误，甚至于经验丰富的驾驶员也仅限在有利的情况下可以调整控制。可能的话，通过车辆躲闪可以避免事故，但故障几乎来得总是令人惊讶，猝不及防。这导致可控性（C）定义为3，因为大多数驾驶人都难以应付。

如果发生事故，即使在低速时也会造成严重的伤害，因此通常使用“严重性（S）=3”，见表8-17。

表8-17 G&R 工作表－制动力风险的分级

ID	S	对于严重性的解释	E	对于暴露时间的解释	C	对于可控性的解释
7	3	由于车辆旋转失控，改变车道，因此与其他高速行车的车辆或者物体发生碰撞 伤害可能是AIS 5~6，而且无法排除此可能	4	E4：乡村公路	3	普通驾驶人或者是其他道路人员通常无法规避危害，因为事发突然，并非意料中
8	3	后车没有足够的时间来避免追尾事故，相撞时两车车速差大于40km/h，伤害可能是AIS 5~6，而且无法排除此可能（生命受到危险甚至无可挽回的伤害）	3	E4：高速道路 E3：后车在危险的距离范围内	3	普通驾驶人或者是其他道路人员通常无法规避危害，因为事发突然，并非意料中
9	3	由于车辆旋转失控，导致与其他车辆或者物体发生相撞。侧面相撞时的速度差大于35km/h，伤害可能是AIS 5~6，而且无法排除此可能（生命受到危险甚至无可挽回的伤害）	3	E3：行驶在雨后湿滑的乡村道路上 E3：制动过猛	3	少于10%的普通驾驶人或者其他道路人员无法规避危害

（续）

ID	S	对于严重性的解释	E	对于暴露时间的解释	C	对于可控性的解释
10	3	由于车辆旋转失控，导致与其他车辆或者物体发生相撞。侧面相撞时的速度差大于35km/h，伤害可能是AIS 5～6，而且无法排除此可能（生命受到危险甚至无可挽回的伤害）	3	E4：行驶在乡村道路上 E3：制动过猛	3	普通驾驶人或者是其他道路人员通常无法规避危害
11	3	在车速差大于40km/h时发生碰撞，伤害可能是AIS 5～6，而且无法排除此可能（生命受到危险甚至无可挽回的伤害）	4	E4：乡村道路或者高速公路	3	普通驾驶人或者是其他道路人员通常无法规避危害

如上一节在关于“向前驱动”功能里所演示的，ASIL是由在这些场景中各个值所得出的结果，及此ASIL D成为“制动力”该功能的最高级别（表8-18）。

表8-18
G&R工作表－ASIL级别的制动功能

ID	ASIL	安全目标	安全状态	容错时间
7	D	避免在行驶中意外触发最大制动力矩		400ms
8	C	避免在行驶中意外触发最大制动力矩		100ms
9	C	保证所有轮胎都得到相同制动力矩	关闭车轮防滑系统（ESP）	200ms
10	C	保证所有轮胎都得到相同制动力矩	关闭车轮防滑系统（ESP）	200ms
11	D	相应驾驶人要求提供制动力		500ms

8.8.3 转向的案例

相同的过程也用在转向上。这里只是示例性地给出一种场景（表8-19）。

表8-19
G&R工作表－转向角

ID	功能	错误功能	环境条件	道路状况
6	相应于驾驶人在操纵杆的输入给定转向角，并驱动轮毂电机	轮毂电机在一个或者多个轮毂上错误控制，产生位偏差	强风	乡村道路或者高速公路

在转向功能失效的情况下，无论是车辆里的乘客还是其他道路使用者都受到生命危险（表8-20）。

表8-20
G&R工作表－转向角的风险

ID	受危险的人群	故障效应	场景，车辆的动态状况/行车状况
6	发生碰撞的车辆乘客	车辆无法跟从既定方向。转向变得称重或者不再可能	在狭窄的乡村道路以高速过弯道，对面有来车，路边有障碍物 高速公路上高速行驶

错误的转向角作用于轮子上会渐渐促使车辆离开了车道。这对于驾驶人是无法控制的，因为转向作为驾驶人在发生故障时的唯一反应方式，必须对这个问题负责。因为转向是一个一直在使用的功能，每个道路使用者都一直暴露在故障后的危险下。因此，总的来说，结果是：严重性（S）＝3，可控性（C）＝3，曝光时间（E）＝4，见表8-21。

表8-21
G&R工作表－转向角风险的分级

ID	S	对于严重性的解释	E	对于暴露时间的解释	C	对于可控性的解释
6	3	如果车辆无法跟从驾驶人想要的行驶方向，那么无法排除车辆离开车道或者与迎面而来的车辆发生碰撞。高速下碰撞，可以导致AIS 5～6的伤害（威胁生命或者是严重的无法挽回的伤害）	4	E4：在乡村公路或者高速公路的弯道，高速行驶且有侧风	3	转向系统的错误对于驾驶人都是过重的。普通驾驶人或者其他道路人员都普遍无法规避危害

由上面的分析可以导出转向功能需要ASIL D（表8-22）。

ID	S	ASIL	安全目标	安全状态	容错时间
6	3	D	避免错误的转向角		100ms

表 8-22
G&R 工作表 - ASIL 等级的转向角功能

8.9　危害分析与风险评估的总结

进行危害分析与风险评估而召开的分析会议提供了必要的用于确认 ASIL 等级和所需的安全功能的信息。这将有助于理解，哪些信息可以用于不同的事业部。从这个分析开始将在随后的开发阶段，指定出安全目标，并从中衍生出安全要求。

第9章　功能和技术安全要求规范

功能安全要求的说明，及其正确的规范是保证与安全相关的产品质量和正确性的基础。我们将在本章中说明这一安全要求的设计。

9.1　功能安全要求规范

ISO 26262

ISO 26262：2001，第4部分，第6章规定了如何实施功能安全的概念。

质量特征

功能安全要求规范奠定了整个开发过程的基础。在其完整性和正确性方面，满足这些要求对产品开发至关重要。安全要求与非安全相关的功能要求相同，都具有相同的质量特征。安全要求是从安全目标中推出的，这些目标都是通过危害和风险分析后所确定的。为了达到这些目标，就必须考虑到从危害和风险分析得出的安全功能要求。

对于具体使用来说，安全要求规范必须清晰、准确、明确、可验证、可测试、可维护、可行、结构化且易于理解。

抽象级别

这里，系统的多样性和复杂性是一个极为特殊的挑战。这也就需要考虑规范中引入不同级别的抽象。首先，整个系统的功能安全要求规范是由整车厂制定的。在完成一个组件的开发后，仍必须证明已在所有方面，贯彻实施了功能安全要求规范。整车厂的安全要求规范必须要能客观地确定，该组件能否满足其预定的要求。

功能安全要求规范对应于整个系统的顶层设计（Top-Level-Design），并为技术安全要求规范的必要输入信息建立了相应的基础。

开发接口协议（DIA）

整个系统的功能安全要求规范充当了两个企业Drivesmart与safehicle之间，针对“开发接口协议”（DIA）的合同文件角色，因为在这里系统属性也已确定。

9.2　操纵杆Joy和操纵杆传感器规范程序

9.2.1　功能安全要求规范

在Drivesmart公司，经验丰富的系统工程师为整个系统创建了功能安全要求规范。作为一个汽车制造商，Drivesmart负责在系统级别上创建功能安全要求规范。它基于危害和风险分析中的安全目标（安全目标ISO 26262：2011，第3部分，第7章）。

另外，其基础是来自安全计划（Safety Plan）和功能安全概念（功能安全概念ISO 26262：2011，第3部分，第8章）中的要求，这也是由Drivesmart制定的。

从在技术安全要求中进行应用的角度，系统工程师确定了操纵杆传感器的属性，以及执行安全功能的相关可靠性要求。为了排除和避免误解，功能安全经理Dieter Gewiss和Rainer Fels再次解释说明安全功能的概念。

安全功能

安全功能是由操纵杆传感器执行的功能，在发生危险事件时，使车辆进入安全状态，或者维持其安全状态。Tanja Clock在项目计划中加入了这样的内容，即在操纵杆传感器的实施阶段，即在稍后的时间，更加详细地实施硬件和软件级别的技术安全要求规范。

9.2.2　子系统的技术安全要求

在下一步，就必须根据功能安全要求、体系结构假设以及危害和风险分析的结果，确定其对应组件，即对操纵杆传感器（JSS）的技术安全要求。

在评审安全要求规范时，应特别注意其清晰度和简洁化的结构。对于每个与安全功能有关的要求和参考，都必须完整地给予考虑。

对规范阶段中的所有输入和输出的工作结果，都要进行版本控制，这也适合于已定义的配置相关项，对经过了安全要求规范的验证和确认的工作产品也是如此（表9-1）。

表 9-1
示例：操纵杆传感器 JSS 项目中的文档跟踪和控制

功能安全需求规范 – 操纵杆传感器（软件子系统）	
负责人	Josef Byte（safehicle）项目开发领导
里程碑	日期（年月日）
文件	Funktionale_Si_Anforderungsspec_JSS. doc
文件路径	M：\ Projekt \ Funktionale_Si_Anforderungsspec_JSS. doc

在规范阶段，对工作产品的验证和确认必须要负责性地给予计划，实施和记录。

Tipp

有关验证和确认的信息，请参见第 10 章验证和确认计划。

9.2.3　实施技术要求以降低风险

除其他事项外，借助于技术安全要求规范，要保证必要的风险降低，并成功地予以实施。就功能安全要求规范中的错误而言，可能会由于错误地使用硬件或软件，而导致在产品使用过程中，出现技术安全功能的不正确行为。因此，正确、完整、一致和明确地定义技术安全要求规范，这些对于后续的开发过程非常重要。

标准

确定技术安全要求时，要考虑以下标准：

■ 一般性的产品说明和功能描述。

■ 外部接口，例如，通信和用户界面。

■ 限制，例如，环境条件和功能局限。

■ 系统配置要求。

■ 系统功能和整个安全系统的描述。

■ 也许，系统的可能运行状态及其功能（例如，具有特殊功能的服务操作）。

■ 出现错误时，可能的操作状态。

■ 出现错误时的故障安全响应。当一个操纵杆传感器电子设备，如果某一状态被标记为安全，则是要求在所有运行情况下，都能够达到该状态。

■ 系统完整性要求。操纵杆传感器检测到内部错误和故障的能力，以向其后续控制单元发出信号，以便进一步操作或通知驾驶人员。

■ 对每个已识别的安全功能，其安全完整性要求（ASIL）。

■ 操纵杆传感器的数据完整性。

■ 出现错误时的响应和错误响应时间。

■ 确定环境兼容性的限值。

■ 所需的自我诊断。

■ 描述可能导致安全功能失效的原因。

■ 每个安全功能出现错误时，所允许的错误反应行为。

■ 所需的容错措施。

■ 所要求的可用性说明。

■ 操纵杆系统与相关元件之间可能出现的相互作用。

产品生命周期中的要求

对生产、运行、维护、修理和拆卸的要求（根据 ISO 26262：2011，第 7 部分）也要在技术安全要求规范中给予确定。

除了已经指定的技术安全要求之外，在操纵杆传感器中实现的其他（非）功能要求，也已被指定或参考了此规范。

对于每个技术安全要求，都必须确定系统或组件的反应，这一反应是当执行所分配的功能时被激发的。这包括可能的错误，以及激励与操作模式的组合，与所定义的系统状态的组合。此外，技术安全要求规范还应确定面向安全功能和非功能的措施，这些都涉及各个组件之间的相互作用。这其中就包括：

■ 发现、显示和控制系统本身故障的措施（系统或单个组件的自我监视性）。

■ 发现、显示和控制外部设备中错误的措施，例如，与系统集成的其他电子控制器（ECU）、电源或通信模块。

■ 使系统能够拥有或维持安全状态的措施。

■ 分配和实施警告和降级概念的措施（降级是指通过设计机制，在发生错误后仍能确保安全运行的策略）。

■ 防止无法识别操作过程中发生错误的措施。

安全机制

使整个系统能够拥有或维持安全状态的每个安全性机制，要如此给予确定：

■ 过渡到安全状态，这包括对控制执行器（伺服电动机）的要求。

■ 容错时间。

■ 如果通过立即关闭措施，仍无法达到安全状态，那么这种紧急情况反应时间的长度。

■ 维持安全状态的措施。

安全机制和指标，都详细地列举在第 11 章系统级产品开发。

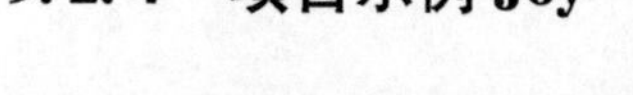

9.2.4　项目示例 Joy

在这个示例中，技术安全要求规范，操纵杆传感器产品的责任文件和时间表定义见表 9-2。

表 9-2
示例：操纵杆传感器 JSS 软件子系统项目的计划工具（摘选）

技术安全要求规范（TSA）	
负责人	约瑟夫 · 伯特 Josef Byte（safehicle）项目开发领导
里程碑	年月日
文件	Technische_SI – Anforderungsspec_JSS. doc
文件路径	M：\ Projekt \ Sicherheitsanforderungen \ Technische _ SI – Anforderungsspec_JSS. doc

为确保技术安全要求与功能安全性概念，以及架构假设相互匹配，可借助一个分析过程进行一次验证，并将结果记录在验证报告中。

9.3　系统确认

必须提前计划和确定系统验证［与创建安全要求规范（表 9-3）平行进行］。这意味着将根据技术安全要求创建确认计划。

表 9-3
功能安全要求规范（摘选）

要求编号	安全相关功能	故障/危险故障	安全状态或所需的信号/错误反应时间	ASIL 等级
SR 1	根据驾驶员在操纵杆或根据其他系统的要求（巡航控制）调节推进力	驱动转矩没有或太小（转矩量错误），转矩减小出现静止状态（无驱动转矩）	检测到车辆加速度损失，在 2000ms 内通知驾驶员	QM

（续）

要求编号	安全相关功能	故障/危险故障	安全状态或所需的信号/错误反应时间	ASIL 等级
SR 2	使用操纵杆由驾驶员输入转向角，控制轮毂电机	一个或两个车轮上的轮毂电机控制不正确，并且有偏移	在 100ms 内防止错误转向	D
SR 3	根据驾驶员要求使用操纵杆来设定和调节制动力 不必要的最大制动力矩	在驾驶时防止意外性地激活最大制动力矩	意外激活最大制动力矩，并在 400ms 内，对错误做出反应	D
SR 4	根据驾驶员要求通过操纵设定和调节制动力	无制动控制	在任何情况下均应根据驾驶员的要求确保制动力	D
SR 5	根据驾驶员要求通过操纵设定和调节制动力	前轴上的一个车轮未能制动	确保所有四个车轮上的制动力矩相同，在 200ms 内，激活车轮打滑控制系统	C

安全证书，这就是说供应商必须根据 ISO 26262：2011，提供传感器满足指定安全性和可靠性要求的书面证据。分布式开发的各方与整车厂之间的偏差，需要将根据公司自身的安全流程进行协调。

! 安全证书是安全档案（Safety Case）的一个重要组成部分。

9.4 可靠性、功能安全性和可用性

通常，在功能安全性、可用性和可靠性之间存在着各自的利益冲突。由于某些要求是相互依赖和牵制的，因此可靠性、可用性和功能安全性之间可能存在一些冲突。

从功能安全的角度来看，良好的安全状态是最佳的，因为根据其定义，设备不会出现危险。但由于此状态还与容错能力相关联，如果从可用性和可靠性角度考虑，这就有可能不提供，或者可能不提供所需的功能。为了解决这些利益矛

盾，还必须对每个功能和每个安全功能确定其优先级，并通过电子系统的架构进行控制。

兼顾到这些思维方式，功能安全要求规范不仅必须描述系统的功能，还必须描述必须满足的条件。另外，必须描述系统维持其安全相关功能的环境条件。

成本与可用性之间的冲突

从图 9-1 可以看出，一个具有较好安全性和高可用性的系统，其成本由于可能需要的硬件容错（HFT）而增加。因此，只有在提交了功能安全要求规范后，才能估算系统开发成本。

在面向安全开发中，所存在另一个成本因素是安全审核和安全评估。最终，此验证可确保能根据 ISO 26262：2011 开发并生产出正确的产品，即按照过程方面的要求，以及满足客户（安全性）要求，进行开发和生产。

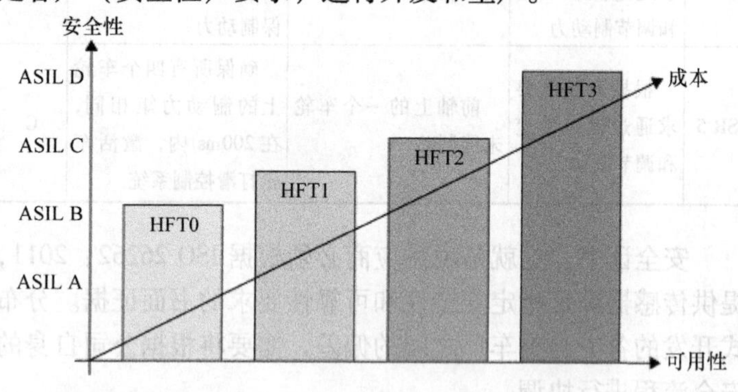

图 9-1
成本、安全性和可用性与硬件容错能力（HFT）之间的关系

9.5 安全性审核

ISO 26262

汽车安全标准 ISO 26262：2011 并没有详细地规定安全评估的实施，但是在阶段模型（ISO 26262：2011，第 2 部分，图 1）第 3.7 目录中，补充了危害分析和风险评估。在第 4.10 目录中，功能安全审核描述了后续的安全评估。该安全审核是基于已定义的产品目标（相关项 Item）进行的。

目的

审核的目的是检验产品是否符合其技术正确性，适应于使用情况和错误状态方面的要求。对功能安全性的审核要证明，被检查对象是否可以提供功能安全性。功能安全管理的目的就是证明已经提供了相关的安全证明。

审核是对已实施的流程进行的。这时评估的不是产品本身，而是过程及其文档的有效性。功能安全审核要能证明已实施了必要的功能安全流程要求。

审核（Audit）

评审是针对特定的工作产品进行的。根据所考虑系统的 ASIL 分类，来选择适当的测试方法。

评审（Review）

Tipp

支持使用清单，但是当然还有其他评审方法（请参阅第 14 章评审）。

通过评审待检查的对象，以能提供证据，证明所选择的子产品符合标准中的相应要求。

9.5.1　独立性

依赖于所考虑系统的 ASIL 分类，某些后续措施要求在产品发放方面，所使用的资源、涉及的管理层和决策机构都必须具有一定的独立性。

根据 ASIL 的要求，就进行安全审核而言，对其参与人员要求具备其独立性（表 9-4）。

表 9-4
独立性程度（标识符根据 ISO 26262：2011）

独立性	描述
–	对验证措施没有要求，也没有建议
I0	验证措施必须实施。而其应该由一个独立人员执行
I1	验证措施必须由一个独立人员执行
I2	验证措施必须由另一个团队的一个独立人员实施。该人向另一位领导汇报
I3	验证措施必须由另一个部门/组织的一个独立人员执行。该独立人员所属的部门/组织完全独立于所涉及的安全产品、所归属的管理层和相关的资源，以及该产品的发布决定

ISO 26262

在安全相关过程领域，对于独立性的更多要求，可参见标准的表 1，第 2 部分，第 6.4.7.1 段，在此，我们仅指出其引用处。

该表中列出了在一个评审过程中，对哪些对象要进行一个验证，以何种独立程度和如何进行这样一个划分。要根据相关项（Items）的最高安全性目标，或者违反安全性目标的程度来进行划分，并针对最高的汽车安全完整性等级（ASIL）。

9.5.2　规划安全审核

必须对标准中 ASIL B、C 或 D 类安全组成部分进行安全审核，并要计划这种安全评估。必须选派合格的员工进行功能安全评估。

ISO 26262

在附录 E 的第 2 部分中，标准提供了根据 ASIL D，进行安全评估的议程建议。

9.5.3　Joy 项目中的安全审核议程

客户 Drivesmart AG 公司已在其安全和项目规划中，计划了要进行功能安全审核，并且这些工作是其上级功能安全管理流程的固定组成部分。

功能安全经理 Dieter Gewiss 和自由职业评估师 Ulrich Richter 在联合团队会议上，二人介绍了审核议程（表 9-5 和表 9-6）。

表 9-5

Joy 项目安全评估会议议程，第 1 到第 4 项

评估议程 Drivesmart AG（1－4）	
第 1 项	**功能安全管理**
第 1.1 项	评估安全文化和相关流程
第 1.2 项	角色、职责、能力管理和培训过程
第 1.4 项	安全计划
第 1.5 项	调整项目的安全生命周期
第 1.6 项	安全审核的结果、安全档案
第 1.7 项	供应商 safehicle 的安全评估结果和文档，将在第 3－6 项中集成
第 2 项	**概念阶段**
第 2.1 项	相关项定义（正在考虑的对象和对其理解）
第 2.2 项	危害和风险分析
第 2.3 项	功能安全概念
第 2.4 项	相关项（Items）与其他组件的交互作用和集成
第 2.5 项	将安全要求分配给组件（Elements）
第 2.6 项	验证功能安全概念

（续）

评估议程 Drivesmart AG（1–4）	
第3项	**系统设计**
第3.1项	计划系统开发，DIA与供应商safehicle一起进行
第3.2项	技术安全概念
第3.3项	系统设计
第3.4项	将技术安全要求分配给相应的硬件和软件及硬件-软件接口
第3.5项	系统设计验证
第4项	**硬件开发（Drivesmart和safehicle）**
第4.1项	规划硬件开发
第4.2项	硬件设计和安全要求
第4.4项	分析随机性硬件错误、错误指标和FMEA
第4.5项	硬件集成和集成测试

表9-6
Joy项目安全评估会议议程，第5到第9项

评估议程 Drivesmart AG（5–9）	
第5项	**软件开发（Drivesmart和safehicle）**
第5.1项	软件开发计划
第5.2项	软件框架结构和安全要求
第5.3项	开发过程，编码规则；方法应用
第5.4项	软件模块测试，静态测试
第5.5项	软件集成和集成测试
第6项	**集成（Drivesmart和safehicle）**
第6.1项	集成计划和验证计划
第6.2项	硬件-软件集成
第6.3项	系统集成和测试
第6.4项	车辆层的集成和测试
第7项	**确认**
第7.1项	确认计划和文档发布
第8项	**生产和维护**
第8.1项	生产过程和最终下线（End-Of-Line）测试的要求
第8.2项	调试、运行和报废的安全性相关要求
第9项	**总结和结束会**

安全审核的发起人是作为客户的Drivesmart公司，由Felicitas Marke担任领导。审核的实际实施，以及报告（图9-2）生成都是在项目级别，与评估师以及Joy项目团队的负责人员一起进行。

图9-2
审核报告的封面

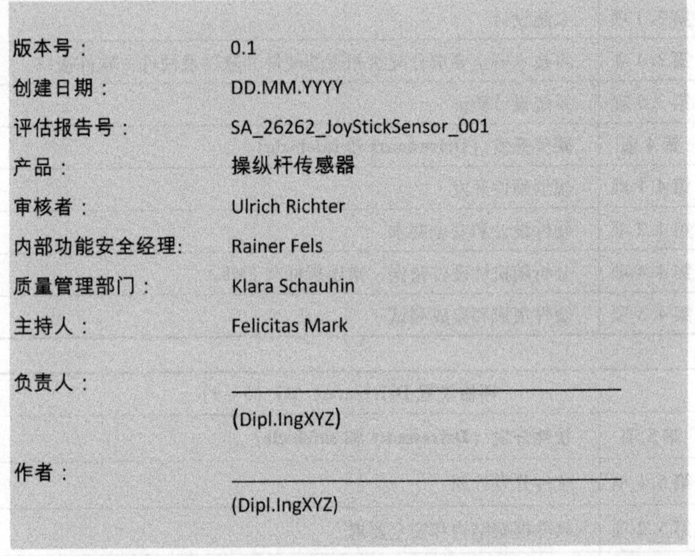

版本号：	0.1
创建日期：	DD.MM.YYYY
评估报告号：	SA_26262_JoyStickSensor_001
产品：	操纵杆传感器
审核者：	Ulrich Richter
内部功能安全经理:	Rainer Fels
质量管理部门：	Klara Schauhin
主持人：	Felicitas Mark
负责人：	____________ (Dipl.IngXYZ)
作者：	____________ (Dipl.IngXYZ)

自由职业评估师Ulrich Richter在计划阶段，已向团队提供了一个审核报告的样本，该样本的内容，就如同像是一个审核指南（图9-3）。

图9-3
Joy项目审核报告的结构

1 结果摘要（管理摘要）	**4**
2 评估的对象和目标	**5**
3 评估的目的	**6**
4 检查和测试文档	**7**
5 缩写和术语	**8**
6 描述预期的安全功能	**9**
6.1 描述操纵杆传感器	9
6.2 设计变异	9
6.2.1 外部安全功能	9

Ulrich Richter在审核过程中使用一个辅助性工具。借助该工具，可以文档记录所有阶段的工作和测试对象的结果，并根据预先定义的指标，安排一个评估工作，并以交通管理信号灯颜色方式，以及实现功能百分比，显示每个需求的完成状态。审核者从所收集到的数据中，获得汇总审核报告，但是，最终还要根据他的专业知识和同事们的评估，以具体地确定评估结果。该工具仅具有支持性功能，而不是做出有关评估的决定。

9.5.4 推导出措施

在会议和研讨会中，安全审核的结果要传递给项目工作，以进一步处理。从优化流程考虑，要向上级功能安全管理部门报告优化措施和仍存在的问题。上级部门将决定所采取的措施，并继续遵循这一流程，直到确保所定义措施能显现出其有效性。

第 10 章　验证和确认计划

本章讨论关于验证和确认（V + V）的规划措施和技术，并确定必要的程序和生成的工作产品。

重点是作为硬件 - 软件测试的一部分的准备活动。部分地，我们参考第 11 章“系统级的产品开发”，以获取更多信息。

10.1　关于 V + V 的一般信息

验证的计划基于安全目标、功能安全要求和预期用例。

ISO 26262：2011 考虑了车辆水平。另一方面，在本书提供的项目故事示例中，仅验证 Joy 项目或操纵杆传感器子系统。技术系统的失效决不能危及人们的生命和肢体。验证检查是否正在开发正确的产品。验证的结果是确认阶段或整个系统的规范是否合适并且与客户要求一致，即将整个系统与客户要求进行比较。

ISO 26262：2011 包含安全相关系统验证的要求：

■ 第 4 部分

系统开发。在系统和验收测试方面，必须根据系统和软件工程的惯例在语言使用中提及验证。ISO 26262：2011 的第 4 部分包括项目集成和必要测试的要求。

■ 第 5 部分

硬件开发——对集成阶段的测试和体系结构指标的审查提出了要求，这也是测试标准所需要的。来自 V + V 的度量特别用于检查安全目标是否被随机硬件错误所违反。

■ 第 6 部分

软件开发——需要在源代码级别进行模块测试以及基于现有软件安全性要求规范的软件集成测试。

验证和确认是 ISO 26262：2011 的核心要素，并且在标准的每个部分都是必需的。它们只是使产品和流程有条不紊地实现最高质量和功能安全的手段。

验证是一个检查过程，它确保一个产品生命周期阶段或者开发阶段的问题满足前一阶段规定的要求（图10-1）。

验证

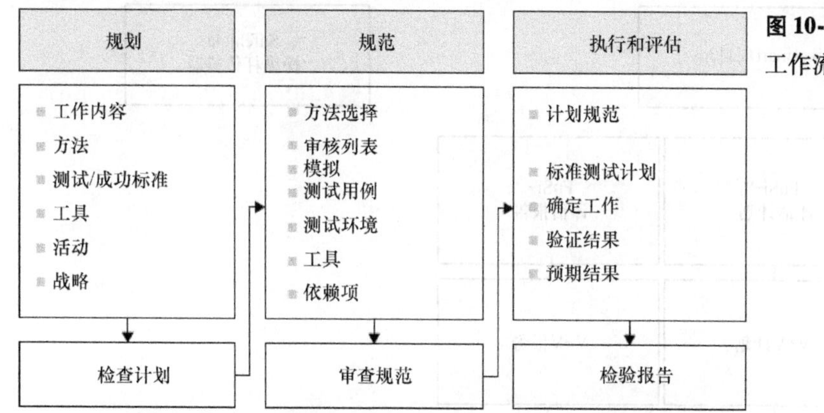

图 10-1
工作流程的验证

验证遵循固定的质量标准和程序。标准的第 8 部分（支持流程）包括用于验证的整个小节。

在概念阶段，验证提供了与系统边界条件的正确性、完整性和一致性的证明。此外，必须检查边界条件是否完整、正确和一致。

概念阶段

集成和测试策略必须基于系统设计、技术安全概念或功能安全概念，并且必须遵守既定目标。无论其技术如何，此处都考虑所有与安全相关的组件。

测试策略和测试计划

组件集成和测试计划中还必须包含以下几点：

■车辆系统集成测试和验证规范。

■考虑车辆各个子系统（包括外部系统）之间的接口及其关系。

■可能的车辆状况的模式和环境条件。

产品开发包括架构和设计、实施以及不同的测试阶段（模块、集成系统和验收测试）。

产品开发

验证和确认可以通过审查、模拟或分析检测技术进行，并且必须始终记录在案。

在项目 Joy 中定义 V + V

在安全计划中，Rainer Fels 在 V + V 的背景下以清晰、有条理的方式记录了工作产品（图 10-2）：

图 10-2
在分布式开发中互相关联的工作产品 V + V

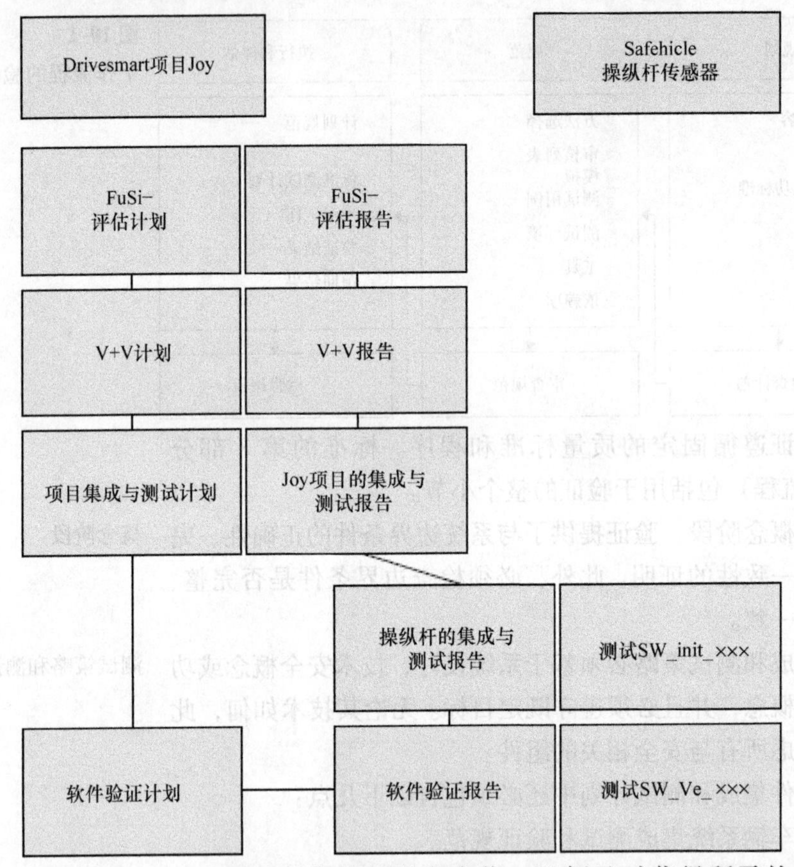

项目合作伙伴紧密合作，以便及时获得所需的输入数据，并为每个阶段完全执行 V + V 规划。

安全协调员 Rudolf Blackbelt 提醒团队，验证有助于确认是否已开发出正确的系统。验证有助于证明系统没有与指定要求相关的错误。该团队有争议地讨论：

“我们必须使用哪些方法进行验证?” 软件开发人员 Hercule Pointer 问道。

硬件开发人员 Mandy Kurzschluss 特别重视验证证明正在使用最先进技术的事实。

她的同事 Ida Stand 补充了这一定义：“验证应证明使用了最先进的技术，并且在系统开发过程中遵守标准和规定。”

需求管理经理 Roman Brauch 认为，“模块、集成、系统和验收测试将作为流程的质量保证阶段应用，并且完全足够了。”

安全经理 Rainer Fels 总结道：“现有技术对系统开发具有约束力，因此也适用于确认阶段。确认客户要求对于要开发的项目的验证很重要。科学技术发展状况对于开发团队很关键。” 技术现状

“作为验证和确认系统或其组件的过程，以各种形式进行测试至关重要。测试揭示了规范中的规范违规和错误。测试是最常用的验证技术。” 测试

“当涉及应用哪种方法的问题时，我们的开发经验和现有的开发过程为我们提供了符合标准要求的稳定程序。根据安全目标和安全集成级别，我们选择必要的方法。” 适用的方法

10.2 验证工作的作用领域

在系统开发、硬件开发和软件开发阶段，各种测试程序应用于不同的测试级别（开发过程的阶段）。

必须确保程序和方法选择对应于现有技术。对于静态测试过程，不执行测试对象。这些测试包括评论和静态分析。动态测试可分为黑盒测试和白盒测试。在每个测试级别，必须检查测试对象是否满足其相关和指定的要求。 技术现状

10.2.1 验证规范

验证计划确保所使用的验证方法足以满足产品的复杂性。验证必须针对安全生命周期的每个阶段解决以下问题（表10-1）：

需要完整的测试用例描述以及测试数据和测试对象的描述，如果可以获得先前项目验证的经验，则可将这些描述集成在一起。必须披露所使用的技术和相关风险作为计划的输入。

每个测试用例都有一定的描述性特征：

表 10-1

验证规范的必要内容

1	（子）产品的范围
2	验证方法 例如：用于评论和分析的清单 例如：模拟场景
3	通过/不通过验证标准
4	定义验证环境（系统在环测试、硬件在环测试、软件在环测试、仿真）
5	验证中使用的工具
6	检测到异常时的操作
7	不同验证步骤的回归策略（可能是自动化或半自动化，例如在更改后）

■ 唯一标识符（用于跟踪测试用例）。

■ 参考要验证的关联产品的版本。

■ 前提条件和配置说明。

■ 环境条件。

■ 输入数据（类型）及其数据值。

■ 预期行为（输出数据、可接受的输出数据范围、时序和容差行为）。容差行为描述考虑了系统的鲁棒性。

对于每种测试方法，应描述测试环境、逻辑和时间依赖性以及所需资源。

根据 ISO 26262：2011 的验证规范基本上考虑了 IEEE 829 – 2008 的以下文档：

■ 测试设计规范。

■ 测试用例规范。

■ 测试程序规范。

ISO 26262

更多信息可参见 ISO 26262：2011，第8 部分，第9.4.2 段。

Tipp

国际标准 IEEE 829 – 2008 软件和系统测试文档标准，规定了与测试过程有关的文档的创建方法。如前所述，ISO 26262：2011 所要求的测试文档与 IEEE 829 – 2008 的规范有重叠，例如，测试计划和测试报告。IEEE 829 – 2008 在“验证报告”下列出了不同的文件：

■ 测试项目传输报告。

■ 测试日志。

■ 测试事故报告。

■ 测试摘要报告。

这些文件也必须通过评论进行审核。

V－Modell XT 为测试过程中的不同文档提供文档模板。可以下载。

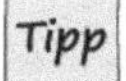

10.2.2　测试报告

在随后的验证实施和评估过程中，必须收集以下信息并将其记录在测试报告中：

■ 经过验证的产品的唯一标识。

■ 参考验证计划和验证规范。

■ 配置用于验证的环境。

■ 配置用于验证的工具。

■ 验证期间使用的标定数据（可能因个别测试案例而异）。

■ 验证结果与预期结果的一致性。

■ 关于验证是否已达到、已通过或已失败状态的摘要声明。

■ 如果验证失败，应提供错误说明和更改建议。

■ 对未执行的验证步骤（例如，错过的测试用例）的充分说明和理由。

10.3　确认工作的作用领域

汽车安全标准 ISO 26262：2011 第 4 部分中描述了安全验证活动。

安全验证的目的是证明项目的安全目标和功能安全性概念匹配。

确认的目标

还应该表明，安全目标是正确和完整的，并且已经完全实现了它们在车辆级别的实施。检查系统的安全目标是否充分、最先进和已实现。这需要检查和测试。

安全目标和安全确认

要执行安全验证，需要以下文档：

■ 危害分析和风险评估。

■ 安全目标。

■ 项目计划。

■ 功能安全概念。

■ 技术安全概念。

■ 集成和测试计划。

■ 安全分析的报告。

■ 确认计划。

每个集成项目（软件、硬件、机电一体化）的安全目标必须最终在代表性车辆中进行确认。

确认与验证

虽然上游验证活动确保特定活动（设计验证、安全分析、硬件和软件集成和测试）的结果与客户要求一致，但安全确认旨在阐明安全措施与整个系统的一致性（根据 ISO 26262：2011 车辆）。

10.3.1 确认计划的范围

该标准要求对特定活动和生成的工作产品进行广泛规划。以下是预期规划内容的概述：

■ 为每个安全目标指定包含测试用例的确认过程。

■ 详细的通过/未通过标准作为验收标准。

■ 应用包括配置、环境条件、驾驶情况、运行中的应用。

■ 验收标准。

■ 规划方法的使用。

■ 资源和基础设施规划。

■ 规划结果文档。

■ 规划沟通和信息结构。

确认方法

确认通过适当使用不同方法进行，例如：

■ 具有指定测试程序、测试用例和通过/未通过标准的可重复测试作为验收标准。

■ 安全分析方法，如 FMEA、FTA、ETA、模拟。

■ 长期测试。

■ 在实际操作条件下的用户测试（驾驶员测试）、面板测试或盲测、专家小组。

■ 评测。

进行确认时，应注意以下几点：

■ 可控性，操作方案的可观察性，包括指定的使用和可预见的误用。

■ 安全措施的有效性，以监控意外和系统错误。
■ 外部措施的有效性。
■ 其他技术要素的有效性。

确认结果摘要发生在工作产品中：

■ 确认计划。
■ 确认报告。

Tipp

有关确认计划的更多信息，请参阅第 13 章“相关文档和工作产品”。

10.3.2　联合确认计划和计划内容

Drivesmart AG 和 safehicle 希望共同设计 Joy 项目的安全确认工作。

因此，产品开发主管 Robert Flink，Drivesmart 的功能安全经理 Dieter Gewiss，safehicle 的功能安全经理 Rainer Fels，测试负责人 Ulla Verlich（Drivesmart）以及测试经理 Ernst Probe 在研讨会上准备建立确认计划。

Dieter Gewiss 和 Rainer Fels 明确提出了安全目标。必要时，Dieter Gewiss 解释了他们从客户的危害和风险分析中得出的结论。

安全目标包含在第 8 章“危害分析与风险评估”中。

“在安全确认的帮助下，我们必须证明技术安全概念的实施能够识别潜在危险并降低风险，并考虑到在所有可预见的使用条件下，在出现不良系统行为时可能产生的影响。”

实施技术安全概念

测试主管 Ernst Probe 解释说：“安全确认需要不同的操作方案（确认程序和相关的测试用例）来检查危险情况下 Joy 转向系统的系统行为。必须在现场测试中确认这些操作方案（在本例中为测试路段）。在之前的开发阶段，我们在计算机上对测试台和模拟场景进行联合确认。”

操作场景，系统行为

Robert Flink（Drivesmart）解释说：“车辆上的操纵杆转向确认由 Drivesmart 完成，以提供正确和完整实施操纵杆传感器安全目标的证据。我们需要构建确认活动并在利益相关方之间达成共识。”

测试的设置

研讨会将由需要的专家进行扩展。Ulla Wahrlich（测试总监 OEM）要求：“测试环境必须与后来的整体 Joy 系统相对应。因此，我们必须设法通过测试的设置来体现 Joy 车辆的原型。”

客户责任

“作为客户，我们必须考虑到我们计划中的责任，即必须在从 E/E 系统到外部措施的所有区域进行确认”（图 10-3）。

图 10-3
确认范围

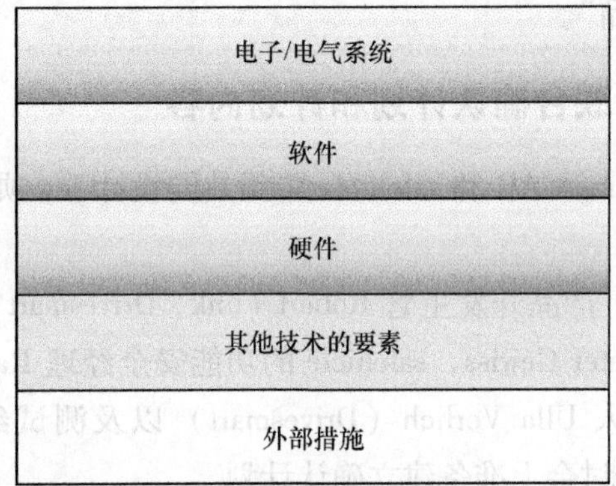

质量经理 Dave Rugby（Drivesmart）希望在研讨会期间修改验证和确认计划，以完善以下段落：

■ 确认配置和校准数据（有意义的子集）。

■ 确认程序、测试用例、驾驶操作和补充指定标准的规范。

■ 使用的设备。

■ 所需的环境条件。

技术项目经理 Lara Vero 同意满足要求，以确保确认具有可追溯性、可重复性和可复现性。

她指出，确认测试和确认必须符合相同的标准。必须评估以下几点以验证车辆级别的安全目标：

■ 可控性。

■ 安全措施的有效性。

■ 外部措施。

■ 其他技术的组成部分。

Dieter Gewiss 评论说：“Lara，我们计划与确认团队以及来自试运行方面的 Hape Fertig 先生一起创建可重复的测试。在危害和风险分析中已经定义好的故障/危险情况，例如：

■ 驱动转矩丢失或太小。

■ 不需要的制动力矩。

■ 无制动控制。

所有问题都必须包含在确认计划中。我为分布的团队编写了一份概述，从中可以看到 Drivesmart AG 使用的确认方法（图 10-4）。

确认方法

借助相关项定义、危害和风险分析、这个概述、ISO 26262：2011 的要求以及安全计划，我们可以将元件，子系统或系统组件的确认分配方法，并考虑到各自的 ASIL”。

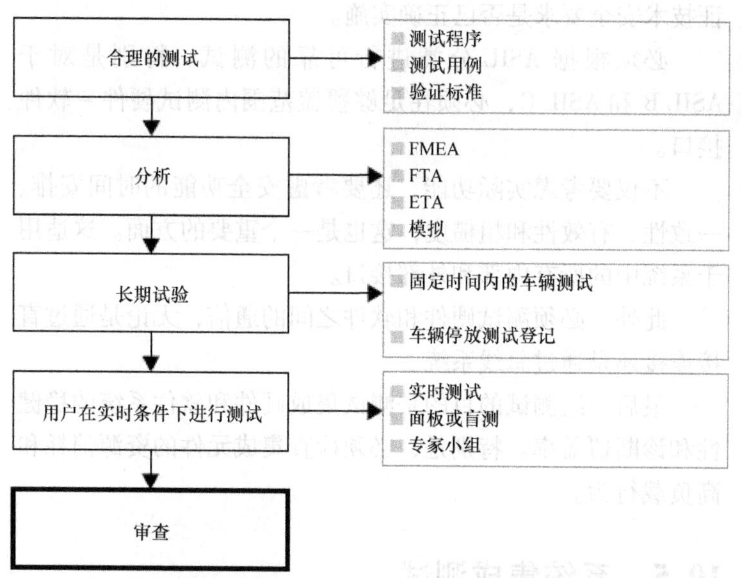

图 10-4

项目示例 Joy：执行确认的方法

safehicle 的测试领导 Ernst Probe，根据基本测试过程设计了针对各种测试级别的验证测试。“我已经制定了测试策略。这包括测试目标、范围和测试风险。另外，我为您提供了测试过程文档的内容结构。这指的是：

基本测试过程。附录 A. 3

■ 技术。

■ 测试对象。

■ 封面。

■ 参与测试的团队。

■ 测试工具。

所列出的要点必须在团队合作中指定好。核查计划将根据这些信息详细说明。”

10.4 硬件 – 软件集成

硬件 – 软件集成将每个元素先前独立开发的部分集合在一起。从该步骤开始，将在后来的目标硬件上使用和测试该软件。

其要求和测试程序包含在 ISO 26262：2011，第 4 部分，第 8.4.2 段中。

硬件 – 软件集成测试的目的是识别现有的系统错误并验证技术安全要求是否已正确实施。

必须根据 ASIL 分类进行可靠的测试。特别是对于 ASIL B 和 ASIL C，必须在足够覆盖范围内测试硬件 – 软件接口。

不仅要考虑实际功能，还要考虑安全功能的时间安排、一致性、有效性和粗糙度，这也是一个重要的方面。这适用于系统中的所有内部和外部接口。

此外，必须测试硬件和软件之间的通信，无论是通过直接连接还是通过总线系统。

最后一组测试的目的是测试集成硬件和软件系统的稳健性和诊断覆盖率。特别是，必须检查集成元件的资源消耗和高负载行为。

10.5 系统集成测试

在硬件 – 软件集成之后，各个元素被组装到整个项目（系统）。该集成步骤在 ISO 26262：2011，第 4 部分，第 8.4.3 段中描述。

在此阶段，必须测试所得系统的交互。同样，标准规定了单个集成步骤的测试方法，从中可以根据 ASIL 选择合适的方法。

应在每个集成步骤之间执行组件集成测试，以确保每个级别的功能。只有在硬件和软件开发完成后才能进行集成和这些测试。

设计阶段的结果和输入数据以及其他相关文件和数据，必须在集成测试（图 10-5）开始时就已完备。

规划和指定组件集成时，应考虑以下目标：

- 正确实施功能（技术）安全要求。
- 足够的功能性能、准确性和安全机制的时间安排。
- 一致且正确的接口实现。
- 安全机制的诊断或故障覆盖的有效性以及安全机制的稳健性。

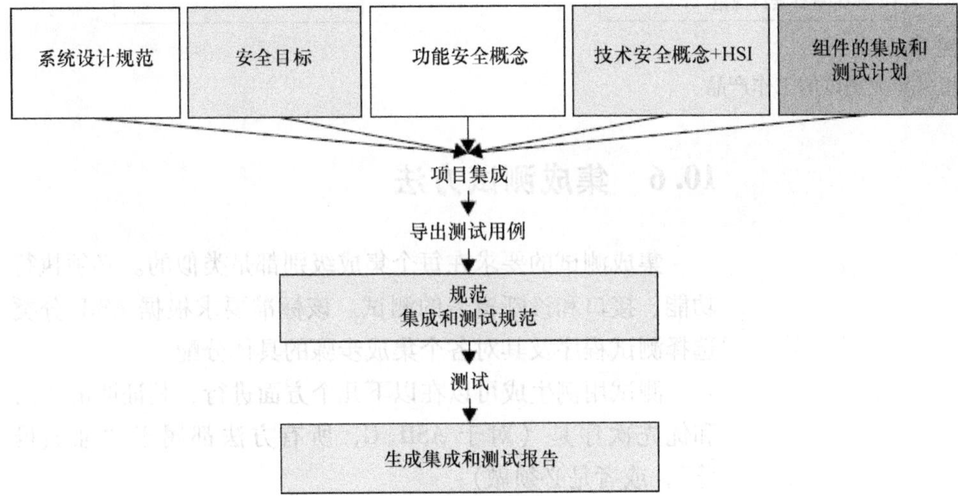

图 10-5

相关项集成和测试

配置或标定数据

如果系统使用配置或标定数据，则还必须在系统和/或车辆级别进行验证。

必须对后续批量生产中允许的所有可能变体进行测试。同样，需要并允许根据标准合理选择测试方法。测试设备必须经过不断的质量控制和校准措施。

图 10-6 显示了集成测试中活动的必要文档和生成的工作结果。

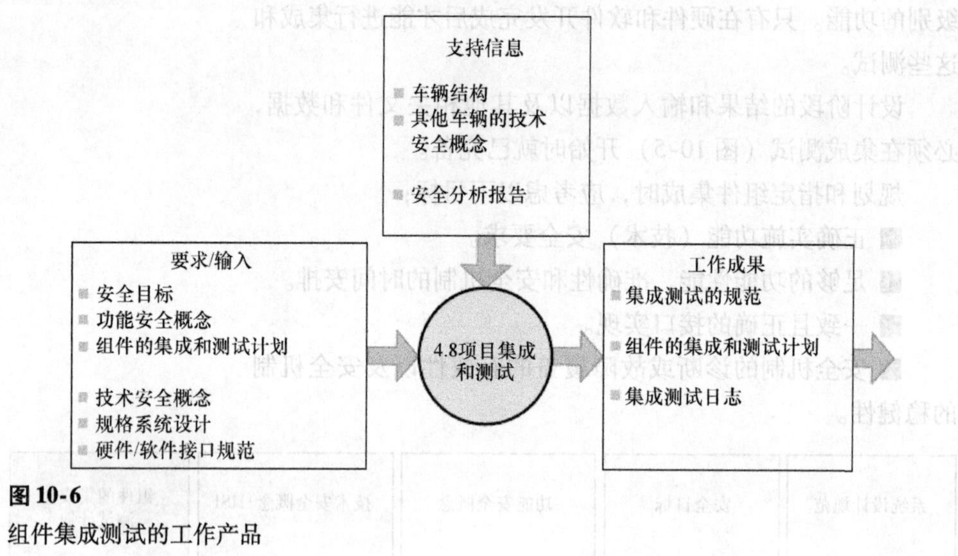

图 10-6
组件集成测试的工作产品

10.6 集成测试方法

集成测试的要求在每个集成级别都是类似的。必须执行功能、接口和诊断覆盖的测试。该标准要求根据 ASIL 分类选择测试程序及其对各个集成步骤的具体分配。

测试用例生成可以在以下几个方面进行，其证明的方法和优先次序是（对于 ASIL C，所有方法都属于“强烈推荐”，或者是必须做）：

■ 要求分析。
■ 界面分析（内部和外部）。
■ 创建和分析硬件软件集成等价类。
■ 分析极限值。
■ 基于经验的测试。
■ 功能依赖性分析。
■ 分析一般边界条件。
■ 分析常见原因引起的错误的后果和原因。
■ 环境条件分析。
■ 运行条件分析。
■ 现场经验分析。

首先，测试功能，尤其要求涉及所有方面的安全功能，例如，时间行为。

此外，可以使用与硬件 - 软件集成所描述的相同的方法，除了它们涉及各个元素的相互作用。

与之前的集成阶段一样，集成部件之间的通信是测试的主要部分。在这种情况下，检查具有真实远程站点的系统之间的接口，这些接口通常在硬件 - 软件集成测试期间被模拟。

在下一步中，必须再次检查诊断覆盖范围，这次是在集成系统的交互中。

最后，必须针对集成的复合材料测试稳健性。在这种情况下，由于所有系统实际存在，还必须考虑环境条件，例如振动和冲击、湿度和温度。方法是：

集成测试：稳健性

- 资源利用率测试。
- 压力测试。
- 在某些环境条件下的耐故障测试。

在系统级，资源利用测试通常在动态环境中执行，例如，实验室汽车或原型车。这些测试的目的包括电压消耗和总线负载。

压力测试可验证系统在高应力或高环境要求下的正确行为。为此目的，测试在系统高应力下或在其他系统的极端输入或要求下进行。同样，系统级的测试在极端温度、高湿度或机械冲击下进行。

在某些环境条件下测试系统的故障阻力是一种特殊形式的压力测试，这包括 ESD 和 EMC 测试。

10.6.1　故障注入测试

第一种集成测试方法必须涵盖安全功能正确实现。在这里，针对功能性和非功能性（安全性）要求的基于需求的测试证明了其价值。故障注入测试方法使用特殊方法在运行时将错误合并到测试对象中。这可以使用特殊的测试接口或专门准备的硬件在软件中完成。该方法通常用于提高安全要求的测试覆盖率，因为在正常操作期间通常不会触发安全机制。

10.6.2　背靠背测试

另一种“背靠背测试”方法将测试对象的反应与相同

条件下的测试模型的反应进行比较，以确定模型行为及其实现的差异。

10.6.3 接口检查

在接口检查中，内部接口和外部接口都要被检查，例如硬件连接测试。

还有界面一致性检查和交互测试。测试对象的接口检查包括以下测试：

■模拟和数字输入和输出。

■极限测试。

■等价类测试以完全测试指定的接口。

■兼容性。

■测试对象的时间和其他指定尺寸。

内部 ECU 接口通过静态测试进行测试，主要测试软件和硬件的兼容性，以及 SPI 或 I^2C 通信的动态测试或 ECU 元件之间的其他接口。

通信和交互测试涉及在运行时测试系统元件之间以及测试系统和其他车辆系统之间的通信与功能和非功能需求之间的通信。

10.6.4 基于经验的测试

系统集成测试中的诊断测量测试通常是基于经验的。强烈建议采用故障注入测试和现场经验测试等程序。

其余阶段使用相同的过程，只是正在考虑的接口发生了变化。

ISO 26262

ISO 26262：2011，第 4 部分

■ 第 8.4.1.7 段

测试用例生成

■ 第 8.4.2.2.2 段

从系统设计测试技术安全要求的方法

■ 第 8.4.3.2.4 段

外部接口正确性的测试方法

■ 第 8.4.3.2.5 段

诊断覆盖水平（DC）的测试方法

10.7 车辆级别的集成和测试

系统集成的最后阶段是将完成的相关项在车辆中进行安装和测试。这消除了在此之前作为测试的一部分的最后可能理想化的边界条件。该标准的第4部分第8.4.4段定义了这些集成测试的最低目标。

当然，可以进行进一步的测试，例如关于声学或触觉等非功能性要求的测试。

这些测试的一部分可以在集成测试的另一阶段中执行。必须将此偏差与原因一起记录。

集成测试的第一个目标是证明功能安全要求的正确实现和功能。除了时间行为的实际功能之外，还包括实现的所有方面。与之前集成阶段中的测试最重要的区别在于它们仅在真实条件下进行测试。此外，可以执行用户测试。例如，没有具体预定义测试场景的测试人员评估系统的行为，这种类型的测试类似于现场经验测试。

车辆级别：功能测试

作为最后一组功能测试，相关项的时间行为验证将在此阶段进行。检查所有安全机制是否具有正确的响应时间并且满足关于车辆的可控性的要求。

功能表现和时序的测试方法参照 ISO 26262：2011，第4部分，第8.4.4.2.3节。

ISO 26262

■ 性能测试用于验证系统安全机制的性能，例如容错时间、发生故障时的车辆可控性。

■ 长期测试。

■ 在实际条件下进行用户测试。

强烈建议 ASIL C 和 ASIL D 使用这些方法。同样，具有逻辑原因和优先级的选择是可以的。

除了在测试中使用大量样本之外，长期测试和现实世界用户测试类似于现场体验测试。此外，最终用户是测试对象，并且之前没有指定测试方案。

作为第二个目标，车辆中的集成测试应该证明外部接口和通信的正确性。

车辆级别：接口测试

在相关项级别集成测试中，主要使用模拟的通信伙伴，这样可以更轻松地控制边界条件。

在车辆级别中，实际的对应物现在正在使用。

车辆级别：稳健性测试

最后，与之前的集成测试一样，必须检查诊断覆盖率和稳健性。

在此级别需要进行一些额外的测试，尤其要进行在最终集成阶段添加最终配置中的环境测试和长期测试。

10.8 硬件的确认计划

在以下部分中描述了各个测试阶段或者说各个相应的程序步骤。

- 所必需的文件。
- 补充文件。
- 相应测试阶段或相应程序步骤的目标和规范背景。
- 有结果支撑的文件。

Tipp

在文档的两章（第 12 章和第 13 章）中，您将从硬件产品规划和硬件确认规划阶段中找到有关工作产品和最终文档的补充或进一步信息。这里没有涉及关键文件，所提到的章节包含有关它们的信息。

10.8.1 硬件集成和硬件集成测试

此测试阶段的主要目的是证明指定的嵌入式硬件满足硬件安全要求。

必须证明安全机制在硬件安全要求方面的完整性和正确性。ISO 26262：2011 第 5 部分介绍了硬件集成和硬件集成测试。图 10-7 显示了标准的子阶段 5－8、5－10、4－8 和 8－13被分类为验证阶段。

根据硬件要求规范和系统设计，系统是否被“正确构建”将会被验证。

执行硬件集成和硬件集成测试（图 10-8）需要以下文档：

Tipp

有关工作产品的更多信息，请参见第 13 章“相关文档和工作产品”。

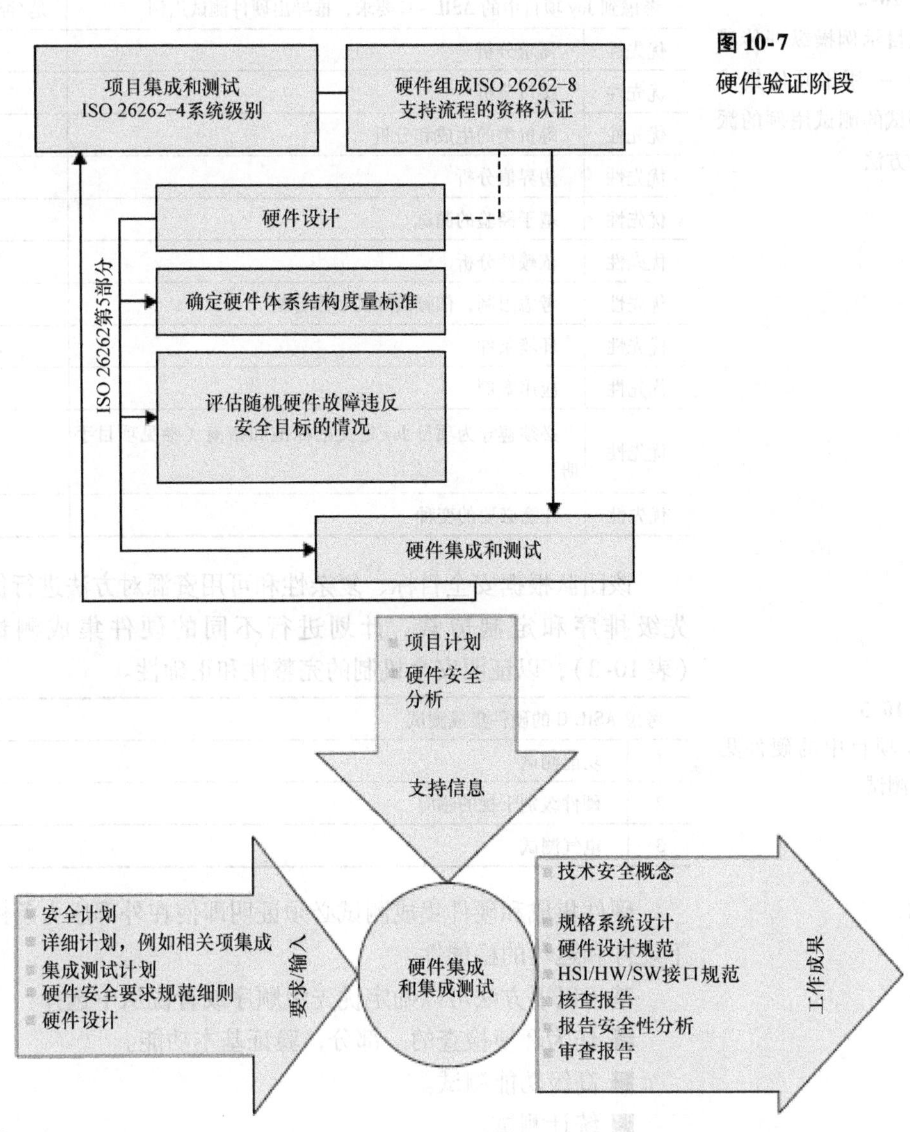

图 10-7

硬件验证阶段

图 10-8

工作产品硬件集成和硬件集成测试

10.8.2　Joy 项目中的方法

作为 V + V 规划的一部分，应逐步为衍生和实现硬件集成测试用例创建指南（表 10-2）。

表 10-2
项目示例操纵杆传感器 - 用于硬件集成测试的测试用例的派生方法

考虑到 Joy 项目中的 ASIL - C 要求，推导出硬件测试用例		是/否
优先性	需求分析	
优先性	接口分析	
优先性	等价类的生成和分析	
优先性	边界值分析	
优先性	基于经验的测试	
优先性	依赖性分析	
优先性	考虑限制，依赖故障的顺序分析	
优先性	环境条件	
优先性	应用案例	
优先性	必须遵守为项目 Joy 定义的标准和指南（参见项目手册）	
优先性	注意必要的变种	

该团队根据安全目标、复杂性和可用资源对方法进行优先级排序和定制剪裁。计划进行不同的硬件集成测试（表 10-3），以证明安全机制的完整性和正确性。

表 10-3
Joy 项目中的硬件集成测试

考虑 ASIL C 的硬件集成测试	
1	功能测试
2	硬件级别干扰的感应
3	电气测试

硬件集成和硬件集成测试必须证明即使在外部压力条件下硬件和运行的稳健性。

基于以下方法可以确定优先级顺序或者说从中选择：

- 作为环境检查的一部分，验证基本功能。
- 高级功能测试。
- 统计测试。
- 基于场景的测试。
- 跨界测试。
- 机械测试和机械耐久性测试。
- 耐久测试。
- 加速状态下测试。
- 电磁测试。
- 静电放电测试及其对元件破坏的影响。

■ 化学测试。

Klara Schauhin 解释说，所使用的测试设备是在质量管理体系（监测功能）监控下的。硬件集成验证和硬件集成测试结果记录在硬件集成和测试报告中。

10.8.3 评估随机硬件故障造成的安全目标违规

随机硬件错误可能违反硬件的安全目标。此流程步骤的主要目标是评估此类违反安全目标的行为，即确认安全机制。

在第 11 章“系统级的产品开发”中讨论了安全机制的规范。

10.8.4 确认随机硬件错误的度量标准

对于 ASIL B、C 或 D 等级系统，必须确认为随机硬件故障（每个项目）设置的度量标准。规范可以在 ISO 26262：2011 第 5 部分第 9 段中找到。必须证明，已实现硬件度量的已定义目标值。为此，随机硬件错误被分类。

第 11 章“系统级产品的开发”中详细介绍了硬件错误类。

硬件体系结构度量的评估也受到标准的约束。关于第 7.4.4.2 段的要求，见 ISO 26262：2011 第 5 部分第 8 段。

10.8.5 评估硬件架构的指标

此过程步骤的主要目标是评估所考虑对象的硬件体系结构（相关项）。评估侧重于错误处理的要求。这里，使用硬件架构的关键指标（度量标准）。随机硬件故障的架构机制的有效性可以通过硬件架构的两个指标来描述：

■ 单点故障指标。

■ 潜在故障指标。

硬件架构的指标追求以下目标：

■ 即使使用不同的体系结构，也可以重复确定指标。

■ 评估最终设计。

■ ASIL 相关验收标准的定义。

■ 确定用于硬件体系结构中单点或残余故障风险的安全机制的有效性。

■ 枚举单点、残差和潜在故障。

■ 对硬件故障率的剩余不确定性的稳健性。

对硬件体系结构度量的评估可得知所确定的度量是否满足设定目标或是否需要其他诊断措施。

评估结果可能引起硬件设计或软件解决方案的变化。

第 11 章“系统级的产品开发”中介绍了单点故障指标和潜在故障指标。

10.8.6 评估硬件设计的输入和输出

对随机硬件故障执行安全漏洞分析需要设计输入数据，并提供包含必要操作和开发更改的结果数据。根据对随机硬件失效概率度量和切割分析的审查，可以检查技术的正确性和完整性（图 10-9）。

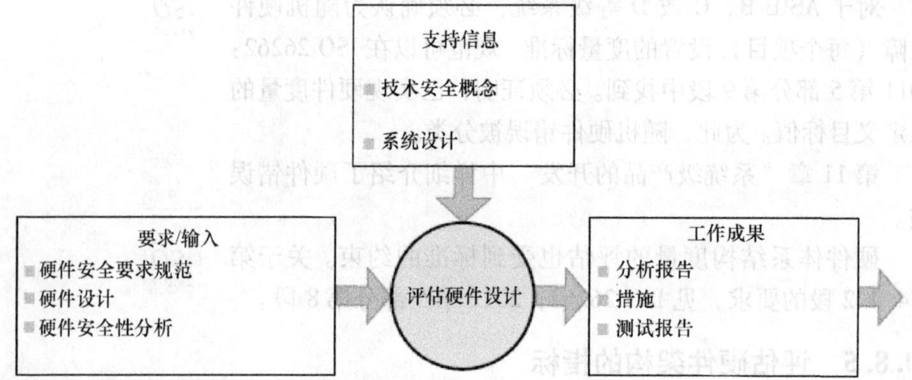

图 10-9
用于评估硬件设计的输入和输出

评估硬件架构指标的结果如下：

■ 有效性分析。

■ 审核报告。

预期的工作产品可以在 ISO 26262：2011 第 5 部分第 8.5 – 8.5.2 段和第 9.5 – 9.5.3 段中找到。

10.8.7 项目示例硬件设计评审

为了证明所开发的硬件设计在技术上是正确的，在安全协调员 Rudolf Blackbelt 和系统架构师 Paola Stabil、需求经理 Roman Brauch 和经验丰富的硬件开发人员的指导下，进行

了合格的审查。审查的主题是Custom Chip公司开发的硬件设计。

根据指定的ASIL B（D）（分解后）对要测试的组件执行硬件设计检查。Rudolf Blackbelt根据标准设定了测试标准。“我们必须确保我们采用模块化硬件设计：

■ 是分层的。

■ 在安全相关组件之间具有精确定义的接口。

■ 展示了足够复杂的接口和硬件组件。

■ 在开发和运营的各个阶段都可维护和可测试。

这很容易避免系统性错误。”

ISO 26262

另见ISO 26262：2011第5部分表1和第7.4.4.1节。

Roman Brauch确认完全正确地实现了为里程碑状态定义的硬件安全要求。此声明的基础是检查的结果和基于开发的硬件原型的测试以及在HiL测试台上进行的模拟。

安全性分析将在Rudolf Blackbelt的指导下进行，由于结果令人满意，将发布附带条件的里程碑版本。

10.9 软件模块测试

软件模块测试在ISO 26262：2011第6部分第9段中列为“软件单元测试”。验证规范履行程度并确定模块的功能行为。

Tipp

执行此测试级别需要第13章中从属文档和工作产品中列出的文档。

确定确认标准：

■ 符合软件模块规范。

■ 符合HSI规范。

■ 履行指定的功能。

■ 发现不需要的功能。

■ 稳定的行为。

■ 功能性能的资源可用性状态。

10.9.1 导出和执行软件模块故障的方法

方法信息

与“硬件产品开发”阶段一样，标准要求方法程序取决于定义的ASIL，以便推导软件模块测试的测试用例和执行这些测试。

ISO 26262

ISO 26262：2011 第 6 部分第 9.4.3 段，表 10。

■ 基于需求的模块测试要求应用测试方法，并考虑要满足的安全要求。

■ 例如，对模块的接口进行测试。通过调用在形式参数限制值范围内的值。

■ 可以使用另一种方法（故障注入测试），例如，基于伪造的注册表项。

■ 可以使用有限的资源（CPU、内存……）在目标硬件上执行与资源相关的测试。

■ 通过将软件结果与参考模型进行比较来执行背对背测试。

模块测试的推导基于要求和测试策略。典型的是等价类方向和要测试的限制的设置。数值范围如：

■ 测量值。

■ 极端值。

■ 零值作为除数。

■ 空字符串。

■ 空列表等。

为被测试用例做特殊指定。基于经验的测试也是被允许的，用于为经过验证的专家提供数据。

ISO 26262

ISO 26262：2011 第 6 部分第 9.4.4 段，表 11 推导测试用例的方法；第 6 部分，第 9 - 9.5.3 段软件模块测试

代码覆盖率指标

必须定义源代码覆盖率指标以实现所需的测试覆盖率。这些覆盖度量可以通过经典测试方法得出。

一方面，决策覆盖范围（包括声明语句 100%），另一方面是双覆盖（C1）和修改条件/决策覆盖范围。

所有上述方法都将用于 ASIL A 到 ASIL D。ISO 26262：2011 仅区分要求和绝对要求，但允许在这些方法之间进行选择。

根据代码覆盖率指标，可以提供有关测试用例完整性的声明。进行 ASIL 分类。

C0 测试覆盖每个测试指令，C1 测试至少覆盖每个分支一次，并测试以适当的组合覆盖所有分支。

软件模块测试可以在不同的环境中执行：

- 基于模型的测试（模型在环）。
- 软件循环。
- 处理器在环测试。
- HiL 试验台测试。

软件模块测试的工作产品是：

请参阅第 13 章“相关文档和工作产品”

- 软件模块测试规范。
- 补充软件 V + V 计划。
- 软件模块测试报告。

10.9.2　软件集成和测试

在成功完成各自的模块测试后，各个模块将合并到软件系统中。

必须系统地审查这一整合过程。新软件模块的集成通过自上而下或自下而上的集成或从外到内的集成进行。因此，软件集成测试的主要目的是证明软件模块的成功集成，并证明指定的软件架构（设计）是由开发的嵌入式系统实现的。

集成的目的是证明软件设计是由嵌入式软件实现的。集成步骤根据软件体系结构中的层次结构进行。

由此产生的嵌入式软件包括安全相关和非安全相关的元素。

相互作用的自由度

安全相关功能不得受非安全相关功能的影响。这意味着非安全相关功能不得危及系统的安全目标。

执行软件集成测试需要以下文档：

- 详细的硬件软件接口规范。
- 软件设计规范和软件架构。
- 精细的安全计划。
- 软件模块集成计划。
- 软件测试计划。
- 软件测试规范。
- 软件模块实现/软件组件。
- 软件测试报告。
- 软件工具的资格报告。
- 工具应用程序的说明。
- 方法应用指南。

基于集成计划，定义和描述了各个集成步骤。这里必须考虑相关的依赖性，不仅在功能级别，尤其是在要集成的硬件方面。

Tipp

在基于模型的开发中，可以通过集成各个模型然后从中生成源代码来替换软件集成。

测试对象是软件组件，在基于模型的开发中是模型本身。

10.9.3 软件集成测试

必须通过软件集成测试来证明与架构和设计以及指定功能和 HSI 的一致性。应检查足够的资源来支持功能，开发软件的稳健性也应如此。根据考虑相应 ASIL 的测试策略选择方法。

功能覆盖，通话覆盖

用于导出集成测试用例和测试方法的方法对应于软件模块测试中的方法，其中，当然存在外部接口并且必须要注意它。可以使用结构覆盖度量来证明测试用例的完整性，例如功能执行的覆盖范围和函数调用的覆盖范围。如果结构覆盖度量指标测量得太低，则必须开发进一步的测试用例。

!

来自软件集成测试的测试用例可以重复用于 HiL 测试或实验室车辆中的测试以及车辆测试。该标准明确提及 ISO 26262：2011，第 6 部分，第 11.4.2 段。

测试环境

软件集成测试环境应尽可能接近后期目标环境。

如果实际测试环境与后期目标环境不同，则应分析和捕获源代码和目标代码的差异。该分析导致进一步的测试用例，然后在目标环境中的后续测试阶段执行。

10.10 项目示例软件测试

在开发之初，safehicle 项目的软件经理给测试人员介绍软件测试的概念。Rainer Fels、Paola Stabil 和 Ernst Probe 根据传感器评估解释了计划的测试阶段，以便测试人员对测试阶段的内容有感觉。

Paola Stabil 简要介绍了这一功能：“对于传感器评估，我们必须评估三种模拟信号。传感器信号是冗余的，范围为 -5 ~ +5V。两个信号会相对偏移，因此两个信号的总和必须始终为 0。错误行为时低电平有效，即 0 电平表示错误。”

然后，Ernst Probe 解释了测试概念：“这次我们更严格地划分测试以满足规范要求。对于该软件，我们计划了以下阶段：

■ 模块测试。

■ 集成和验证测试。

■ 系统测试。

模块测试是基于工具的，我们对各个功能的所有输入进行阈值测试，并使用所有路径的 C2 覆盖进行测试。

果断的只是软件设计，而不是代码！此外，我们使用不同的复杂度指标来衡量代码质量，以保持软件的可管理性。

集成测试在测试硬件上执行，与系列板相比，它为传感器仿真提供了额外的测量点和连接。

模拟允许我们根据需要指定信号，因此我们可以在测试对象中选择没有经过检测的测试代码。

在这里，我们检查轴的信号是否正确输出到总线，是否有缩放和限制。接下来，我们检查所有错误响应是否正常工作。为此，我们采用误差线，即两条线上的电压不匹配或有效值范围之外的电压。

我们总是测量从模拟信号到总线输出的错误响应时间。中间步骤可能有意义，但总体时间至关重要。”

系统测试再次检查类似的情况（作为黑盒测试），也确保一切与串行硬件正确配合。

10.11　验证软件安全要求

此级别测试的主要目的是证明指定的嵌入式软件满足实际目标环境中的安全要求。

验证软件安全要求需要以下文档（图 10-10）。

软件安全要求的验证应包括以下标准：

■ 符合预期结果。

■ 满足软件安全要求。

■ 通过/失败标准。

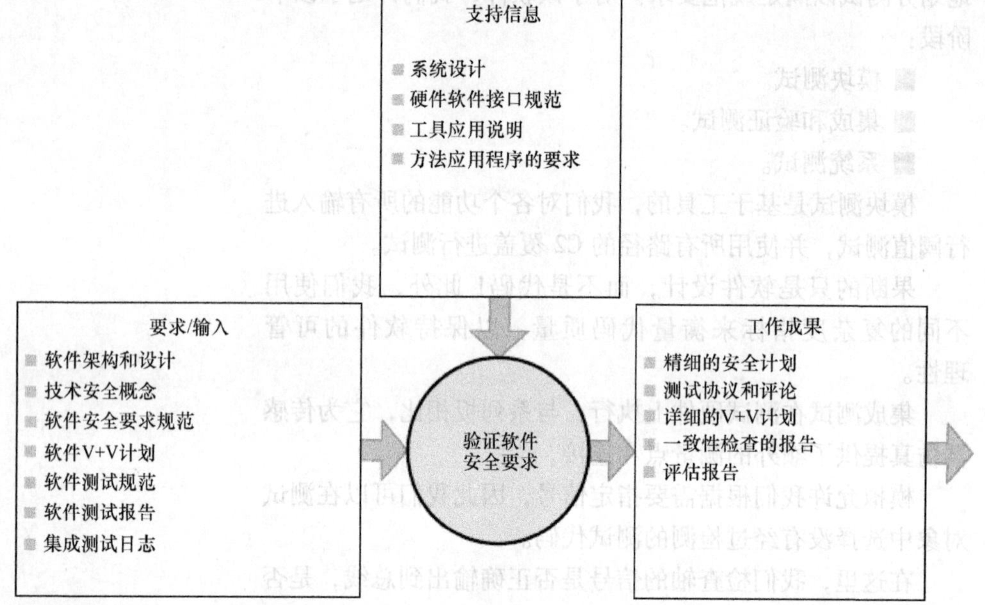

图 10-10
验证阶段的工作产品文档

ISO 26262

在第 6 部分第 6.5 段中，该标准涉及用于验证软件安全要求的工作产品。

ISO 26262：2011 还包含测试环境的要求。通常必须使用目标硬件。必须删除嵌入式软件中的测试工具。预计会进行 HiL 测试、车辆测试和 ECU 测试。

应该强调的是，如果没有软件架构和缺乏质量保证的软件设计，则缺少软件模块和软件集成测试的基础。

在没有文档设计的情况下进入测试阶段的项目不仅会导致测试用例和测试执行质量降低，而且会导致高成本。

这种方法与安全意识的文化相矛盾，违反了安全目标。

10.12 机电一体化系统的分析和验证

方法的使用是 ISO 26262：2011 应用的一致要求。通过系统分析和对规划、执行和测试的所有活动的持续认证，产生了功能安全的系统。

创建相互关联工作产品的方法程序非常重要，在图 10-11中再次显示了相关方法的总结。

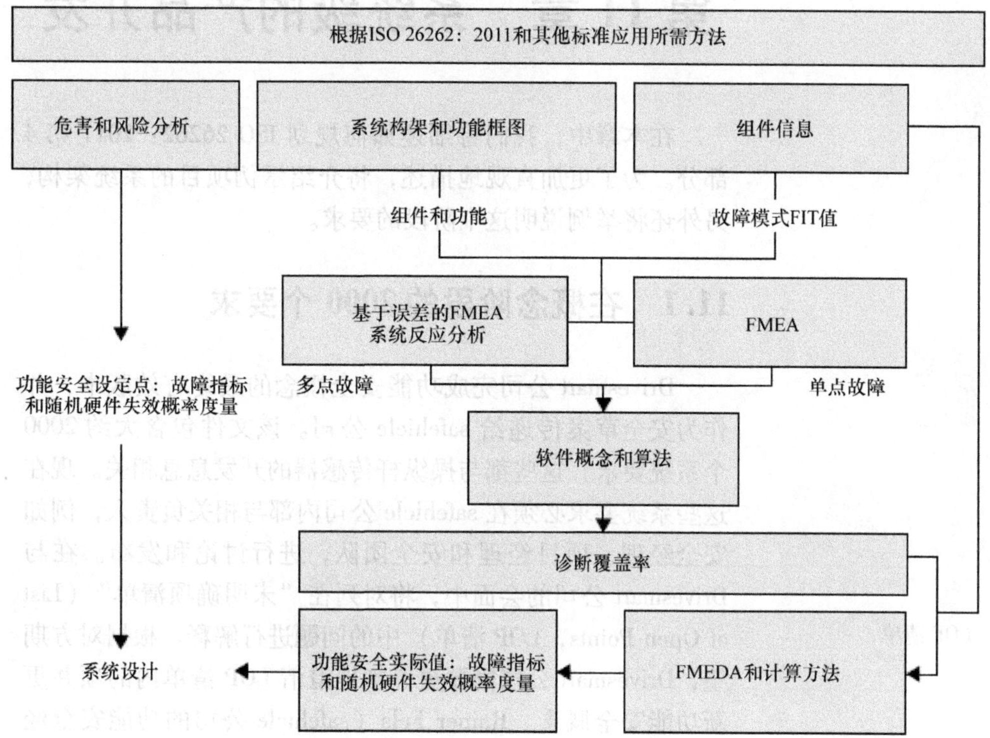

图 10-11

分析机电系统的相关方法

第 11 章 系统级的产品开发

在本章中，我们将细述如何规划 ISO 26262：2011 第 4 部分。为了更加直观地描述，将介绍示例项目的系统架构，另外还将举例说明这个阶段的要求。

11.1 在概念阶段的 2000 个要求

Drivesmart 公司完成功能安全概念的最终有效版本，并作为安全草案传递给 safehicle 公司。该文件包含大约 2000 个系统要求，这些都与操纵杆传感器的开发息息相关。现在这些系统要求必须在 safehicle 公司内部与相关负责人，例如安全经理、项目经理和安全团队，进行讨论和发布。在与 Drivesmart 公司的会面中，将对列在“未明确项清单”（List of Open Points，LOP 清单）中的问题进行解释。根据对方期望，Drivesmart 公司需要更详细地澄清 LOP 清单内的项并更新功能安全概念。Rainer Fels（safehicle 公司的功能安全经理）在重新审核后签署文档。紧接着，由 safehicle 公司的总经理 Jürgen Gut 签字和存档。

LOP 清单

精细设计

现在可以开始操纵杆传感器的开发，safehicle 公司的研发部门检查初建的系统架构并细化设计。预先给出有关可得性的系统要求（冗余且多样化的架构）导致必须额外添加参考控制器。针对操纵杆传感器的技术安全概念现在可以最终确定。Rainer Fels 与 Paola Stabil 一起迈向下一阶段的研发步骤。“考虑到 Drivesmart 的安全概念，我们处于技术安全概念的阶段，在这个阶段必须从系统内来描述安全措施。”

11.2 概述

ISO 26262：2011 的第 4 部分涉及系统级的研发流程，以及将其借助嵌套式的 V 模型与软硬件的开发过程相关联。它清楚地定义了每个部分所需的操作流程和工作成果。为了实现这些要求和规定，不同的方法根据 ASIL 等级被分类为：

- 可选。
- 推荐。
- 强烈推荐。

然而，也可以使用未提及的其他方法，如果能合理地解释它们也能有效满足各个要求的话。

解释偏差的原因

从安全概念出发，将在以后确定硬件和软件的功能要求。类似于该标准的第 4 部分，将在第 5 部分规定硬件开发和在第 6 部分规定软件开发。每个阶段都会细化各自的技术安全概念以及规范操作步骤、工作方法和估测的可获取的工作成果。系统级的产品开发应用 V 模型，同时也是整个开发周期的一部分（图 11-1）。

导出硬件和软件的功能要求

第 4 部分的职责是由整车厂承担的。此处只涉及系统级的产品研发。另外需要注意以下 ISO 26262：2011 在第 4 部分的要求：

整车厂的职责

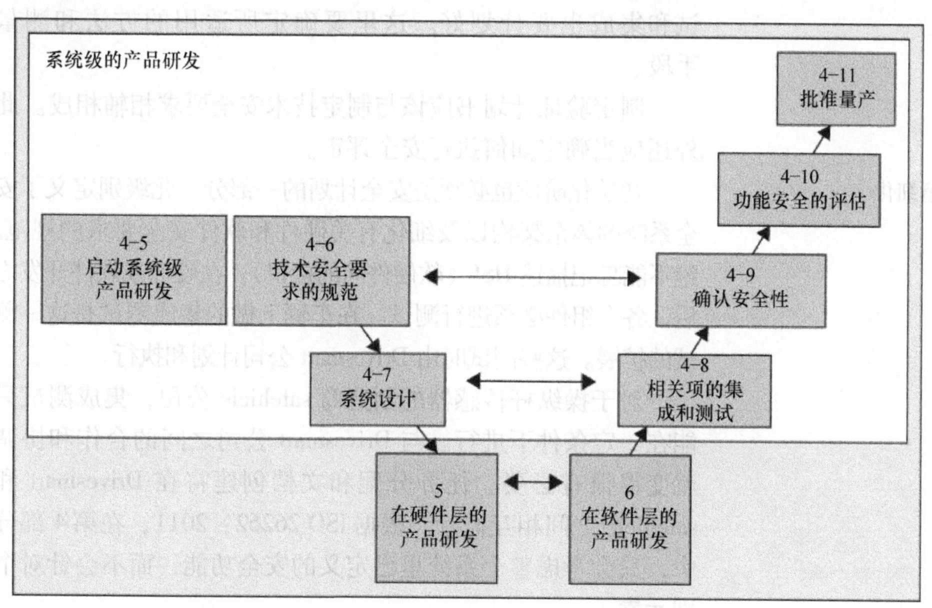

图 11-1
在系统级的产品研发

- 系统级产品开发阶段的先决条件。
- 技术安全要求的规范。
- 技术安全概念。

■ 系统设计。
■ 组件的集成和测试。
■ 确认安全性。
■ 功能安全领域的评估。
■ 导入市场。

11.3 初始化系统级的产品研发阶段

在产品开发的初期，将借助第 8 部分的辅助流程，对第 4 部分的各个阶段进行规划和确定。启动阶段也必须是安全计划中的一部分。

ISO 26262

ISO 26262：2011，第 4 部分，第 4.5 节描述了产品开发的初始阶段。

规划存案

在初始阶段，将具体化 Joy 项目的要求。除了通常的项目整体计划外，与系统设计规划相并行，对组件或元件的测试和集成也要计划好。这里要确定所适用的方法和测量手段。

制定验证计划书应该与制定技术安全要求相辅相成。此外还应当确定如何执行安全评审。

精细化

初始化阶段也必须是安全计划的一部分。此级别定义了安全系统的体系架构以及细化有关硬件和软件安全要求的规范。绝不能忘记描述 HSI（软硬件间的接口）。在硬件或软件开发之后，各个组件必须进行测试。在车辆上做的集成测试是这一测试的扩展。这些测试时由 Drivesmart 公司计划和执行。

对于操纵杆传感器的制造商 safehicle 公司，集成测试只能在一定条件下进行。与 Drivesmart 公司之间的合作和协调就变得很有必要。任务分配和文档创建将在 Drivesmart 和 safehicle 之间相互监管。根据 ISO 26262：2011，在第 4 部分中，只会考虑整个系统里已定义的安全功能，而不会针对个别元素。

SEooC

此外，Joy 项目将开发一个具体的应用，而不是一个灵活的可重复使用的系统模块。另一种可能性是开发一个“脱离背景的安全元素”——SEooC（Safety Element out of Context），在 ISO 26262：2011 框架内，这样的开发周期是被允许的。

复杂的转向系统将分解成各个子系统。对于每个单独的子系统，都会规定技术安全要求，另外还规定了软硬件所必要的测试环节，这些测试包含了单独进行的集成测试。但是，这并不能取代全局视图和文档记录，标准书提供了一个例子，如图 11-2 所示。

系统解构

ISO 26262：2011，第 4 部分，图 3 演示了一个如何在系统级产品研发时进行分配的例子。

ISO 26262

产品生命周期的分解也进入到安全计划中，且为了符合 ISO 26262：2011 -2 必须存在。简言之，该模型的顺序工序对应于 V 模型从 4 -5 阶段到 4 -11 阶段的各个节点。

4 -5 阶段的结果用于 Joy 项目之后记录的文件。第 13 章描述了在这个阶段里，各个工作成果的具体内容。

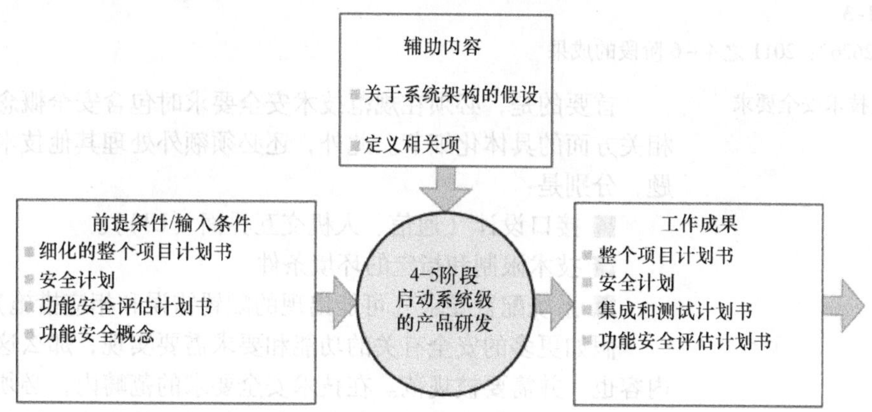

图 11-2

出自 4 -5 阶段的工作成果

11.4　规范技术安全要求

这一阶段要达成两个基本目标。首先具体化和检查功能安全概念，这部分会在之后有助于规范技术安全要求。在这里，应该考虑关于硬件或软件架构的假设以及技术可能性和极限。其次，检查技术安全要求是否与有关功能安全的要求相符合。

ISO 26262：2011，第 4 部分，6.1 部分描述了如何从功能安全要求生成技术安全要求。

ISO 26262

对于 Joy 项目，4 -6 阶段的工作成果在图 11-3 所示的文档里得以确定。

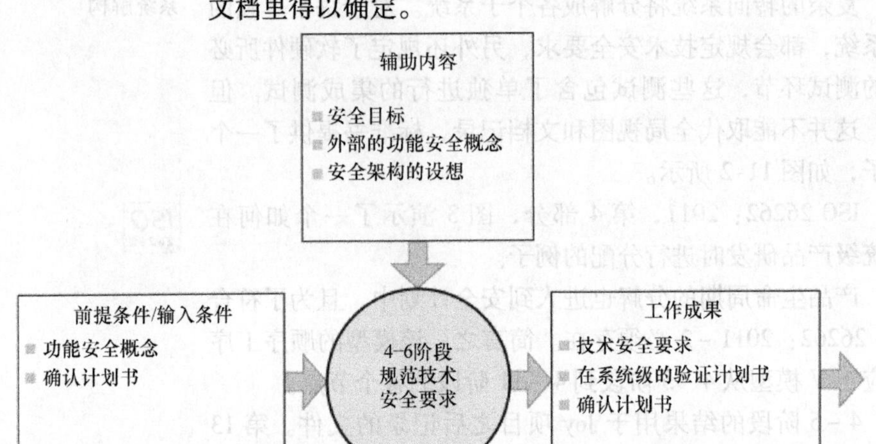

图 11-3

ISO 26262：2011 之 4－6 阶段的成果

规范技术安全要求

首要的是，必须在规范技术安全要求时包含安全概念里相关方面的具体化细节。此外，还必须额外处理其他技术问题，分别是：

■ 接口设计（通信、人机交互界面（UI））。

■ 技术限制和指定的环境条件。

■ 系统配置要求（可能出现的配置错误和相应措施）。

假如更多的安全有关的功能和要求需要实现，那么这些内容也一并需要被规范。在技术安全要求的范畴内，必须提及在不同的操作模式下，各个组件之间的互相协作已经与内部和外部系统的交互。并且这些内容还要覆盖与非功能安全要求有联系的部分。

11.4.1 系统机制的规范

一个重要方面是考虑一个组件失效后对于安全目标（safety goal）的影响和对应的预期安全机制。

针对安全机制的描述，有如下的注意事项：

■ 检测错误和报错及错误处理的内部措施（系统或个别元件的自我监控）。自我监控包括检测随机硬件错误，并尽可能发现系统性错误。

■ 检测、报告和控制外部设备中的错误，这些外部设备与 Joy 系统互相通信和交互。外部设备例如控制单元、电源或通信渠道。

■ 描述将 Joy 系统引入到安全状态的措施。

■ 优先级和仲裁逻辑类似的措施，在出现错误时，决定系统的哪些部分仍然值得信赖，可以继续工作。所以可以通过放弃对故障部件的使用，而非直接停用整个设备的情况下，实现功能可能受限的紧急运行。

■ 对预警和退化概念的具体化和实施的措施。

■ 防止系统潜在错误的措施。

每个错误检测方法的进一步信息，这些方法和措施保障了系统进入安全状态或确保：

■ 过渡到安全状态，包括对执行器的控制要求。

■ 容错时间（见 G&R）。

■ 进入安全状态所需的时间，如果关机后无法立即进入安全状态。

■ 维持安全状态的措施。

11.4.2　硬件故障的分类和指标

硬件故障的分类

硬件元件的故障分类（图 11-4）必须区分安全相关的硬件元件和非安全相关的硬件元件。非安全相关的硬件元件中的故障被认为是“安全的故障”。对于安全相关硬件元件的故障，可分为安全的故障、被检测到的多点故障、可感知的多点故障、潜在的多点故障和单点故障或是残留故障。

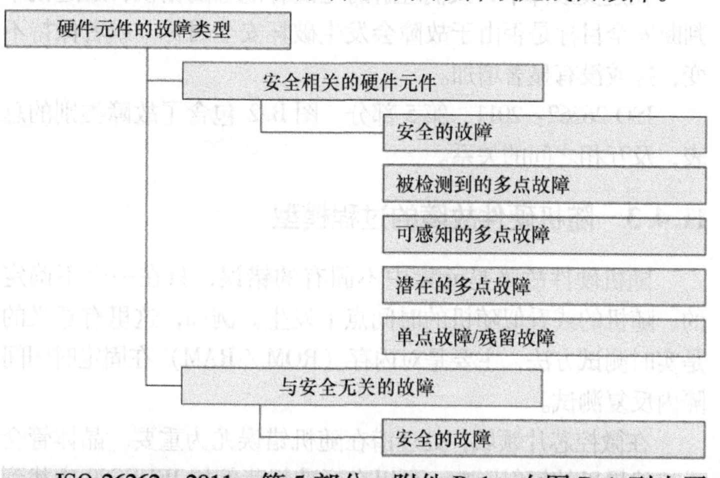

图 11-4
ISO 26262：2011，第 5 部分，附件 B.1，硬件元件的故障类型

ISO 26262

ISO 26262：2011，第 5 部分，附件 B.1，在图 B.1 列出了故障的状态和等级。

■ 单点故障（SPF）：

对于单点故障，例如在系统内只有一个系统元素发生故障。单点故障是指无安全机制保护，并立即导致破坏安全目标。

■ 多点故障（MPF）：

多点故障是指几个独立故障的组合体，一起组成了多点故障，最后导致了功能失效。

■ 被检测到多点故障（MPF D）：

这类多点故障是指检测到的/诊断出的系统错误。

■ 可感知的多点故障（MPF P）：

这类多点故障是一个可被察觉的错误，即驾驶员感知到错误干预（例如，功能受限制）。

■ 潜在的多点故障（MPF L）：

潜在的多点故障（MPFL）是指无法识别到的系统中存在的错误，且与其他故障相结合可导致系统进入危险状态。为这类故障，如果可能的话，必须采取额外措施，防止系统中有遗留的错误，或借助其他检测措施减少潜在故障（ISO 26262：2011，第 4 部分，第 6.4.4 段）。

■ 残留故障（RF）：

此处的故障是指第一个带有危险影响的错误，这些都无法通过诊断被识别出来。这些残留的错误，即有偏差的那一部分，是通过安全机制不被发觉的并且导致破坏安全目标。

■ 安全的故障（SF）：

在这类故障下，人们理解的是没有危险的错误；通过概率判断安全目标是否由于故障会发生破坏安全目标，或者保持不变，抑或没有显著增加。

ISO 26262

ISO 26262：2011，第 5 部分，图 B.2 包含了故障类别的总表，及互相之间的关系。

11.4.3　随机硬件故障的过程模型

随机硬件故障是元素中不固有的错误，只在一个不确定的、随机的或看似随机的时间点下发生。例如，这里有意义的是实时测试方法，主要是对内存（ROM / RAM）在固定时间间隔内反复测试。

在微控芯片领域，处理潜在随机错误尤为重要。晶体管会受自然界里的辐射影响。可以在标准规范例如 JEDEC89 中找到如何量化非永久性错误的流程。对于当今的集成处理器嵌有高速缓存，通常估摸每 1Mbit 晶体管中大约 5000 FIT。

“多点故障”对于 FMEDA 特别有意义。在这个阶段，必须描述有关联的错误对于整体安全机制的影响。合适的硬件架构和重要参数，如容错时间（fault tolerant time intervall）、故障反应时间（fault reaction time）和诊断测试间隔（diagnostic test interval）应予以考虑（图 11-5）。

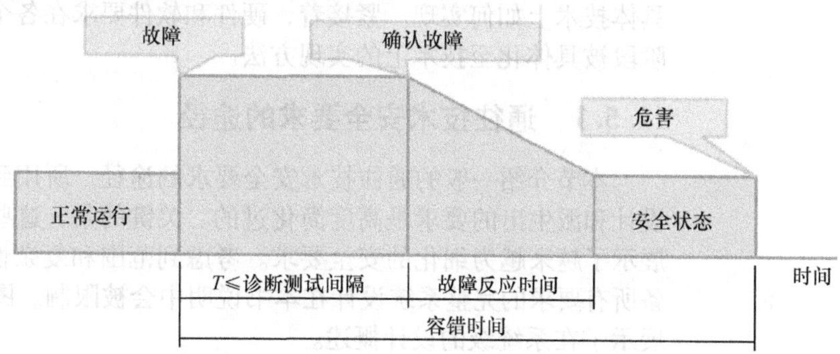

图 11-5

在时间轴上表达错误

在 Joy 项目中，因为被分类为 ASIL D，所以必须考虑所有彼此相关的多点故障。自 ASILB 起，就要考虑针对多点故障的相应 ASIL 要求（表 11-1）。

彼此关联的多重故障

需要达到的 ASIL 等级	对于第二错误的等价 ASIL 要求
ASIL A	普通的工程技术考虑和评估
ASIL B	ASIL A
ASIL C	ASIL A
ASIL D	ASIL B

表 11-1

等价的 ASIL 要求

最后，必须验证和测试技术要求规范。目标是在考虑系统架构下确保所导出的规范和功能安全概念是一致的，且按照计划被实现了。随后，必须具体化验证计划书中的测试标准。制定验证计划及其规范与创建技术安全要求平行进行。

Tipp

硬件指标以及硬件的验证和确认在第 10 章验证和确认计划中进一步地补充和说明。

11.5　Joy 项目的技术安全要求

在进行危害分析和风险评估时，确定了功能安全要求。这些要求涉及整个相关项对外的行为。为了使产品满足这些安全要求，必须通过具体的硬件和软件措施在系统设计中得以实现。在本细节中，通常通过一系列具体的技术要求来实现功能要求。

将相关项的要求分配至子系统

在此步骤中，相关项的要求将被分配到各个系统并进行具体化。作为一个粗略的指导原则，功能安全要求包含诊断目标和错误反应以及安全概念中实施的技术要求，但不指定具体技术上如何实现。紧接着，硬件和软件要求在各个开发阶段被具体化至技术上的实现方法。

11.5.1 通往技术安全要求的途径

本节介绍一般的通往技术安全要求的途径。所用到示例设计和派生出的要求是高度简化过的。关键的是，这些示例展示了越来越为细化的安全要求。考虑到范围和复杂性，具备所有要求的完整系统设计在本书说明中会被限制。图 11-6 展示了在系统级的设计概述。

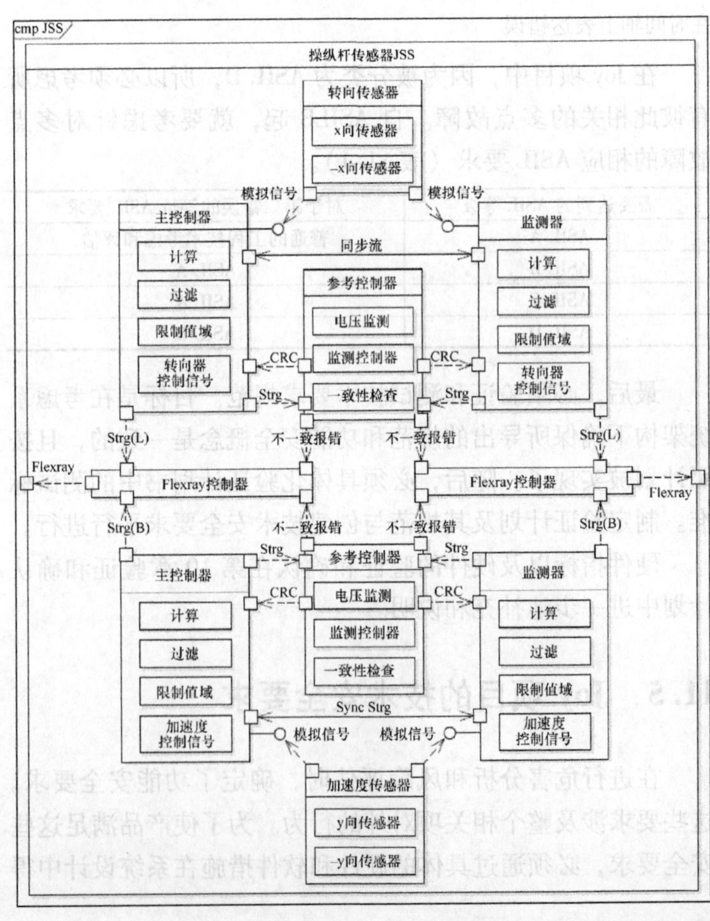

图 11-6
通往技术安全要求的通常路径（来源：tecmata GmbH）

11.5.2 项目示例

出自功能安全概念的一些典型要求的例子（JSS = 操纵杆传感器）：

■ JSS 应在 20ms 内检测到外部传感器的错误。

■ JSS 应在 20ms 内检测到内部处理中的错误。

■ 输出测量值不得超出有效值范围。

■ 操纵杆传感器的所有总线消息必须具有循环计数器（“变化的计数器”）和包含所有信号的校验码。

导出技术安全要求

导出和获得技术要求，并在系统设计得以实现。功能要求出现在表格第一行，后跟派生出的技术要求（表 11-2）。

表 11-2
针对外部传感器故障处理的要求样例

操纵杆传感器须在 20ms 内检测出外部传感器错误	
TSK_0001	必须每 5ms 循环评估传感器信号
TSK_0002	必须使用具备两种独立方式传播模拟信号的传感器（反向水平）
TSK_0003	必须每 5ms 循环评估传感器的误差信号
TSK_0004	如果两个模拟信号不一致，那么信号状态应设置为“无效”

Drivesmart 公司中管理此处要求的经理 Peter Weiss 解释说，“这个系统设计中的要求主要取决于选择一个合适的组件。在操纵杆传感器内部只发生信号的评估和合理性分析。在之后硬件和软件的开发阶段，将固定功能的具体实现方法。在这最后的细化阶段将规定信号的确切获取方式。这一阶段的典型特征是通过硬件和软件共同组合来完成系统要求的内容。”

错误检测时间

结构设计师 Anja Bau（Drivesmart 公司）与系统开发人员基于示例中的操纵杆传感器数据，讨论关于错误检测时间的概念。

信号获取的周期时间远低于所要求的检测时间。这确保了错误信号在所要求的检测时间内被送达转向系统。错误检测的最长时间是采样率、处理时间和消息通过车上网络发送速率的总和。在最坏的情况下，在刚刚获取传感器信息后，传感器立刻发生了故障，那么需要一个完整的周期才能检测到这个故障。同样的事例发生也能发生在总线信号，当刚刚发送完信号后系统就处于死机状态。

基于 Flexray 典型的每 5ms 的循环发送接收时间和保守估计传感器的处理用时为 2ms，那么所实现的检测时间为 12ms。如果三个时间中的一个因后来的改动而变长的话，设计中仍然有一定余量。

在研讨会结束时，Bau 女士向团队介绍了如何将分析结果实施在修改后的系统架构中。

11.5.3 在内部处理时的错误

为了避免在操纵杆传感器这一子系统内部处理期间出错，Roman Brauch（safehicle 公司的要求经理）在基于 Drivesmart 的技术安全概念上制定了相应的要求（表 11-3）。

表 11-3 针对内部故障处理的要求样例

操纵杆传感器须在 20ms 内检测出内部计算存在的错误	
TSK_0006	信号处理应该是双通道冗余的
TSK_0007	两个控制器需并行进行信号处理
TSK_0008	两个控制器上实现的功能必须达到根据 ASIL C 规定的安全水平
TSK_0009	两个控制器必须每 5ms 将各自的计算结果报告另一个控制器
TSK_0010	两个控制器都必须将结果报告给参考控制器
TSK_0011	两个控制器必须每 5ms 将内部自检结果报告给参考控制器
TSK_0012	参考控制器需要比对两个测量信号的一致性，如果不一致，则将相应的控制器状态设置为“无效”
TSK_0013	如果与参考控制器的通信受到干扰，那么在有不一致的测量信号时，两个控制器将各自的状态设置为“无效”
TSK_0014	如果参考控制器在 10ms 的时间内未收到来自控制器的信号，那么将设置此控制器的信号为“无效”

通常，尽可能好地识别系统内部错误并且进行补偿是系统设计的任务之一。应避免其对外部设备运行的影响。假如相关项向外部设备的交互会因为自身的内部错误受到影响，

那么这个可能性必须在受其影响的车辆设备的安全概念里加以考虑。

额外的参考控制器

Drivesmart 的需求经理 Peter Weiss 在技术安全要求中提到：操纵杆传感器中控制器的内部错误不会导致整个系统瘫痪。在 safehicle 公司，Paola Stable 决定传感器应具有两个通道，并补充了额外的参考控制器。这个参考控制器充当了监视器，检查两个控制器是否不停地进行计算。两个控制器必须与参考控制器周期性地沟通，以此证明它们是在积极运行的。在各种情况下都必须计算数据，以便发生的故障可以被识别到。

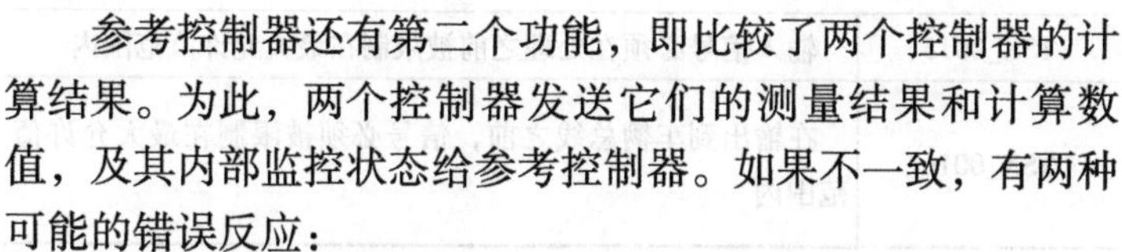

参考控制器还有第二个功能，即比较了两个控制器的计算结果。为此，两个控制器发送它们的测量结果和计算数值，及其内部监控状态给参考控制器。如果不一致，有两种可能的错误反应：

1）如果某个控制器报告错误，其信号会被视为无效，并使用另一个控制器的信号结果。

2）仅当无法确定哪个控制器出现故障时，将触发系统错误。

11.5.4　系统设计中的冗余

通过系统设计中添加冗余，可以兼顾故障检测以及系统的高可用性。例如在传感器信号例子中已经演示了，通过更快的内部处理频率和速度可以保证达到所需的检测时间要求。

在单通道系统中，尽管错误通常也可以被检测到，但是借助备用信号实行紧急模式，在没有冗余的情况下是很难实现的。

安全状态

对于操纵杆传感器，找到一个易于实施的“安全状态”是非常困难的。对于某些设备，简单的关机是一个不太理想但是安全的状态。

由于没有机械转向这个可能性作为虽然不易于操作但是是可能的备用方案，关闭系统在这里就无法解决问题。由于转向失灵，驾驶时车辆将无法控制。

目标

操纵杆传感器本身无法覆盖所有错误情况。最终它总是可能由于多个并发的错误彻底丧失功能。除了传感器的安全功能之外，转向系统必须在所有转向信号都失灵的情况下依旧可以处理，虽然这是不太可能发生的状况。当然，这不是传感器的设计任务和目标，而是使用这个传感器的转向系统的设计目标。在传感器自身，会通过冗余设计将这类失效情况的可能性降到最低。

11.5.5 对于传输传感器信号的要求

在与 Drivesmart 公司协商后，Roman Brauch 主要添加了针对转向系统通信方面的软件要求（表 11-4）。

表 11-4 对于测量值的示例要求

给出的测量值不允许超出有效值域	
TSK_0015	输入信号必须在处理之前被限制在最大允许值范围内
TSK_0016	在输出到车辆总线之前，信号必须被限制在最大允许值范围内

最后决定采用一个简单的软件措施就足够满足上述要求。如果是硬件传感器的最大值超过最大输出值，应该将输入信号限制为输出端允许的值。在输出之前更新限制将会确保计算值在有效范围内。

另一个要求描述了与转向系统的其余部分进行通信保护的细节（表 11-5）。同样这里在软件中采用校验和计数器就足够了。当然，必须监控总线故障，假如操纵杆传感器无法通过车辆总线得到输入信号，那么这将在更高级别的系统中被考虑到。

表 11-5 通信方面的示例要求

操纵杆传感器的所有消息必须包含一个循环的计数器（"变化的计数器"）和包括所有信号的校验码	
TSK_0017	在将消息发送至车辆总线之前，必须将消息的循环计数器增加 1，并写入相应的位置
TSK_0018	在将消息发送至车辆总线之前，计算出包括所有数据以及循环计数器的校验码，并写入相应的位置

11.6 系统设计

第一个目标是制定一个设计系统和技术安全概念，这两者功能满足和实现相关项的功能要求和技术安全要求规范。第二个目标是验证系统设计与具有技术安全要求规范的技术安全概念是否匹配（图 11-7）。

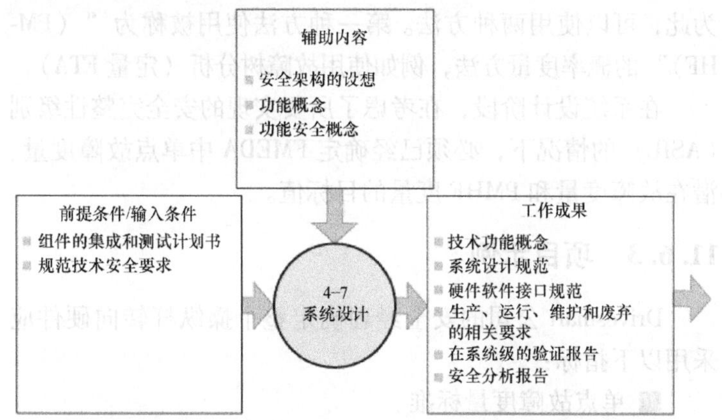

图 11-7
带有输入和输出文档的系统设计文档

在系统设计阶段，不仅要考虑与安全相关的功能，还要观察所有被要求的系统特性。这里，技术开发流程起到至关重要的角色。因此，在这个阶段非常重要的是检查是否遵守了技术安全规范。

制定的系统设计必须是可以被验证的。为了实现功能安全中提到的目标，系统设计必须满足技术前提条件。在这个项目中使用的微控制器的计算能力必须保障可以执行相应的硬件和软件测试。设计本身必须允许在集成阶段可进行相应的测试。

11.6.1　避免系统性的故障

为了避免系统性的故障和计算出所需的指标，必须采取一定的措施和方法论。标准为此在第 5 部分提供了方法表。此外，模块的尺寸以及风格和简洁度需根据以下方面进行评估，以此避免由于系统复杂性导致系统故障：

- 设计的分层。
- 接口规范的定义。
- 合理的硬件、软件和接口的复杂性。
- 在操作过程中也易于维护。
- 在产品生命周期内具有可测试性。

11.6.2 随机故障的识别措施

在设计阶段，随机故障和相应的识别措施要被考虑在内。为此，可以使用两种方法。第一种方法使用被称为“（PMHF)”的概率度量方法，例如使用故障树分析（定量 FTA）。

在系统设计阶段，在考虑了所要实现的安全完整性级别（ASIL）的情况下，必须已经确定 FMEDA 中单点故障度量、潜在故障度量和 PMHF 度量的目标值。

11.6.3 项目示例

Drivesmart 公司的安全经理确定整个操纵杆转向硬件应采用以下指标：

■ 单点故障度量标准。

■ 潜在故障度量标准。

■ 随机硬件故障度量标准。

在项目会议中，Rainer Fels 将这些指标向 safehicle 公司的开发团队做了介绍和解释。

演绎和归纳分析

这些指标值既可以通过归纳，也可以通过演绎的分析方法确定。在归纳分析中，以所有可能的故障原因为起点推导出可能出现的故障。在演绎分析中则是相反的（反向搜寻），从故障情况反推至可能的原因。演绎分析遵循所有可想到的导致特定不良事件的系统故障原因，并能获得可靠性的量化指标值。

在复杂的系统中，归纳分析和演绎分析结合使用会更有效果，这有利于利用两种方法的优势之处。

对于 Drivesmart 公司所要求的指标，我们需要为每个硬件组件得出以下错误率：

■ λ_{SPF}，针对单点故障的错误率。

■ λ_{RF}，针对残余故障的错误率。

■ λ_{MPF}，针对多点故障的错误率。

■ λ_{SF}，针对安全的故障的错误率。

■ λ，组件的总错误率，作为 4 个错误率总和的简写符号。

单点故障度量显示了组件相对于单个错误的鲁棒性（图 11-8）。将每个单个错误与总错误的比值叠加起来。为了格式化，结果与 1 进行差值计算，这将扭转评估。在此之后，这个值越大，那么因为一个干扰量引起的故障就越少。所以对单个错误的鲁棒性相应地更好。

$$\text{单点故障度量} = 1 - \frac{\sum_{\text{safety relevant HW}} \lambda_{SPF} + \lambda_{RF}}{\sum_{\text{safety relevant HW}} \lambda} = \frac{\sum_{\text{safety relevant HW}} \lambda_{MPF} + \lambda_{SF}}{\sum_{\text{safety relevant HW}} \lambda}$$

图 11-8
单点故障度量的计算公式

“潜在故障度量（图 11-9）标准遵循相同的原则并量化硬件对潜在错误的敏感度。为此计算总多重错误中潜在错误对于多点错误的比例。这里不考虑单个错误，因此在总误差率的分母中剔除这一部分。较大的值表示了更高的鲁棒性。”

$$\text{潜在故障度量} = 1 - \frac{\sum_{\text{safety relevant HW}} \lambda_{\text{MPF latent}}}{\sum_{\text{safety relevant HW}} \lambda - \lambda_{SPF} - \lambda_{PF}} = \frac{\sum_{\text{safety relevant HW}} \lambda_{\text{MPf perceived\&detected}} + \lambda_{SF}}{\sum_{\text{safety relevant HW}} \lambda - \lambda_{SPF} - \lambda_{RF}}$$

图 11-9
潜在故障度量的计算公式

为了获得单点故障错误率和潜在故障错误率，归纳法分析比演绎分析的结果更佳。使用 FMEDA 方法（串联的马尔可夫建模），传递率可以通过合适的可靠性标准，如 IEC 62380 以清晰的总览形式表达出来，并能计算所需的单点故障错误率和潜在故障错误率。

ISO 26262：2011，第 5 部分，附录 C，提供了可以计算故障指标、诊断范围和危险故障的算法。

ISO 26262

11.6.4　故障树分析（FTA）

故障树分析（FTA）适合作为演绎分析方法（图 11-10），特别是计算多点故障错误率以及清晰呈现包括各个元素在内的整个系统。它基于将整个系统绘制成逻辑图形，包含事件和逻辑门。

此外，必须分析内部和外部的故障原因，然后才能采取相应的措施防止或减轻此原因造成的影响。额外的，这些措施应当使用一些例如在技术安全、软硬件和标准化接口（AUTOSAR）领域已经被公认的较为成熟的方法。特别对于

ASIL D，应该注意的是，如果没有使用被公认的成熟的方法，那么一定要给予足够合理的解释。

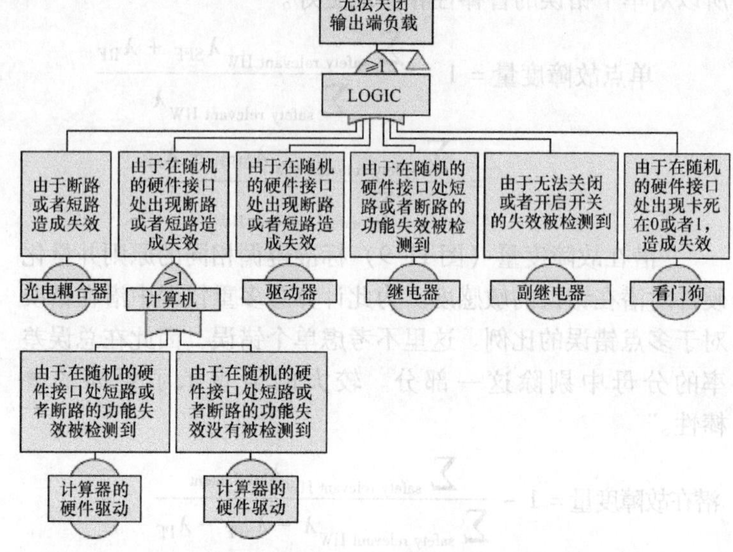

图 11-10
故障树分析的案例（来源：TÜV Nord Systems GmbH）

11.6.5 其他的指标——用于硬件错误的“CutSet 方法”

设计时使用的指标

在评估违反安全目标的剩余风险时可以使用两种方法。两种方法都能解决由于单点故障、残余故障和可能的双点故障造成违反安全目标的剩余风险。

CutSet 方法

CutSet 方法可分别用于残余故障或是单点故障。在使用该方法时，每个安全相关的组件都会被分配到一个最大错误发生率，这个值是不允许被超过的。此方法仅适用于非常小的系统或是架构简明的系统。对于每个组件的单点故障错误率，必须考虑以下内容（如果单点错误是完全有可能的话）：须对每个组件的错误率再次明确调查。人们把这些错误率分类至以下不同的错误概率级别中（表 11-6），级别越大允许越大的错误率（即较低的可靠性）。

表 11-6
错误概率级别的定义

错误概率级别	定义	值
1	对于 ASIL D 所允许的故障率（10^{-8}/h）除以 100	10^{-10}/h
2	10 * ［一级］	10^{-9}/h
≥3	$10^{(i-1)}$ * ［一级］	$10^{(i-11)}$/h

从这个分类开始将对不同的错误类型（SPF，MPF D，MPF L，RF）和 ASIL 的组合确定最小错误率等级。对于每个组件，从不同组合确定的最低等级将作为绑定的下限，因为其余对于错误率的要求也会同时被满足。对于不同的 ASIL 级别和诊断覆盖率，又与所考虑的错误类型相结合，可能需要额外的措施。在某些情况下，错误等级可能因为与其他安全措施相互作用而被提高。

考虑双点故障

考虑双点故障时，会遇到进一步的要求：

■ 对于 ASIL D：

如果两个组件的诊断覆盖率都低于 90%，或者错误诊断时间超过容错时间，那么必须考虑此双点故障。

■ 对于 ASIL C：

如果两个组件的诊断覆盖率都低于 80%，或者错误诊断时间超过容错时间，那么必须考虑此双点故障。

ISO 26262

在 ISO 26262：2011，第 5 部分的 9.4.2 和 9.4.3 分别对随机硬件错误计算和 CutSet 有详细的描述。

最后，对所有要求进行“验证审核”，无论是采用 CutSet 方法还是 FMEDA / FTA 方法。在审核时，必须考虑标准书第 8 部分的支持流程。

11.6.6 度量的边界值

表 11-7 包含了安全相关功能达到不同 ASIL 等级所需的允许故障率（PMHF）的边界值。

表 11-7

ASIL 等级下的边界值（来源：TÜV Nord Systems GmbH）

ASIL	允许的硬件故障率边界值
D	$<10^{-8}$/h（要求值）
C	$<10^{-7}$/h（要求值）
B	$<10^{-7}$/h（推荐值）
A	无任何要求

让参与项目的人员了解目标量和系统架构是非常重要的。

在表 11-8 和表 11-9 可以找到所讨论的两个度量。不同的 ASIL 等级对应不同的最小度量值，且随着级别的提升诊断覆盖率的要求越高。理论上的最大值 100% 是所有单个或多个硬件故障的完美诊断覆盖。⊖

⊖ 经 DIN 德国标准化研究所许可转载。从 Beuth 出版有限公司（Burggrafenstraße6，10787Berlin）可以获得适用于 DIN 标准的最新发行版本。

表11-8
单点故障度量（来源：ISO 26262－5：2.11（E）表4）

	ASIL B	ASIL C	ASIL D
单点故障度量	≥90%	≥97%	≥99%

表11-9
潜在故障度量（来源：ISO 26262－5：2.11（E）表5）

	ASIL B	ASIL C	ASIL D
潜在故障度量	≥60%	≥80%	≥90%

度量的目标是最小化错误和故障。在最优情况下，度量的值应等于1（度量是对测量量的有力说明并提供了特征值）。所考虑的元素故障率越小，度量值就越接近于理想最佳状态。如果未达到目标值，则须改进了安全机制的诊断覆盖率，并由此规范额外的硬件和/或软件安全要求。

11.7 规范软硬件之间的接口

软硬件之间的接口（HSI）指定了硬件和软件之间的相互合作，也必须与技术安全概念相一致。任何受软件控制的硬件组件以及任何辅助软件执行的硬件必须在本规范中阐明。以下的要点，如果是已经存在了，应在任何情况下在HSI中被描述：

■ 硬件的所有操作模式及其配置参数。

■ 确保每个组件独立性的硬件功能和确保软件分区（模块化）的硬件功能。

■ 共享和独占使用硬件资源。

■ 访问硬件的方法。

■ 技术安全概念中各个服务程序所给定的时间要求。

■ 硬件诊断功能。

■ 针对硬件的软件诊断功能。

在之后的硬件和软件开发期间，HSI会进一步地被完善。以下是关于生产、使用、维护和废弃的相关要求：

■ 诊断设计应使现场数据可以当即被评估。

■ 诊断设计应该保障汽修工作人员能够识别和评估那些可能对功能安全造成影响的故障内容，且如果这是对于他们的服务是有必要的。

在本规范中必须明确记录以下几点：

■ 装配说明的要求。
■ 安全功能方面的特殊之处。
■ 有关系统或组件的识别要求。
■ 生产的验证方法和措施。
■ 维护方面的要求，包括诊断数据和保养说明。
■ 废弃方面的要求。

11.8　验证系统设计

系统设计必须完整且与技术和功能安全概念保持一致。标准要求从以下方法中根据相应的ASIL进行挑选：

■ 系统设计调查。
■ 系统设计演练。
■ 模拟。
■ 原型车辆测试和车载测试。
■ 安全分析。

改动管理

如果在系统设计过程中发现新的危害，必须在相应的文件中（危害分析和风险评估）得到补充和处理。改动必须符合ISO 26262：2011，第8部分，第8节（变更管理流程）之下进行。

11.9　相关项整合和测试

在整合阶段，该相关项逐步地从独立开发的组件被拼装出来。根据项目的复杂程度，系统设计通过多个级别将整体拆卸至较小的部分。在系统级别元素是最小的单位，它是硬件和软件的组合体。在整合的第一步，硬件和软件被组装在一起，形成一个正常运行的（子）设备。依赖于系统设计，在以后的步骤中，元素被一步步地嵌入至更大的系统中，直到完全完成相关项的整合。最后的整合阶段是组装至整车里。

必须精确地规划好相关项的整合，以便集成的元素彼此之间可以相互作用，系统工作顺畅，没有引入错误到此系统中。假如某个组件需要进行一定的配置才能使组件之间可以相互作用，那么这个配置必须在整合期间完成。

ISO 26262

整合的步骤要求包含在 ISO 26262：2011，第 8.4.2 节的第 4 部分。

目标是符合所有安全要求的整合过程。安全要求则取决于规范书和 ASIL 分类。紧接着，需验证整合和系统设计已经符合和实施了安全要求。

第 10 章“验证和确认规划书”中说明了整合测试。

11.10 总结

系统级的产品开发是从纯粹的项目计划过渡到实际的功能实现中。此阶段会基本决定功能实现策略以及验证策略。从功能安全的角度来看，这个阶段就是从笼统制定的安全目标出发，创建在未来产品中具体化的技术措施。在此基础上，在硬件开发阶段和软件开发阶段通过特定的实现方法使系统设计内容完整。

第 12 章　文档和工作产品

额外对从项目案例中列举出的示例，本章将要介绍安全生命周期中的相关文档，这些文档都是在高级功能安全管理和项目初始阶段，要特别创建的。

尤其是这些工作产品将作为输入文档，对于所有后续安全生命周期阶段，都具有一个必不可少的重要意义。这里列出了一些关键性文档的具体内容。

12.1　文档要求

从标准本身的意义上讲，文档不仅包括产品的技术说明，还包括与该项目有关的各种类型的信息。

通过满足规范性的要求，可以创建所定义的工作产品，从而进一步对安全生命周期中每个阶段，创建相应所需要的关键性文件。文档不仅是某个阶段的输入（输入信息），而且是该阶段工作的结果。ISO 26262：2011 不要求对工作结果创建文本文件或单独性的文件，它没有任何特定的形式上的要求，而只是希望所需的数据要完整。

但是，文档的设计决不能成为引发错误的原因，而是具有适合于各个产品创建的范畴和特性。它允许将有关功能安全问题的信息包含在现有文档和其他工作产品中。如果有助于清晰化和便于理解，也可以将多个工作结果转移到一个文件或工具中，或者列出其参考文献。基本上讲，文档必须是：

结果设计

- ■ 准确的。
- ■ 结构合理的。
- ■ 足够简短的。
- ■ 易于用户理解的。
- ■ 不需要额外工作即可维护的。

对此，一种成熟的表现技术就是所谓的文件树（DocumentTree）。总体而言，文档的结构应与企业或项目中的常

文件树

规流程相对应，以便于用户可以简单地进行查寻。图 12-1 示例性地显示了带有多个选定文件的文档结构，本章将在后面详细介绍其具体内容。

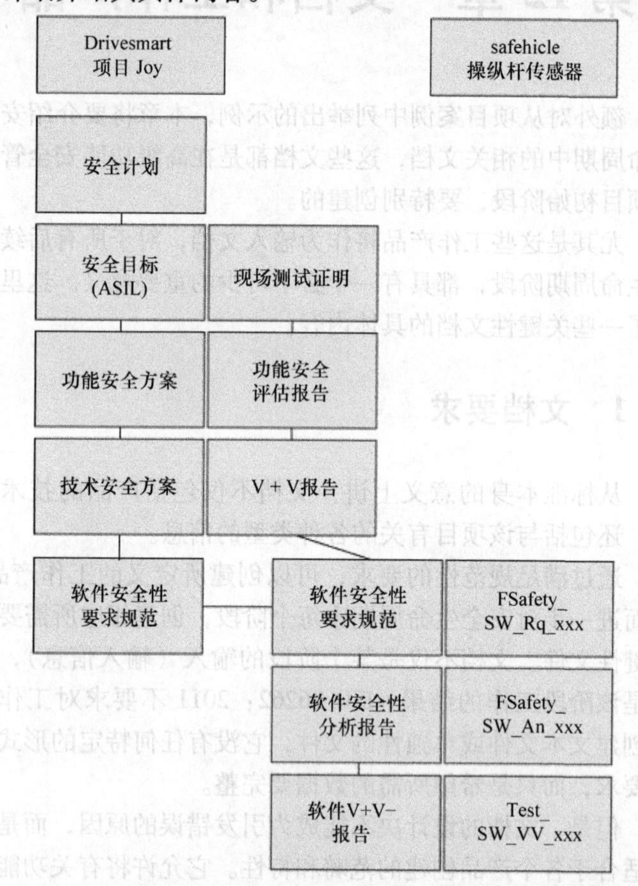

图 12-1
一个具有多个计划文件的文档树

ISO 26262

ISO 26262：2011，第 8 部分，第 10.4.5 节规定了每个工作产品或文件必须包含的最简短但所必要的信息。

标志和必要的信息

为了避免由于业已过时或不正确发放的版本而引起的错误，ISO 26262 标准中的第 8 部分，强调说明了以下工作产品所需的标志和信息：

- 与文件内容有关的标题。
- 作者和审阅人员。
- 明确标识每一个版本。
- 更改历史记录（不仅模板，还有文件/工作产品）。

- ■ 文件/工作产品的状态。
- ■ 当前状态识别性。

项目必须确保对必要和现有文档进行概述，能够在管理级别实施规划，并能允许相关的参与者访问文档。

访问权限

应设置或定义对更改和控制文档及相应工作产品的访问权限和要求。

要求

对所要创建的文件，其要求来自更高级别的流程、其本身开发流程和 ISO 26262。当然，对适应于该项目的其他标准和准则，也都需要特定的文档和记录。图 12-2 显示了文档结构的一个示例。

文档结构

核心过程

安全过程生命周期

标准，比如
IEC 65508
ISO 26262: 2011

相关质量程序和文件：
■安全计划
■ ASIL 计算报告
■ SRS 主数据
■ SRS 产品 N
■ ASIL 分类报告, 产品N

手册，指南

文件结构

相关过程，
流程x1,…,xn

方法：
■FMEDA,
■FTA,
■Markov

附加文档，比如
■报告
■记录
■常规规格
■会议简要

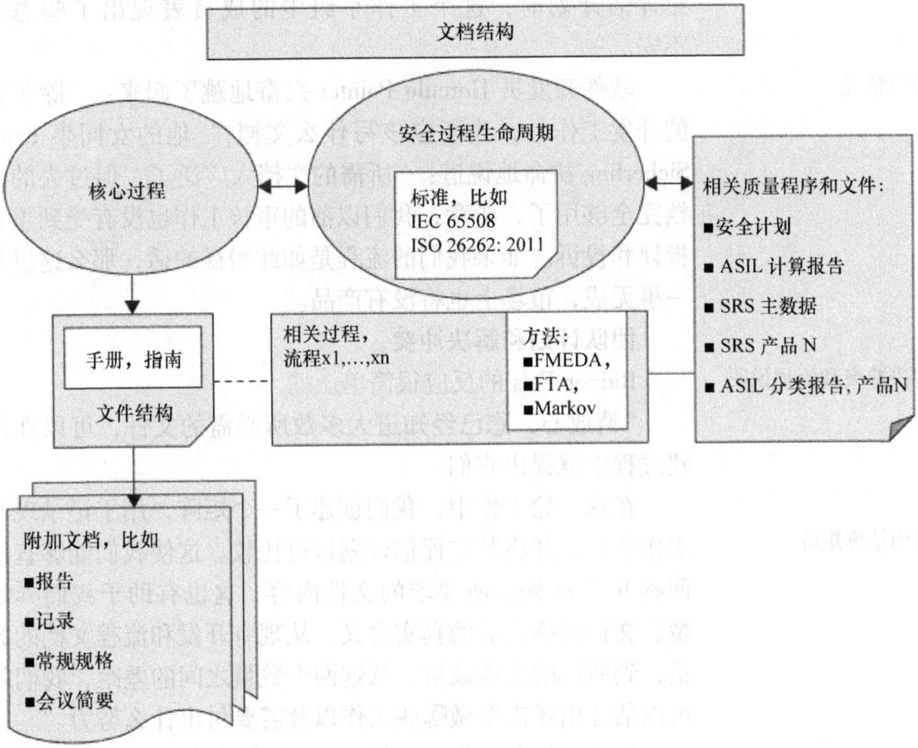

图 12-2

文件结构示例

如果可以让与其相关的人员了解文档的用途和目的，则这一文档可被接受并予以执行。

使用用途

如果尚不清楚预期的使用用途和相互间依赖性，则无法创建它们，并且难以实施所需的文档。

在标准的第 8 - 10 部分中，标准需要一个文档管理和指南作为支持性措施。

12.2 “谁写下来谁就有理”或“凡事不宜过分”——项目示例

启动会议

Drivesmart 公司的评估师 Ulrich Richter 先生与 safehicle 公司的开发团队，共同举行一个启动会议。除其他事项外，将介绍评估计划。他说：“今天，我将解释安全评估的目标、典型过程、检验流程以及开发产品所需的工具”。在介绍评估计划时，这个工作小组中的成员表现出了些忐忑不安。

冲突情况

软件开发员 Hercule Pointer 兴奋地跳了起来：“除了我的开发工作外，我还应该写什么文档?”他的女同事 Erika Sicherling 拼命地说道：“所需的文档太广泛了，但过去的文档完全够用了，毕竟，我们以前的审核工作也没有受到重大批评和投诉。如果我们的流程是如此糟糕的话，那么这里将一事无成，市场上也将没有产品。”

团队计划和解决冲突

解决冲突和流程说明

Rainer Fels 的反应很简单。

“请放心，您已经知道大多数所必需的文件，可以在创建过程中就提出它们。

费用估算矩阵

在这一轮工作中，我们创建了一个矩阵，用于记录现有工作产品，并将其与评估计划进行比较。这使我们能够直接回答 Richter 先生所要求的文件内容。这也有助于我们弄清楚，文档名称背后的真实含义。从现有开发和流程文档的数量，到所需的文档数量，从这两个数量之间的差距，我们就可以估计出还需要做哪些工作以及需要付出什么努力。”

Tanja Clock 松了一口气：“流程很有意义，我还可以使用这一矩阵，直接记录各个文档的负责人、创建者和初估工作量，以便以后将其纳入我的项目计划中。”

引用代替多余信息

“Tanja，请确保我们不会为安全计划而生成冗余数据信息，而是将这些信息保留在项目核心文档中。如果您想根据活动计划，将必要的文件记录在项目计划中，则我们必须在安全计划中包括入参考信息。”Ulrich Richter 试图通过进一步的实施技巧，使自己头脑保持冷静："请把上述评估计划，连同您的安全计划一起使用作为项目指导。这使您能够完善地协调和定义所需要的文档。

文件清单

另外，每个阶段所需要的文档都已列举在标准的第2－8部分的附录中，您可以轻松地将此用作检查清单。也许更高级别的功能安全管理已经为您提供了模板。在今天以及以后的启动会议上，我都将很乐意解答这类问题。"

一致性和均衡批准流程

"Weiss先生，作为客户项目经理，您是否已经为Joy项目制定了安全计划？我们必须在多余信息、矛盾性、依存关系、联系人和里程碑方面，将这些与我们的计划进行比较。"Peter Weiss也看到了这种必要性，并表示同意。

12.3　跨越阶段的文档

一些工作产品和工作结果必须在各个阶段中都可得到使用，并且在项目开始时就其更改和添加而言，通常非常具有动态性。

总体项目计划（Overall Project Plan）

通常，该标准需要专业化的项目管理。因此，绝对有必要制定"总体项目计划"。由于基于一个V模型，面向过程的开发中还需要一个总体项目规划，因此对于大多数项目而言，此要求无须付出额外的工作努力和费用。

协调的项目计划

分布式开发中的项目计划必须相互协调，并且是在一个总体项目计划中，这一计划必须是明智的、一致的且清晰的。在此处，大多数项目可以获得足够的经验和工具支持，因此持续地遵循这些计划是一个问题，而不是工作本身。

安全计划

安全计划（Safety Plan）定义了与安全相关的工作，以及应用的生命周期阶段的输入和输出。

验证计划

验证计划始于更为早期的阶段，并分为多个阶段进行。

评估计划

评估计划应在项目开始时就提出，以作为在安全生命周期中，计划所需工作和结果的指南。

程序

程序、准则和过程文件是这些阶段的附加内容，并且是必须要适应特定项目和产品的重要标准。

Tipp

ISO 26262：2011表格

该标准包含有用于所需文档的详细表格。还有来自成熟度模型的企业特定文件和要求，例如Automotive SPICE。

12.4 ISO 26262：2011 的关键性文件——第 2 部分“功能安全管理”

在这一汽车标准的第 2 部分，要求使用典型的文档，这些文档首先需要在一个确定的组织或组织单位内进行开发。重点是计划文档和文档流程的要求。

规划计划（Plan the plan）

在“规划计划（*Plan the plan*）”的意义上，对计划的详细程度期望很高，因此需要静态测试（例如，审查）来保证这些文件的质量。

合格证书

这还需要确认的证据，以表明该组织有能力开展这项工作。

!

用于验证与安全相关的产品规格和计划表必须已经存在，以便在项目中用作标准。

标准第 2 部分中的关键性文件：

- 特定于组织的功能安全规则和流程。
- 能力证明。
- 基于安全计划（Safety Plan）的质量管理体系证明。
- 详细、完善的项目计划。
- 安全档案（Safety Case）。
- 评估计划（功能安全评估计划，确认措施报告）。
- 现场监测的证据。
- 审查所有涉及的工作和文件的证明。

规划参数

这包括与安全相关的开发，这包括活动、资源、费用、成本、截止日期和工作包的详细计划。

在整个安全生命周期中，功能安全管理及其相应的过程、资源和适应规则，均对此负责。

分布式开发

从分布式开发和生产到调试和退出运行的所有接口必须起作用，并且必须确保对安全相关活动的监视、控制和调节。功能安全管理的行为独立于项目，并取决于项目。

12.4.1 总体安全管理计划

ISO 26262

ISO 26262：2011，第 2 部分，第 5.4.2.2 小节：每个组织都必须定义其特定的规则和过程，以满足标准的要求。

在第 2 阶段中，生命周期模型要求至少将“总体安全管理计划”作为通用文档。

这其中就包含有与安全生命周期中的活动相关，且特定于组织的规则和流程。其中调整指南（定制）很重要，以将计划按特定项目实施。

12.4.2 资格证明

ISO 26262：2011，第2部分，第5.4.3段：受雇人员的能力要求

ISO 26262：2001，第2部分，第5.5.2段：能力证明的要求

资格证明

该标准包含在安全生命周期中，对所需投入的人力资源能力的明确要求。

就所需的资格证明而言，它必须包含有关待开发相关项的培训、技能和技术经验的信息。除了培训证书和出席证书外，照片、参与者名单、对培训措施进行的评估，无论是内部还是外部，这些也很有用。

通常，内部资格培训课程没有记录，因而作为重要的证据而丢失，或者只能很困难地进行追溯，才可重新获得。

另一方面，在一个结构化的组织中，通常可以提供项目经验的证据。

12.4.3 公认的书面质量管理体系

该标准以此为前提，即一个组织，如果它想要开发安全性相关项，那么它要拥有公认的质量管理体系（QMS），并且可以证明这一点。

可以通过提交一个符合 ISO/TS 16949，DIN EN ISO 9001 或者类似的证书，来满足此要求。

12.4.4 安全计划

安全计划（Safety Plan）可以是一个核心性文件（图12-3），它包含用于实现和维护功能安全并特定于项目的法规。

它可以从总体安全计划（Overall Safety Plan）中观看到，并且必须在总体项目计划中引用它，或者可以将其包含在其中。

图12-3
标准安全计划摘录

标准安全计划
项目xy
(作者：姓，名)
状态：(草稿，正在进行中，供审阅，已发布)

安全计划的历史	名称	注释
版本0.1		初始创建
版本xy		
版本xy		

目录

1 目标 2
2 安全计划 2
2.1 根据6.2.1的要求 2
2.2 根据6.2.2的要求 3
2.2.1 安全政策和策略 3
2.2.2 安全计划的范围 4
2.2.3 安全相关生命周期中的负责人 4
2.2.4 安全相关生命周期的适用阶段 4
2.2.5 选择的措施和方法 5
2.2.6 有关结果的特殊信息 6
2.2.7 功能安全评估程序 6
2.2.8 建议和修改的程序 6
2.2.9 参与人员的能力 6
2.2.10 避免危险的控制回路 6
2.2.11 定期进行功能安全审核 7
2.2.12 安全批准流程 7
2.2.13 与安全相关的文件清单 7
2.2.14 识别 8

从粗略到细致

随着一个项目的逐步进行，可以将最初的粗略项目计划更加具体化，并可以利用现有信息和分析，来进一步调整计划数据。标准要求始终如一地完善、适应项目计划，并需要可理解的（历史性）文档。如果信息记录在分发的文档中，则必须保留对文档的适用性引用说明。在理想情况下，安全计划可以用一个矩阵的形式，显示出这些分布式文件的相互依赖性。

项目调控

一个安全计划包含所有与安全相关的企业活动计划，并且是作为功能安全管理的控制工具。对于每个与安全相关的活动，必须列出其影响范围、实施时间、具体的负责人和其扮演的角色。与安全相关的活动还包括验证。必须在安全计划中，计划与安全相关的需求的实施。此外，安全计划中还定义了功能安全审核和评估。项目的安全经理（FSM）负责安全计划。

通常由客户制定安全计划，并且应该根据产品的分布式开发，将安全计划的相关摘要传送给相关的各个部门和人员。

12.5 安全证书

12.5.1 安全证书——安全档案（功能安全工作产品）

为了完整性需求，安全证书本身可以是引用型的，即包含在安全证书内部中。

安全证书是所有功能安全工作产品的详细摘要，进行合格性评定时，它也是一个非常重要的文件。

ISO 26262：2011，第2部分，第6.4.6.1小节：如果至少一个安全目标是ASIL B或更高，则无论什么情况，都必须要创建安全证书。

安全证书可以逐步地生成和汇总。这在安全生命周期中取决于工作产品的生成出现。它根据安全计划进行开发。这样的一个结果就是一个工作（To-do）清单。

安全性证明包含有原因说明，即为何这一相关项是安全的。该说明论据要基于安全活动所得出的工作成果，提供证据支持。这可在项目或者产品的整个定义生命周期中进行。

安全证书是产品发布的最重要的文件之一。对该工作产品，它来自安全活动和审查结果。

12.5.2 参考和相关文件

对于参考和指示性信息，即是否为文档、模板、来源，数据库等，以及在何处查寻，这些均列具在安全证书中。

12.5.3 引用与核心安全相关的文件

安全证书中列出了与项目和产品相关的文档路径、链接和其作者。

12.5.4 定义、术语、缩写

词汇表中的注释是必要的，以不再进行解释。特别是，要具体列出特定于项目的定义。

12.5.5 安全计划

安全计划将在安全记录中列出。

它是一种规范性的工作产品，最初是由客户创建的。必要时，其中相关的章节将提供给参与分布式开发的人员。

摘录涉及要开发的与安全性相关的组成部分和子系统。对所获得的工作产品，要审核其进度和批准。它是作为其控制手段，并当作功能安全性确认的文件。

12.5.6 相关项定义

相关项定义由客户创建，并共同进行详细说明。相关项定义是规范化要求的工作产品，用于定义系统的目的和内容。它在安全证书中有其引用。功能和非功能性要求，及其他相关项的要求和已知的安全要求（如果有的话）都记录在其中。但还不应忘记相关项的上下文定义。

12.5.7 遵规矩阵

标准在各个阶段，都明确定义了分布式开发中的相应职责。在计划安全活动和项目管理领域中，这一矩阵是其辅助性文件。其中也可以列出合作者和用户。而该工作产品也是安全证书的一部分。

12.5.8 会议纪要

会议纪要、协商活动等都是可以提供的证据，这些都证明已计划、实施执行、控制和调整的安全性活动。可在安全证书中引用了它们。

12.5.9 计划过程中的工作产品

必须用文档记录安全活动的计划。由此而产生的工作产品，要汇总在安全证书中。

12.5.10 出自安全生命周期初始化阶段的工作产品

来自分析和决定过程的工作产品，无论是新开发的产品还是对正在开发的产品/现有产品的修改，都将在安全证书中给予列出。作为安全验证的一部分，可以找到相适应标准的生命周期定义。在安全证书中，这一影响分析（Impact Analysis）作为工作产品列出，以支持这些相应的阶段活动。

12.5.11　来自于支持过程的工作产品

来自于与安全相关，作为支持活动的工作产品，将汇总在一起。在安全证书中，对这些合格性的测试结果还要进行分析，并记录入文档。

12.5.12　状态报告

进度报告、完成程度、指标合规性、质量、风险、成本、截止日期和发布信息，这些都将在状态报告中给予描述。遵守规范程度和其他相关标准的情况也是如此。与安全性相关的状态报告要汇总，以供参考或引用。

12.5.13　生产安全控制计划

已知可能将出现的组装、校准和过程故障的信息，这些都会影响功能安全，所以要被记录在安全控制计划中。计划工作必须将这些信息传递到生命周期的后续阶段，以便可以及时计划，并提出相应的要求和采取相关措施。

所生成的工作产品“安全生产和控制计划”列举在安全证书中。

安全生产和控制计划（Safety Production and Control Plan）

考虑到与安全相关的产品特性，该调节计划应包含有观察和监控标准。应尽可能地记录更改程序。必须用文档记录与存储和运输安全的相关要求和条件。要定义监控特定于安全性的属性，因为这些特性会受到生产影响。根据所制定的计划，必须记录和存档所进行的摘要。要规划针对生产的测试运行，并确定沟通。

12.5.14　危害分析与风险评估摘录

客户从危害分析与风险评估制定出安全目标和安全要求。供应商从中提取所需要的基本信息。该安全证书可以作为证明，实施整车厂和供应商之间的初步危险分析，将此过程持续进行和不断完善。这当中所出现的偏差、异常、发现和问题必须由双方处理、记录，直至最后明确。

提取结果

安全证书用于记录供应商和整车厂之间的联合协调，比较他们双方的危害分析与风险评估的结果。至少必须记录日期、描述和负责人，这当中包括有标识符（标识标记）。测试或者特殊的测试措施也必须包括在计划中。

12.5.15 功能安全概念

第 9 章

第 9 章介绍了必要的输入和内容。

合格评定

在安全证书中引用了功能安全概念，并记录了其中一个符合性评估。

12.5.16 安全要求确定

已经描述了用于创建安全要求确定的内容和输入。在安全证书中，记录了合格性的参考和评估。

12.5.17 来自验证和确认的工作产品

验证和确认

要计划对概念、规格、系统、设计、集成、硬件、软件等进行验证，并且此计划文档是安全证书的一部分。有关符合性的参考，审查和评估都要记录在案。还要附加结果报告，并检查完整性。

12.5.18 安全分析和安全报告

安全分析是指来自 FMEA、FTA 的输入，以及来自硬件设计的限制。

同时，考虑违反安全目标有关的评估本身，以及对其余的原因进行评估，评估概率的标准也很重要。在安全证明中要进行安全分析，以作为合格评定的参考。

12.5.19 安全性参数

安全性参数必须是完整的、具有逻辑性的、可以被接受和前后一致的。它们要用文档记录在安全证书中。

以下是一些普通示例，可有助于理解安全性参数的内涵：

■ SF_ ARG_ 001_

识别并分类所有与软件系统组件相关的危险

■ SF_ ARG_ 002_

根据安全策略，定义避免危险的安全要求

■ SF_ ARG_ 003_

根据安全要求，削弱所有的危险

■ SF_ ARG_ 004_

安全功能的验证，以证明它们能够有效地识别危险

■ SF_ ARG_ 005_

安全分析或安全评估，以证明事先的设计符合安全要求

■ SF_ ARG_ 006_

分析或评估，以证明满足所定义的安全完整性级别

12.5.20　安全证书中的安全事项清单

所有妨碍功能安全性确认的偏差、异常和特殊性，都必须给予处理和进行跟踪。

从每个工作产品列出其评估，要将其措施记录在安全事项（To - do）清单中，并收录入相应的跟踪文件或跟踪工具中。

12.5.21　评估计划和过程的符合性

功能安全评估必须在早期阶段就进行规划，并在安全记录中列为工作产品，并列入其相应的评估议程。

评估计划必须包含所有的工作产品，这些都是在安全计划中所要求的，这还有与审查相关的所需安全过程。

Tipp

一个评估议程的示例和一个评估计划结构的示例，这二者可以在第 9 章功能和技术安全要求的规范中找到。

确认措施（ConfirmationMeasures）

通过所确认措施（“*ConfirmationMeasures*”）的计划和文件记录，要对汽车标准意义上的过程一致性进行一个持续性的审查。为此，可使用的手段为评审（Review）、审核（Audits）和评估（Assessments）。

ISO 26262：2011，第 2 部分，附录 C 列出了确认措施（ConfirmationMeasures）。

标准规范性地指出了执行所确认措施时，所需的独立性等级。

Tipp

本书所有章节均包含并标注了执行所确认措施的方法。

整车厂可以在供应商处安排和进行安全评估。

评估报告，验收标准

在安全证书中，会引用赞助商、实施文件，以及相应的计划。在这当中要评价，评估是否已充分和完整地进行过。

12.5.22 总结

前面这 21 个组成部分，都包含在安全证书中或给予引用，都构成了必要的基础，以声明该项目的功能安全性及其合格性。

12.6 ISO 26262：2011 的关键文件——第 3 部分“概念阶段”

产品开发和验证的基本输入活动，这都在本标准的第 3 部分，附录 A，表 1 中给予了描述。

主题：

■ 相关项定义。

■ 安全生命周期初始化。

■ 危害与风险分析。

■ 功能安全概念。

这些活动中的每一个都需要具有可理解性、完整和结构化的文档。

12.6.1 相关项定义

对于相关项定义，应使用相同名称的文件或章节，或者至少使用一个确定定义，以明确地说明该相关项定义的出处。

该标准包含用于相关项定义的模板，用户可以从中开发自己的模板。但如果没有图形描述，对相关项定义实际上是无法给予充分理解的（图 12-4）。

!

必须确保每个人都能够充分地理解，其工作活动所将要开发的相关项，并知道其相关的界面。

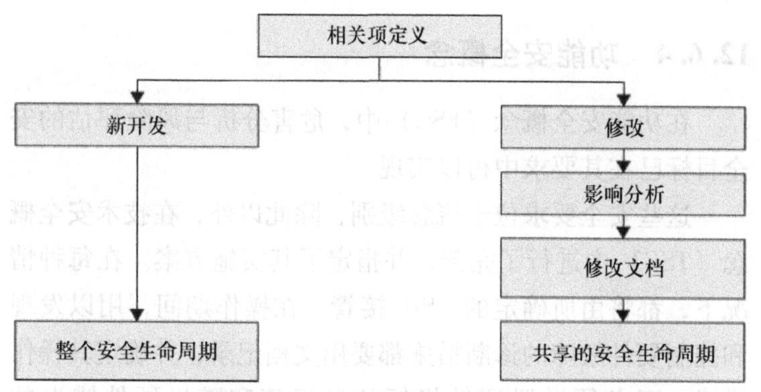

图 12-4
相关项定义作为进一步文档编制的基础

这里，一个重要的决定就是要定义是一个新开发还是一个修改，因为这对于将要使用的过程和方法至关重要。

12.6.2　工作产品影响性分析

作为安全生命周期初始化的一部分，影响性分析（Impact Analysis）和已完善的安全计划也很重要。

对每个修改都要进行影响性分析。这里是指流程、工作产品和错误。因此，对影响性分析的标准、评估参数、分类和许多其他特征进行规划，这是概念阶段文档的重要组成部分。影响性分析模板有助于避免延误，并确保后期正确的跟踪。

12.6.3　危害与风险分析

在开发之初，作为变更管理的一部分，就进行了危害分析与风险评估。

该分析的一个目标是检测待开发的相关项（Item）中的错误功能，这些功能会导致危险情况。为能控制这些情况，就引入了安全功能。危害分析与风险评估内容为：

- 危害分析与风险评估本身。
- 将要存档的危害分析与风险评估。
- 已用文档记录的安全目标。
- 来自上述文件验证的评审报告。

第 8 章危害和风险分析，包含有关如何执行危害分析与风险评估的详细示例。

12.6.4 功能安全概念

在功能安全概念（FSC）中，危害分析与风险评估的安全目标已在其要求中得以实现。

这些安全要求位于概念级别，除此以外，在技术安全概念（TSC）中进行了完善，并指定了其实施方案。在每种情况下，都将由所确定的ASIL接管。在操作期间，用以发现和控制硬件故障的诊断措施都要用文档记录，并确定其操作模式。还必须设置硬件指标的目标值和随机硬件错误的上限。

在功能安全概念中，定义了以下方面的要求：

■ 错误识别与控制。

■ 流程安全。

■ 安全状态，以及状态的过渡。

■ 提高容错能力，有助于维护功能的机制。

■ 提供给用户的信息，以使其不会遭受比预定时间更长的风险（例如，其中包括警告标志）。

■ 备份和警告措施。

■ 紧急操作。

对于每个安全目标，都必须至少有一个达到该安全目标的具体要求。

其中每个要求都必须考虑以下几点：

■ 系统状态和其安全状况。

■ 错误响应时间。

■ 容错时间。

■ 冗余以提高容错能力。

■ 对接口的安全性要求。

■ 验证和确认方法的要求。

■ 验收标准。

■ 证明符合功能安全性的标准。

紧急应变

如果不能足够迅速地达到一个安全状态，或者没有这种状态，则必须定义紧急响应。

如果需要一个用户做出反应以实现该安全目标，则必须对此进行描述，它还应包括可用的辅助性工具。因此建议在以后的手册中，也为用户列举出此类要求。

功能安全概念是功能安全经理的责任，它是由开发团队的专家所创建的，通常由项目经理或安全协调员进行维护，因此还与功能安全经理进行定期性的协调，这一点至关重要。在理想情况下，由功能安全经理和项目经理共同给予批准发布。这里也尚没有验证，并且需要验证报告作为证明。

接下来的第 13 章相关文档和工作产品将阐述文档创建的系统性，并深入介绍关键性文件内所期望的内容。

第 13 章　相关文档和工作产品

除了功能安全管理和概念阶段的工作产品和最终文档之外，还在产品开发过程中创建了额外的工作产品。本章介绍了一个选择。我们将展示哪些文档是相互建立或者确切说互相关联的。

13.1　概述

每个阶段的结果数据和文件为以下阶段提供输入，并且通常经过这些后续阶段的结果变得更加详细和精确（图 13-1）。

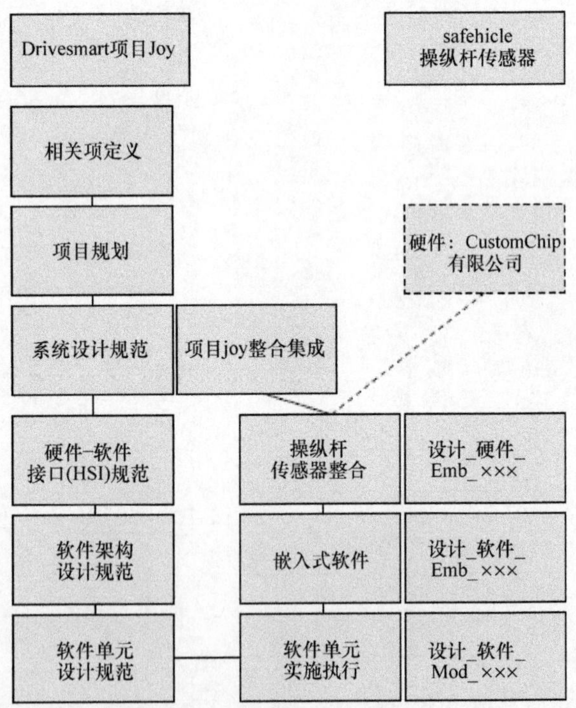

图 13-1
示例项目 Joy（操纵杆传感器）的文档树

13.2　ISO 26262：2011 的关键文件——第 4 部分“系统级产品开发”

系统开发的活动为以下开发阶段和确认提供了重要的规范。

随着规划细节的公布，项目计划、安全计划和评估计划得到了完善。它通常出现在以下文件或前几个阶段的详细文件中：

- ■ 相关项集成和测试计划。
- ■ 每个成熟迭代中的确认计划。
- ■ 技术安全要求规范。
- ■ 系统级确认报告。
- ■ 在评估计划中增加系统级所需的评估活动。

在此阶段，系统可以分解为子系统。

安全机制的要求是根据安全概念的功能安全要求得出的。

通过分析/确认活动，必须证明技术安全要求符合功能安全要求，并且没有矛盾或冲突。

系统设计/系统草案的开发考虑了功能安全要求和技术安全要求。因此，系统设计和技术安全概念必须符合已经规定的技术安全要求。这里会产生以下文档：

- ■ 技术安全概念。
- ■ 系统设计规范。
- ■ 硬件 - 软件接口（HSI）规范。
- ■ 启动后续阶段的需求规范，例如生产、操作、维护和报废。
- ■ 系统测试报告（验证报告）。
- ■ 安全分析报告，其中包含有助于防止系统错误的陈述。

系统设计使用公认的方法创建，并且必须是可验证的。

项目集成和相关测试已安排，从而产生详细的相关项的集成和测试计划。

除其他外，技术安全要求对外部接口另有规定，例如通信界面和用户界面。

重要的是限制的记录，例如关于环境条件、功能的界限等。

技术安全要求还必须包括系统配置要求。

它还规定了系统或单元如何响应影响安全目标实现的冲击。

技术安全要求中描述了必要的安全机制。

由于 ISO 26262：2011 不仅考虑了系统、硬件和软件开发的各个阶段，还必须记录有关生产、操作、维护、维修和报废阶段的技术安全要求。生产和运营阶段的各个方面包含在 ISO 26262：2011 的第 7 部分中。

Tipp

有关第 4 部分的详细信息，请参阅第 11 章系统级产品开发。

13.2.1 确认计划和确认报告

系统的确认计划以系统确认规范的形式与技术安全要求并行完成。安全确认的目的是确保基于测试和确认结果，确定的安全目标（安全目标）是充分的和实现的。还必须证明各自活动的结果符合规定的要求。

检测过程错误

因此，这样可以检测到确认过程中的错误并由此进行校正。确认计划包含：

- 确认程序的规范。
- 测试用例。
- 设备和必要的环境条件。
- 测试操作及其验收标准。
- 要确认的项目的配置，包括标定数据。

子集检查的根据

假如不能够对每个项目配置项目进行完整检查，可以选择适当的子集检查。

在这种情况下，必须指出文件中的选择和程序的理由，最好是在确认计划中。验证计划还包含以下信息：

- 确认程序的规范。
- 有唯一 ID 的测试用例。
- 预期的驾驶测试/演习。
- 验收标准。
- 必要的设备。
- 所需的环境条件。

被执行过的确认结果记录在确认报告中。

该报告考虑了所定义要求的所有结果，它们与测试数据和相应指标一起构成了其内容的基础。

有关确认计划的详细信息，请参阅第10章“验证和确认计划”。

Tipp

13.2.2　系统级安全评估

如果在系统级别执行安全评估，则用于评估相关项功能安全满足的级别。

评估议程和评估计划的示例在第10章“验证和确认计划”中列出。

Tipp

13.2.3　生产释放的文档

满意度

原则上，只有在已经创建必要的工作产品并且在功能安全方面获得足够程度的满意度时，才可以进行生产许可，具体取决于定义的ASIL。生产版本的文档必须包含以下信息：

1）释放负责人的姓名和签名。

2）要发布的项目的版本。

3）要发布的项目的配置。

4）对相关文件的引用。

5）发布日期。

发布生产报告

生产发布期间的功能安全文档可以作为发布文档的一部分，但也可以存储在单独的文档中。

最终生产发布报告确定了预期满足设定安全目标时发现的异常情况。

13.2.4　技术安全要求

技术安全要求详细说明了功能安全概念的一般安全要求。指定了错误检测和错误处理的措施。必须准确描述安全状态和向这些状态的转换。

必须明确强调系统或项目元素之间的安全相关依赖关系以及项目与其他系统之间的安全相关依赖关系。

13.2.5　技术安全概念

技术安全概念用于锚定系统设计中的技术安全要求。

其中定义了实施安全要求的具体技术措施。各个技术要求分配给系统设计的要素。

系统设计的每个元素都接收实现此元素的技术安全要求的最高 ASIL。

安全要求的分配

在系统设计期间，安全要求被分配用于在硬件或软件中实现。

在这两种情况下，设计应尽可能排除系统误差，并排除硬件随机错误。软件和硬件之间的接口也在此步骤中定义。系统设计的安全相关部分构成了技术安全概念（TSC）。

13.3 ISO 26262：2011 的主要文件——第 5 部分“硬件级产品开发”

对工作产品的要求

该标准的第 5 部分规定了导致某些工作产品和文档实施的硬件开发要求。

一般来说它涉及以下内容：

■ 在硬件级别开始产品开发的初始条件。

■ 硬件安全要求规范。

■ 硬件设计。

■ 硬件级别的体系结构度量标准。

■ 分析报告，指出由于随机硬件故障导致的安全目标遭到破坏。

■ 硬件集成和硬件测试文档。

此外，还需要通过支持活动（标准的第 8 部分）提供以下有关硬件组件认证的文档：

■ 资格认证计划。

■ 硬件组件测试计划。

■ 资格报告。

从文档的命名，如果不同的指定是针对项目特定的，则必须可以分配到上述的工作内容。

在下文中，我们将通知您最终的文档，为了更好地理解，请关注“硬件实现”阶段的具体细节。但是，以下评论不应被理解为对“硬件实现”阶段的完整处理，而只是提供一个小的见解。

Tipp

有关硬件的更多信息，请参见第 11 章系统级产品开发和第 10 章“验证和确认计划”。

13.3.1　硬件级别的安全计划

特定于硬件的安全活动通常在安全计划中进行规划，或者对外包文档进行适当的引用。安全计划列出了硬件产品创建和硬件确认的适当方法和措施。

所使用的过程必须始终如一地应用于硬件开发的所有阶段。由此产生的安全活动调整（定制）将在适当的地方进行描述。必须通过硬件中的部分开发阶段以及软件的部分阶段来实现过程的一致性。这意味着必须始终保持定义的方法、工具和程序。　剪裁和一致性

此外，必须考虑来自资格审查报告的关于硬件组件的信息，并将其作为输入信息（输入）考虑在内。　资格审查报告

13.3.2　硬件级别的规格

衍生技术安全概念（TSC）以及系统设计规范会产生硬件安全要求。

这些必须以这样的方式创建，即显然可以跟踪 TSC 和系统设计（可追溯性）中的要求，并且它们符合这些要求。　硬件安全要求

在此阶段，还会创建硬件 - 软件接口（HSI）规范。　HSI

与硬件和软件相关的技术安全要求被细分，直到出现硬件的安全要求。

给定设计施加的硬件和设计约束也包括在硬件实现的规划中。

所需的安全机制包含在要求中。除其他外，硬件安全要求规范源于活动和内容。　安全机制

系统级别已经在硬件和随机硬件错误方面提供了值和限制（度量）。

从规范中必须清楚，是否已根据分析或现场经验或标准表格确定了故障率的上限。　故障率的上限

13.3.3　硬件设计文档

无论记录硬件设计的格式如何，都必须能够随时与系统设计和硬件的安全要求相关联（可追溯性）。

实际上，可以提供硬件架构的图形表示（例如，框图）以及记录的描述。通常可以通过工具跟踪可追溯性。硬件体

系结构表示捕获与定义的项及其接口相关的所有必需的硬件元素。详细信息可以细分为组件级别。对指定硬件安全性要求的可追溯性可以达到组件级别，但几乎不可能追溯到组件级别。一个表示充分描述组件之间相互作用的可被理解的描述是应当先提供的。

Tipp

第 11 章系统级产品开发和第 10 章验证和确认计划中介绍了工作产品、指标、硬件验证、硬件确认和硬件架构。

13.3.4 安全性分析

安全性分析

安全性分析测试硬件是否满足模块化硬件设计（和详细设计）的某些功能。

有必要检查这些属性的实现，以便避免由于高复杂性导致的错误。

归纳和演绎分析

性能可以作为演绎分析（例如，FTA）和作为归纳分析（例如，FMEA）来完成。

基于安全性分析，此处将针对每个安全相关的硬件组件检查安全目标的影响。错误类型和错误原因将会被发现。

Tipp

第 11 章“系统级产品开发”中给出了归纳法和演绎法的解释。

安全机制的效率和诊断覆盖范围还应该被考虑到。

ISO 26262

另见 ISO 26262：2011，第 5 部分，第 7.4.3 段。

同样，非功能性原因（环境条件），例如，

- 温度，
- 振动，
- 水，
- 灰尘，
- 电磁兼容性

在设计开发过程中被认为是安全相关的硬件组件故障。安全性分析不仅支持硬件规范的创建，还用作硬件设计验证的输入。

应根据评估标准和适当方法的规划，确定并执行评估和确认根据正确要求制定正确系统的所有措施。盈利能力必须成比例。

硬件设计的工作产品总结如下：

- 硬件设计规范。

■ 安全分析报告。

■ 审核设计验证报告。

■ 有关生产、运行、维护和报废的详细修改要求规范。

13.3.5　硬件架构指标的文档

对于文档的这个部分，以下信息将是需要的：

■ 硬件安全要求规范。

■ 硬件设计规范。

■ 来自硬件的安全分析报告。

在大多数情况下，还使用来自技术安全概念的数据和系统设计规范。

合理的指标

为了获得适当的指标，只应考虑安全相关硬件元件的故障率。

这项工作的结果是分析了架构在应对随机硬件故障方面的有效性，包括相关的审查报告。

评估活动

如上所述，随机硬件故障导致违反安全目标，因此必须尽可能准确地进行评估。

该标准要求以下工作产品作为这些评估活动的一部分，以前的文件作为输入：

ISO 26262：2011，第5部分，第9.5.1至9.5.3段

ISO 26262

■ 分析文档“由于随机硬件故障而违反安全目标”。

■ 专用措施（为此目的的具体措施的规范）。

■ 通过随机硬件故障查看有关安全目标漏洞评估的报告。

■ 审核报告，作为检查创建文档的证据，包括检查与内容相关的正确性。

数据（故障率、FIT和错误模型及其影响）必须包含在硬件文档中并进行跟踪。

软件要求

如果通过更改体系结构无法改进这些值，则具有更高诊断覆盖率级别的其他安全机制会有所帮助。这些通常由软件实现，必须作为“软件开发”阶段的要求包含在文档中，并且可以跟踪。

13.3.6　硬件集成和硬件测试

汽车安全完整性等级

在硬件产品开发方面还需要根据指定的ASIL验证是否符

合安全要求。通常，必须证明所开发的硬件符合给定的安全要求。

接口文档

为了协调有关硬件集成和硬件测试的活动与集成活动和与项目有关的测试，有必要观察项目计划和安全计划。其他接口是必需的基础设施条件，例如测试设备。不应忘记，在实践中，开发和测试中的硬件和软件阶段通常并行运行，因此必须考虑依赖性。

测试用例规范

使用测试用例规范记录硬件测试用例。ISO 26262：2011 第5部分中的表10列出了可用于推导出合适测试用例的方法。表11和表12包含可以实现设定测试目标的测试方法。规划可以独立创建，也可以作为项目概念的一部分，也可以集成到合适的项目文档中。

ISO 26262

ISO 26262：2011，第5部分，第10.4.1段

必须按照ISO 26262：2011 第8部分“验证”中描述的程序和规划程序进行硬件和测试活动的集成。

验证安全机制的完整和正确实现需要多样化的测试。其中包括实际条件下功能测试的定义以及测试用例规范中故障安装的测试定义。

报告

作为实施的结果，该标准期望来自集成和测试活动的报告。

Tipp

有关硬件验证和硬件验证的详细信息，请参阅第10章“验证和确认计划”。

13.4 ISO 26262：2011 的主要文件——第6部分“软件实施”

目标是通过规划和启动功能安全活动来实现软件实施。

这项活动的规划以及 ISO 26262：2011 第8和第9部分中支持流程的必要性包含取决于项目的范围和复杂性。

V 模型参考

通常，根据V模型的过程再次容易识别，因此可以在不需要显著的额外努力的情况下适应现有的软件开发过程。

在下文中，我们介绍最终的文档，为了更好地理解，我们将关注软件开发阶段的具体细节。

以下讲解将会给出一个见解，但不应被视为软件开发阶段的完整处理。

13.4.1　计划和启动

根据相应的汽车安全完整性等级要求，通过识别要使用的必要方法来启动软件开发阶段。

这些规划和启动活动的典型文件或工作产品是：

- 扩展安全计划（项目计划作为重要输入）。
- 软件验证计划。
- 设计和编码指南。
- 工具应用指南。

13.4.2　软件安全要求和验证计划

软件安全要求来自前几个阶段，必须进行详细说明。推导基于功能性技术安全概念和系统设计规范。

此外，必须遵守硬件 - 软件接口描述中的信息。　HSI

推导出的软件安全要求都记录在一个规范当中以及一个更细致的硬件 - 软件接口描述当中。在此软件团队将数据提供给硬件以补充上述接口规范。　软件安全要求规范

没有必要为此软件安全要求规范创建一个独立的文档。它们可以作为软件合规性手册或软件需求规范的一部分进行记录。其中必须特别突出显示和标记与安全相关的要求和分析数据。

在“软件开发”阶段开始时，V + V 计划（验证和确认计划）在迭代中建立和修改，具体取决于交付的经验数据和验证活动的指标。对输入数据以及其他阶段的依赖性需要进一步调整计划。　V + V 计划

验证结果记录在验证报告中。特别重要的是一致性检查的结果。软件安全要求和硬件安全要求必须与 TSC 和系统设计规范一致，矛盾和偏差会对项目的功能安全性产生影响。　验证报告

更多信息请参见第 10 章“验证和确认计划”。　Tipp

13.4.3　软件设计

借助于软件架构设计，同时在遵守设计和编码指南的情况下实现了软件安全要求。

从这个软件安全要求实现步骤中产生的工作产品是：

- 软件布局规范，通常情况下又称作软件设计规范。

■ 补充的安全计划。
■ 更详细的软件安全要求规范。
■ 以一份评估报告形式的软件安全性分析。
■ 验证报告。

软件安全性分析

软件安全性分析将根据风险和优先级对模块和组件进行分类。通常设定1~4的等级，并且该进程与FMEA风险分类相当。

评估报告

评估报告指定了测试中需要特别注意的模块。使用一种错误树来创建定性评估和检测依赖错误是十分有意义的。这里的依赖意味着安全机制受到负面影响，因此安全目标可能受到威胁。

13.4.4 软件模块设计和软件实现

这并不奇怪，必须将源代码中的软件模块实现作为活动来计划并且必须协调该活动计划。

可追溯性

软件模块必须能够跟踪软件安全要求以及软件设计，这不是模块的任意实现，而是根据批准的规范实现。

该标准需要静态测试来验证软件实现。与经典嵌入式开发一样，创建了以下工作产品：

■ 软件模块设计规范（软件单元规范）。
■ 实施软件（软件单元实施）。
■ 详细的软件验证报告（软件验证报告）。

当然，可以添加更多公司或项目特定性的文档。

必须始终确保与依赖文档的一致性和一贯性，尤其是对于分布式的文档和开发。

13.4.5 软件模块测试

软件模块测试证明没有实现不需要的功能，并且已正确实现了要求。

与输入工作产品的一致性是需要被检查的。为了这些测试可以在监管和受控的情况下进行，实施过程必须基于软件验证计划或项目的V+V（验证与确认）计划。特殊化的软件模块测试尽可能自动化。测试报告记录结果并用于测试评估和测试优化。

13.4.6 软件集成和测试

软件模块的合并（集成）显示嵌入式软件是否满足所需的设计。软件集成计划应描述软件模块的集成顺序。在这样做时，必须考虑与软件集成相关的功能依赖性。

同样，必须考虑软件和硬件集成之间的依赖关系。开发的嵌入式软件是阶段4中定义的产品版本的一部分，必须包含所需的功能。

软件集成的目标（嵌入在目标硬件上的集成软件模块）是：

- 符合软件架构（设计）。
- 符合指定的硬件-软件接口说明。
- 功能证明。
- 稳健的行为。
- 足够的资源可用于所需的功能性能。

必要的资源（材料、工具、专家）必须记录在项目计划中，如果它们还不是V + V计划或安全计划的一部分。 规划文档

需要考虑整个项目计划（参考）。应已开发了要执行的软件功能的度量标准，并且主要在测试用例规范中找到。

在设计软件集成的清单时，应考虑接口的错误类型。

只有在理解了语义属性时，接口的完整描述才会成功。组件的参数接口的完整描述由以下接口特性给出： 参数接口

- 接口签名（参数名称和数据类型，返回类型）。
- 参数的方向属性（输入、输出、输入输出双向）。
- 同步/异步接口。
- 参数的物理范围。
- 错误条件作为返回值。
- 诊断功能。
- 前后条件。
- 不变量。
- 要求参数的新旧。
- 时间要求（响应时间）。
- 对接口的安全请求。
- 具有并发性的重新进入功能。

■ 同步结构。

■ 错误反应。

■ 与其他组件交互时接口的动态行为（例如由状态机描述）。

■ 硬件要求（存储空间、任务系统、总线系统等资源）。

接口出错

接口上的错误类型用于在检查表中以支持验证和确认活动。

■ 接口使用不正确。

■ 界面误解。

■ 定时错误。

规范和结果报告

必须开发和提供软件集成测试规范和结果报告模板或概念，包括来自测试工具的自动化报告。

方法选择

必须仔细进行这些测试的方法选择，具体取决于定义的ASIL和产品的适用性。

ISO 26262

根据ISO 26262：2011，第6部分，第10.4.8段，软件集成测试环境应尽可能接近目标环境。

必须分析源代码和目标代码以及测试环境和目标环境之间的差异，并将其作为软件验证规范的一部分。软件验证报告记录了软件集成和软件测试的测试结果。

V+V计划

在V+V计划中，将用于集成测试的检测包括：

■ 安全机制。

■ 接口。

■ 基于需求的测试。

■ 检查处理器性能。

■ 软件集成测试的特殊功能，例如对目标硬件或类似硬件的需求。

!

V+V计划在第10章验证和确认计划中详细讨论。

13.4.7 配置数据和标定数据

Tipp

ISO 26262：2011第6部分的工作产品是嵌入式软件。

这种特定应用的软件必须是可配置的，并且必须在软件开发阶段提供必要的配置数据。

如果需要，针对不同的应用必须能够控制软件行为的变化。基于配置和标定数据可以开发特定应用的程序。

要指定配置数据，标准需要配置数据规范。软件组件的校准数据应记录在校准数据规范中。

其目的是跟踪值并根据数据分析正确的操作。工作产品仍然是配置和校准数据本身。

Tipp

有关这些活动的更多信息，请参见第 5 章配置和变更管理。

13.5 ISO 26262：2011 的主要文件——第 7 部分“生产和操作”

标准的这一部分涉及安全相关要素的生产过程的开发和维护，以及在前几个阶段已经确定的安全特征的考虑。

在生产计划（温度、材料、运输等）中必须考虑这些特性。目的是在操作和生产中保持功能安全。

规定了储存和运输的要求，选择适当的生产方式、工具和测试设备，我们将雇佣合格且熟悉安全相关项目要求的工作人员。流程所有者可以是制造商或代表（制造商、供应商）。图 13-2 显示了计划的基本步骤。

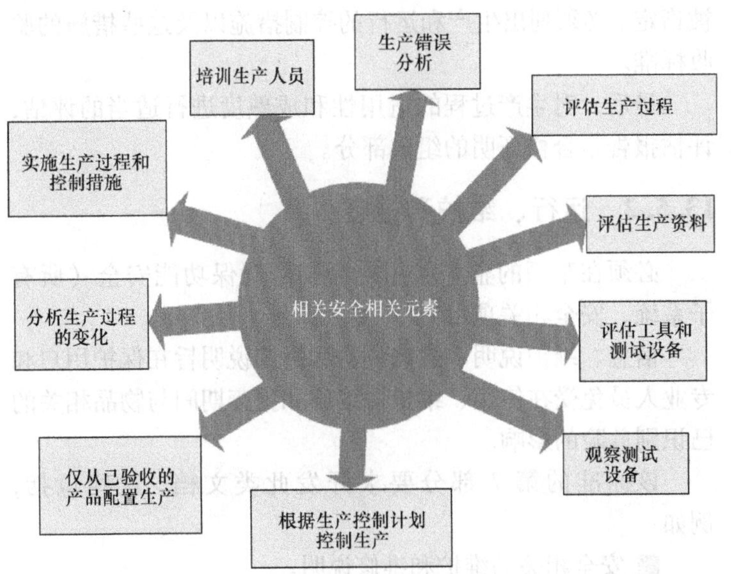

图 13-2
“生产”阶段计划的活动

13.5.1 生产计划和生产控制计划

所有信息都记录在生产计划中，并通过生产控制计划进行跟踪。图 13-3 显示了生产计划内容的示例。

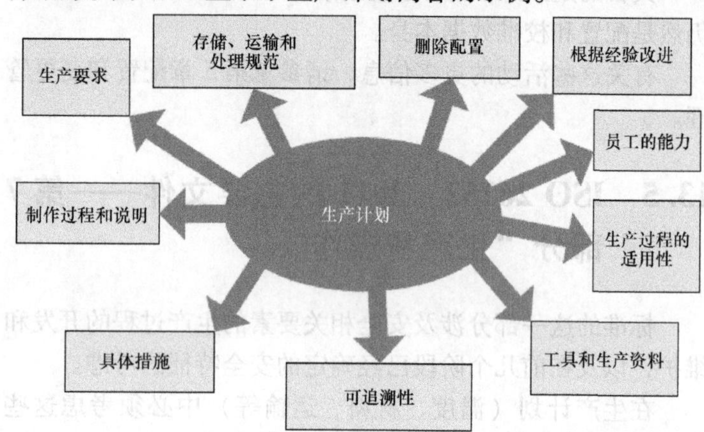

图 13-3
生产计划内容的示例

控制措施报告

基于控制计划，记录控制措施和度量或设置对相应文档的引用。

生产和控制的安全相关内容必须易于在文档中识别，并且没有解释选项。该标准期望基于此时控件的结果报告。当安全性分析表明它们影响安全目标时，安全性相关的特性会被指定。必须列出生产和运行的控制措施以及这些措施的验收标准。

评估报告

最后，对生产过程的适用性和成熟度进行适当的评估，评估报告是合格证明的组成部分。

13.5.2 运行、维护和报废

必须在车辆的整个使用寿命期间确保功能安全（所有子系统、安全相关项目）。

信息、维护说明、维修说明和拆卸说明旨在保护用户和专业人员免受在使用、维护、维修和报废期间与物品相关的已识别危险的影响。

该标准的第 7 部分要求开发此类文档。这些包括，例如：

- 安全相关的维护和维修说明。
- 操作说明。

- ■ 与安全相关的用户信息。
- ■ 现场观察说明。
- ■ 报废说明。
- ■ 从软件、硬件或系统引用与安全相关的相关要求。

另见 ISO 26262：2011，第 7 部分，第 6.5.1 段。　ISO 26262

在规划、实施和监测活动时必须考虑到特殊安全功能。

在减少一个元素时，不知道或不遵守给定的顺序可能是致命的。维护期间物品的状况必须是例如可控且无能量状态。对于车载诊断，必须知道已批准的工具和程序。

必须列出滥用或无视说明的后果。有关维护、维修和报废要求的信息必须由系统专家及硬件和软件专家提供。此信息用于创建预期文档。

13.6　ISO 26262：2011 的关键文件——第 8 部分“支持流程”

支持流程提供伴随安全生命周期所有阶段的计划和结果文档。

来自支持流程活动的基本工作产品和文档列在项目故事和相应阶段的相关技术文本中。

该标准未提及用于管理功能安全要求的任何特定工作产品及其在支持类别中的规范。

13.7　ISO 26262：2011 的关键文件——第 9 部分“ASIL 和安全导向性分析”

13.7.1　ASIL 分解

通过第 9 部分，该标准支持通过规则和法规将安全要求划分为冗余安全要求，以便在下一个细节级别实现汽车安全完整性等级的剪裁（切割/拆除）。

ASIL 定制方法是指标准 ASIL 分解。结果是有关 ASIL 的体系结构和更新的更新信息、作为安全要求和安全相关元素的属性（特征的分配）。　ASIL 剪裁

这意味着如果分解导致冗余系统组件中的复杂安全性要

求，则各个组件可能根据 ASIL 接收较低的安全性分类。

Tipp

第 7 章汽车安全完整性等级的概念包含对分解的详细描述。

13.7.2 要素共存的标准

该标准规定了（授权）标准，用于同时存在没有 ASIL 分配的安全相关子元素或具有不同 ASIL 分配的子元素。

这意味着子元素不是根据标准 ASIL 措施开发的。这些活动可能会导致根据 ASIL 对子元素的安全性分类进行更改。

13.7.3 依赖性错误和失败的分析

通过对依赖性错误和失败的分析，可以识别导致消除或甚至超越所需独立性或排除某些元素之间影响的事件和原因。

这里至关重要的是违反安全要求和安全目标。该标准要求具体记录独立错误和失败的分析。

13.7.4 安全分析

安全分析的一般目的是调查和评估故障和故障对项目或元素的功能、行为和设计的影响。

该标准要求提供安全分析的文件。其中要列出导致违反安全目标或安全要求的原因和条件。此信息可以作为在风险和危害分析中的补充。

!

有关 G&R 的详细信息，请参见第 8 章危害和风险分析。可以在所有阶段章节中找到安全性分析的附加内容。

13.8 总结

我们讨论下面这些领域文档主题的强度：

■ 功能安全管理。

■ 规划活动的文件。

■ 依赖文档。

■ 开发文档，包括生产处理。

向您展示了早期分析和规划项目文档内容和范围的重要性。

该标准清楚地列出了许多表中所预期的工作产品，并在评估中给予了特别关注。

考虑到要开发的产品及其复杂性，范围必须适当，不是数量，而是质量。

此标准可以支持您的计划。它有助于现有分析，并显示哪些工作产品已包含在您的流程中，以及必须以有意义的方式进行改进、添加和创新。

第 14 章 评 审

评审（Review）这一术语有两种使用方式。一方面，评审是一个文档批阅方法。另一方面，各种静态性测试方法也可称之为此。在本章中，我们将方法性地介绍里程碑评审、检查、演练和书面批阅。

14.1 通常意义

通常有几种实施评审的技术，各自取决于所扮演的角色和所需的时间。

评审在非常的非正式和非常正式之间（即结构良好且受到监管的）有所不同。就具体使用的评审技术而言，其表达形式取决于以下因素，例如：

■ 开发过程的成熟度。

■ 测试对象的成熟度和类型。

■ 法律或法规要求。

■ 测试证据的用途和目的。

评审的实施取决于所制定的目的，例如：

■ 发现不明之处和错误状态。

■ 获得理解。

■ 协商一致做出决定。

评审将用作为检查阶段的结果，根据 Krüger 的分析，在各个开发阶段所能发现的错误比例见表 14-1。

表 14-1
所发现错误的百分比
[Krüger1993]

开发阶段	所发现的错误
评审功能规范	2% ~5%
评审初步构思（结构）	10% ~16%
评审精确构思（设计）	17% ~22%
评审代码	20% ~32%
模块测试	12% ~17%
功能测试	10% ~14%
组件测试	8% ~14%
系统测试	0.5% ~7%

查找错误的时间点始终是对项目的成本费用有影响：发现错误的时间越晚，补救措施的成本就越高。

14.1.1　评审程序

参考 IEEE 1028，可找到些结构化过程，大多数符合所采用的评审技术。

■ 计划：
- 确定一个评审程序。
- 定义支出。
- 进入和退出标准。
- 检查标准。

■ 简介：
- 向参与评审的人员，提供所需的所有信息。

■ 准备：
- 参与评审团队的人员分别为会议做准备。

■ 评审会议：
- 根据已定义的审核程序给予执行。

■ 后续操作：
- 检查是否正确地进行了修订（例如，Follow – ups），文档。

14.1.2　评审技术

■ 里程碑评审

里程碑评审

这可包括阶段性产品，例如：项目计划、状态报告、问题报告、已定义的工作产品的评审报告。评审结果通常是涉及里程碑发布的决定。

■ 书面批阅

因不符合面对面原则，因此该技术应该与其他方法结合使用。由专家对测试对象进行测试。

■ 演练

这是人工方式，非正式的测试方法，用于识别文件中的书面错误、缺陷、歧义和问题。作者在一次会议上向审稿人员介绍该文件。

■ 检查

它具有一个规定的正式形式，这是由规则所制定的程序。每个参与人员都有规定的角色。其后续活动也有一个正式的流程。

开发过程必须通过复杂的检查程序（表 14-2），以尽早进行错误检测，从而避免后续验证阶段中花费更多的精力。

表 14-2
规划一个结构化的评审程序

标准	里程碑评审	检查	演练	书面批阅
工作组的组成	项目团队、客户、执行者	主持人、作者、测试人员、读者、检查员	作者、同事、质量保证人员	作者、质量保证部门的专家或审查员
参加人数	5 ~ 15	3 ~ 6	2 ~ 6	1
时间长度	1 天	最多 2h	最多 2h	最多 1h
对象	阶段产品、项目计划、项目报告、问题领域	文件，包括合同		
		代码、文件、规范（架构、设计）		

为了计划和组织测试措施，还定义了将要使用的评审技术以及所需的角色和人员。实施本身也必须根据过程和目标进行计划（表 14-3）。

表 14-3
评审技术的实施

标准	里程碑评审	检查	演练	书面批阅
目的	确定项目状态，解决问题的措施	检查文件		
				了解证据
时间点	阶段完成，里程碑	生成文件		
实施	根据议程	根据清单	通过听众的口头表演	通过意识上执行，检查内容
结果	会议决议	要求记录： +已检查的文件 +错误 +问题 +不完整性 +不一致性 +必要时要求进行 +新测试（例如，新检查）		

通常，使用清单进行检查。

基于视角的阅读（Perspective – Based Reading）是检查的一种变体，可以实现更高的错误检测率，并且在审阅对象时，能够选择不同的观察角度。例如，不同的视角可以是基于检查对象的用户视角，或者基于即席目标的视角。

表 14-4 包含了传统检查和基于视角的读取变体之间的比较。

标准	传统检查	基于视角的阅读
语言要求	任意	自然语言
系统化	部分	是
重点	否	是
完善可能性	部分	是
可适应性	是	是
可学习性	部分	是

表 14-4
在传统评审技术中，检查与基于视角的变体阅读的相互比较

下面这些引导性问题，可以有助于使用这两种技术：

■ 系统性：

是否可以定义各自评审的即席步骤？

■ 重点：

不同的审查人是否必须专注于文件的各个不同方面？

■ 改进的可能性：

审查人可以使用反馈来完善评审技术吗？

■ 适用性：

审查人员可以使这项技术用于其他项目/组织吗？

■ 容易学习：

审查人可以在附加的练习单元中，使用此审核技术进行自我培训吗？

在第 14.2.6 节，将重点介绍了“基于视角的阅读”的审阅技术。

14.1.3 ASIL 和评审技术之间的依赖性

根据 ASIL，ISO 26262：2011 还需要一些检查方法，这里可用符号 + +， +，0 对其进行分类。

在表 14-5 中，添加了类别“不充足”。在这种情况下，书面批阅只能与其他方法结合使用。

表 14-5
与 ASIL 相关的评审方法

标准	里程碑评审	检查	演练	书面批阅
ASIL A	符合质量保证要求	系统：+ 软件：+ 硬件：+	系统：＋＋ 软件：＋＋ 硬件：＋＋	不充足
ASIL B	符合质量保证要求	系统：＋＋ 软件：＋＋ 硬件：+	系统：+ 软件：+ 硬件：＋＋	不充足
ASIL C	符合质量保证要求	系统：＋＋ 软件：＋＋ 硬件：＋＋	系统：0 软件：0 硬件：0	不充足
ASIL D	符合质量保证要求	系统：＋＋ 软件：＋＋ 硬件：＋＋	系统：0 软件：0 硬件：0	不充足

ISO 26262

ISO 26262：2011，第 2 部分，图 4.2，注释：
＋＋表示非常推荐
＋表示推荐
0 表示不推荐使用或反对使用

14.2　阅读技术

莫德·施利希（Maud Schlich）（作品：Maud Schlich Qualiteers；系统和软件工程教练 －课堂和电子学习培训，用于复习、测试和主题）将有关评审阅读技术的主题留给我们出版。

14.2.1　简介

评审。就其字面意思，就是“再看一次”。在本书的评审中，这主要是指阅读，指一个规范或技术信息，例如，软件源代码或电路图。

在软件检查中，阅读表示：

■ 揭示性地。

■ 彻底地。

■ 精确地。

■ 对比式阅读。

■ 审查式阅读。

阅读速度各不相同。对于检查而言，这意味着每个审查人准备其审查结果所需的时间，也可能非常不同。尽管如此，为了估算检查一个文件的准备时间，就要注意平均阅读时间。以下数值可以假定为阅读时间的近似值：

■ 每小时 1000 个单词。

■ 一个图形大约相当 1000 个单词。

■ 一个示例图对应大约 100 个单词。

为了尽可能地应对检查中的阅读，采用格式化的阅读技术会有所帮助。Laitenberger 从阅读技术中，区分出了以下几个特征［Freimut / Klein / Laitenberger / Ruhe 2000］：

■ 应用范围：

该技术适用于哪些（产品类型）软件产品？

■ 指南：

需要有关如何使用该技术的说明吗？

■ 适应性：

该技术可以适应不同的产品吗？

■ 可重复性：

该技术可以以同样的方式，重复性地用于同一产品吗？

■ 覆盖率：

该阅读技术是否可以大面积地发现产品中的所有缺陷？

■ 重叠率：

该技术是否可以避免重叠的错误检测？

选择一种阅读技术时，必须从错误覆盖率和重叠率方面，给予一定的考虑（图 14-1）。

覆盖率是指通过检查，相对于全部错误，基本上可覆盖一个文件中错误的数量。

而重叠率则意味着，在一个文件中，几个检查员所发现的错误有多大程度的重复性，即他们都发现了相同的错误。

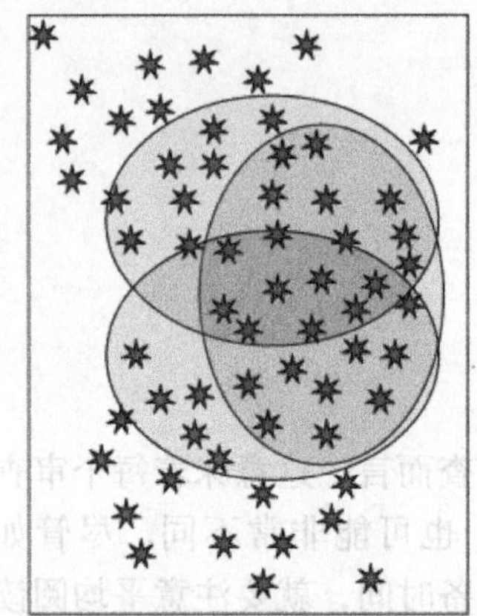
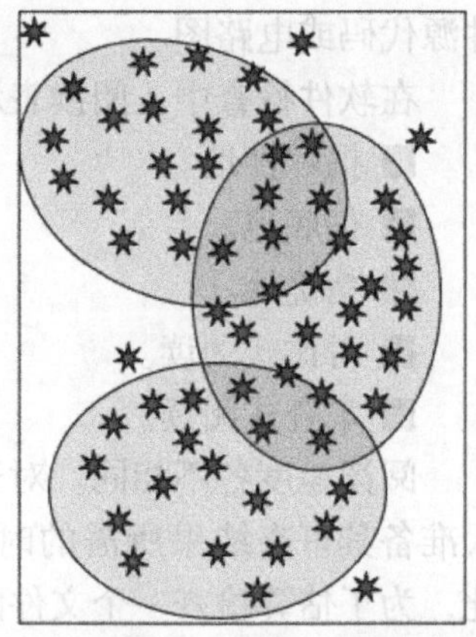

图 14-1
左图：覆盖率低 - 重叠率高；右图：覆盖率高 - 重叠率低

根据上面所列出的特征，可以评估不同的阅读技术（表 14-6）。

表 14-6
不同阅读技术的特征
[Freimut/Klein/Laitenberger/Ruhe 2000]

阅读技术	应用范围	指南	适应性	可重复性	覆盖率	重叠率
即席阅读	所有评审对象	否	否	否	取决于情况	取决于情况
基于清单的阅读	所有评审对象	是	是	否	取决于情况	取决于情况
逐步抽象阅读	所有允许抽象的评审对象	是	否	是	高	高
基于错误类别的阅读	所有评审对象	是	是	否	高	低
基于视角的阅读	所有评审对象	是	是	是	高	低

14.2.2 即席阅读

所有未明确定义的阅读技术都可以归纳为即席阅读技术。

这并不意味着审阅人员会非系统地阅读相应的文件，而是由于没有明确的阅读说明。即席阅读很少被具体地提到。很多时候，文献没有陈述所要使用的阅读技术，因此在这里就可以采用即席阅读技术。

即席阅读文件时并不考虑特定的问题，以获得内容的一个初步概述。审阅者以内部客户的眼光观察文件，通常专注于该文件，是否适合于他本人的基础知识范畴。

14.2.3 基于清单的阅读技术

评审期间的清单

基于清单的阅读技术（CBR，Checklist Based Reading）和即席阅读技术一起，都是最常用的技术之一。不少作者在许多文章中也都喜欢它。

顾名思义，基于清单的阅读技术需要清单作为辅助性文件。这其中包含许多提出的问题，评审员要在各自准备工作后给予回答。

清单仅适合一种文件类型。要开发清单，建议分析此文件类型的创建准则，并列出该文件类型应该满足的典型质量标准特征。

除此之外，应考虑现有审核结果和后续质量保证措施中的典型性错误。这些都为制定清单提供了指导。

用于各自的阅读准备，这种清单有两种基本应用：

■ 步骤1：

• 阅读清单上的第一个问题或问题段落。

• 阅读整个文件，并回答问题。

• 阅读清单上的下一个问题，然后继续执行步骤2，直到所有问题都给予回答。

■ 步骤2：

• 阅读整个文件。

• 回答清单上的所有问题。

清单应该：

■ 有助于发现相关的断定，就是说，可能做出这类断定，这被评审员视为很难归类。

■ 易于阅读，即

• 最多一页/两面，最好只有一页篇幅。

• 内容上相似的问题，以段落的形式组织。

• 具有足够大的字母尺寸。

■ 文件可使用性，即

• 留出足够空格以勾选问题。

• 可以添加简短评论。

■ 清晰易懂，即它们应包含

• 仅一致性的问题。

• 无否定性的问题。

清单与所有辅助文件一样，应具有良好的质量，才可提交评审。

Tipp

可以根据要求从 Maud Schlich Qualiteers（http://www.thequaliteers.de）获得一个清单模板，这是个针对不同文件类型，包括有清单检查的示例清单。

14.2.4 逐步抽象阅读

另一种阅读技术是所谓的“逐步抽象阅读”（Reading by stepwise abstraction），该技术仅可用于可以被抽象化的文件，该文件通常包括有设计文件和代码文件，但不包括本书中所考虑的需求文件。

这种阅读技术的原理是对评论对象进行相应的分析，以便首先粗略地了解上下文，然后逐渐进行完善。

以下示例显示了针对面向对象的代码，将其作为评审对象的技术：

■ 所有代码应该做什么？

（评审程序开头，更改历史记录，粗略扫描整个代码行）

■ 这个文件做什么？

（分析更改历史记录，并确定包括有哪些类）

■ 每个类是做什么？

（分析类的注释和方法名称）

■ 每个方法都有什么作用？

（分析方法中的注释）

■ 每行代码做什么？

（一个方法的代码行分析）

这种阅读技术非常紧凑，发现有关正确性、功能性和可维护性的断定，其概率非常高。

与一个模块规范进行比较，就可以提高审查的彻底性。在洁净室（Cleanroom）项目中，曾使用了这种阅读技术，并已显示出其覆盖率和重叠率都很高。洁净室（Cleanroom）软件工程的目标是要开发无错误的软件，即接近零缺陷的软件（near zero defect software），尽可能避免出现错误，而不是进行修改，并且应该将软件的正确性给予形式上的证明。因此，该技术特别适合单个评审人员。当将可维护性作为基本质量标准时，它特别有效。

14.2.5 基于错误类别的阅读

基于错误类别的阅读（Defect Classification Based Reading）基于以下事实，即评审人员被分配给予了不同的错误类别。

其有效使用的前提条件是：

■ 对所有类型的分析质量保证措施（评审、测试、分析），使用一个最为详细的错误分类法。

■ 根据错误类别，记录所有断定结果。

■ 并且跨越多个项目的断定评估性。

根据历史数据的发生频率和严重性，对其进行优先级排序，并将最重要的错误类别分配给评审专家。

由于基于错误类别的读取指南非常不精确，因此可重复性和可追溯性不高。

14.2.6 基于视角的阅读

巴西利法则（Basili'slaw）：基于视角的检查是非常有效和高效的。

基于视角的阅读（PBR，Perspective Based Reading）技术基于以下事实：审阅者会收到一个具体的指南，即一个场景，以使自己扮演即席用户审阅对象的角色，从而将其搜索断定，集中在所限定的方面。假设每个评审员都被给予了不同的场景，则整个评审团队将工作得更加有效。来自各个评审员的结果，其重叠性应较小，而覆盖范围应较大。当然，这在很大程度上取决于场景本身的质量。

为了制定场景方案，重要的是要确定所有的审查对象利益相关者（即大多数典型的用户），并确定对每个评审人员重要的质量特征。这导致了需要一个质量特征列表，这些质量特征可指出其审查对象何时是属于“足够好”。因此，与任何利益相关者不相关的质量特征，将不会进行检查，或者只是偶然地检查这些特征。

一个场景包括三个部分。在第一部分中，可用几句话向评审员介绍其要扮演的角色。由此每个评审员虽然曾在项目中担任一个角色，但他仍可投入到这个角色中去。

第二部分是一个评审任务的详细说明，这通常是要求上述角色相对其评审对象实施执行。如果评审的对象是一个需求文件，则是为角色“测试人员”创建和准备测试案例的任务，而为“技术编辑人员”提出创建使用手册结构的任务等。

任务内容应该是这样的：

■ 根据对角色的质量要求，对评审对象的质量进行严格检查。

■ 明确所确定任务的可行性。

■ 可以尽可能地继续使用所得出的工作结果。

■ 执行评审任务所需要付出的努力较为适当。

第三部分的内容包括大约5个未解决的问题，对这些问题涉及单一的质量特征。

Tipp

一个场景模板，即示例性场景，具有各种文件类型和一个用于检查场景的清单，都可向 Maud Schlich Qualiteers（http：//www. thequaliteers. de）要求，获得提供。

该技术的优点是可以进行非常严格的测试，并具有良好的可重复性。

这尤其适用于，如果评审人员担任一个相当陌生的角色。基于视角的阅读技术，其中一个弱点就是评审人员有时无法进入角色，因为这评审任务对他们而言，似乎太复杂或太困难。这首先会发生在这种情况，即如果他们自己不能从工作结果中获益时。

如果将这些场景交给某些评审人员、而他们在项目中已经扮演了各自的角色，那么这种现象出现的概率就会很高，即这项工作实质上已经完成了。进而，这里的危险就是使实际的工作任务陷入了不利境地。因此，作为示例就必须格外小心，以确保场景中的工作任务尚还没有完成。

14.2.7 总结

阅读技术通常对于有效地执行评审至关重要。

审查越正式，就应该越自觉地选择阅读技术，并认真地准备相应的辅助文件。

非正式评审和演练大多使用即席阅读技术，但也可以从其他阅读技术中受益匪浅。

如果用户团队或者评审对象，比如，非项目人员、经理、客户或最终用户，他们无法被邀请参与评审，或者不应被邀请参与，则可采用基于视角的阅读。

即使没有明确地使用阅读技术，经验丰富的专家通常也具有很高的错误发现率。但是，对此类人员的调查表明，他们通常会牢记复杂的清单。有时，他们甚至以书面形式记录下来。这些人一次又一次地进行大量评审，也就造成了个人的错误分类法。但是，这里的缺点就是可追溯性低，并且可重复性还取决于专家的精神状况。

第 15 章　对软件工具的信任性

软件开发工具是产品创建的一个重要组成部分，必须根据所定义的标准认真地进行选择。ISO 26262 标准对这些工具有其非常特定的要求，并且对这些工具有明确的信任度要求。本章将介绍这对计划和选择软件工具，究竟都意味着什么。

15.1　软件工具的信任性和资格

“在今天的计划工作会议上，我们必须定义和遵守选择软件工具的标准。”Drivesmart 和 safehicle 公司的与会人员知道，这不是一件容易的事。Robert Flink 和 Josef Byte 也参与其中，因为他们对工具的财政预算拥有决策权。Tanja Clock（PL）、Rainer Fels（FSM）和 Wolfgang Lagert（KM）是软件工具领域的专家，还是协调工作的重要信息提供者。

在这一讨论中，Tanja Clock 和 Rainer Fels 找到了一种实用的方法。“我们想使用工具，以实施设计和编程准则，并对此进行控制。我们可以使用哪个编译器?”“Tanja，我认为，我们还需要处理项目中的所有信息。你是否已经进行了汇总，即哪些工具已经在使用中，而且已得以验证?”“从最近 3 个项目中，我已经整理了一个小表格。一些工具是标准的。Rainer，我们可以根据过去的经验，继续使用它们吗? 我在所列出的各个工具的后面，都列出了一些该工具的信息，即它是从何时开始使用的，制造商是谁，以及涵盖了哪些应用领域，例如：检查/演练，数据流分析，背对背测试（Back - to - Back - Tests）等，并指出是否有问题。”“非常好，这就可以帮助进行需求分析，并且与标准中的要求进行对比，我看一下这其中提到的工具。现在，对这些规范性要求，我想事先说一句题外话，对此我准备了一个小的演示文稿和工作文件，以便我们今后可以评估和定义所需要且适用的工具。”

15.2　为什么谨慎选择工具很重要

通过使用正确的工具，可以减少从需求规范到验证，以至确认系统性错误的工作量。它们可简化或支持那些标准要求的方法和形式的实际应用。工具不仅应用于创建软件，或者验证正确性和功能特性，还可应用于项目管理、软件版本管理，以及对需求进行跟踪。

工具应用

所选取的软件工具还应该具有测试功能，通过这些功能就可以定性地评估所获得的结果。所需工具的分析结果应该给予文档记录，哪些工具和工具组合，可以充实项目的整个软件和硬件生命周期。

测试功能，工具选择

此外，所选取的工具必须符合 ISO 26262 安全标准，并具有明显的资格。通过使用这些工具，应该能够发表出有关项目质量、进度以及产品质量的信息。而采用非专业工具记录项目，其结果几乎是不可行的。在大多数情况下，这些工具无法满足复杂性要求。所以，在选择工具时，必须注意到以下几点：

■ 引入新型工具所需的额外工作，应不会对项目造成太大压力。

■ 优先选择在市场上已有其固定地位和知名度的提供商（节省时间）。

■ 提供商的现场支持。

■ 在规定的评估时间，创建和评估标准目录。

■ 成本和收益的比较。

■ 工具的可组合性，以及组合工具之间可信赖的接口。

■ 对安全至关重要的元素，只能选择合格的工具。工具的错误绝不能危及安全目标。

由于 ISO 26262 对开发工具的信任度提出了要求，因此，必须对开发中所选择的工具进行相应的分类。必须根据关键性程度进行区分，它基于各个系统的功能和验证措施。

标准的第 8 部分，第 11 节描述了对工具资质的要求。

“选择工具时，我们必须考虑以下几点；Tanja，请你将这些考虑，添加到您已经准备好的列表中”：

■ 所有参与公司之间的合作。

■ 工具链的一致性。

■ 关键性方法的协调。

■ 关键性的工作产品。

■ 明确定义的条件。

■ 确定一个限制空间。

“好，莱纳，我们在会议上经过多个讨论，同意以下分类，因为我们坚信，我们可以使用它们来避免软件开发中的错误。在培训时间表中，我直接列出了对相关开发人员进行方法和用户培训的需求”。

1）必须记录和分析所选工具（表 15-1）的使用情况。

2）在分析中，必须检查是否使用了错误的工具，这会违反安全目标。

3）必须分析和评估发生此类错误的可能性。

表 15-1
示例：操纵杆传感器的软件工具

产品操纵杆传感器：软件工具分级
用于开发和设计的工具（图 15-1）
用于配置管理的工具（图 15-2）
用于测试和调试的工具（图 15-3）
用于变更管理的工具（图 15-2）
用于管理功能安全性的工具（图 15-2）
配套工具（图 15-4）

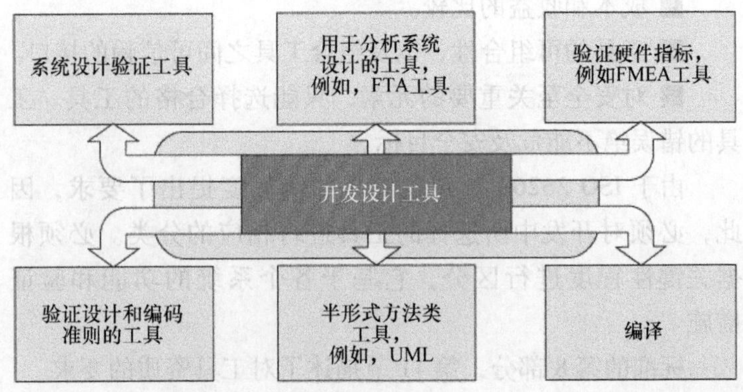

图 15-1
开发和设计工具

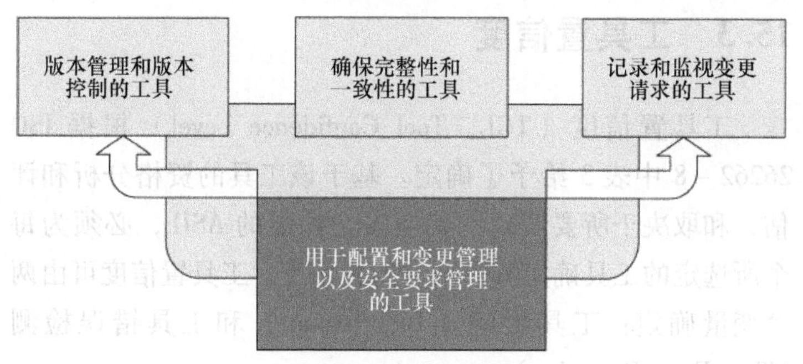

图 15-2
用于配置和变更管理以及安全要求管理的工具

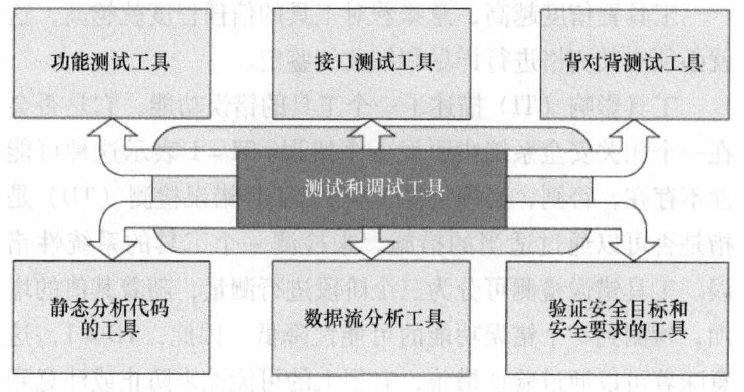

图 15-3
用于测试和调试的工具

图 15-4
配套工具

Rainer Fels 对工具的分类表示赞赏："这种分类是有意义的，并且可以被接受。由于您的结构非常有条理，因此，我希望将其包括在过程文档中，以便后续项目可以从中受益。在进一步议题中，我们将讨论有关工具信任度主题及其相应过程。

了解所使用的工具，都需要清楚其信任级别，这一点非常重要。以 ISO 26262 为指导，共同确定了车间（Workshop）层，每个选定工具的信任度。我再准备一个小的培训课程，在其中我们可以直接整合具体信息。"

15.3 工具置信度

工具置信度（TCL）

工具置信度（TCL，Tool Confidence Level）根据 ISO 26262－8 中表 3 给予了确定。基于该工具的资格分析和评估，和取决于所要实现的相应安全功能的 ASIL，必须为每个所选定的工具确定其所拥有的置信度。工具置信度可由两个变量确定：工具影响（Tool Impact）和工具错误检测（Tool Error Detection）。

工具置信度越高，意味着对工具的信任程度就越高，这就必须对其资格进行详尽和细致的鉴定。

工具置信度确定

工具影响（TI）描述了一个工具的错误功能，它是否会在一个相关安全系统中引发一个错误。TI＝1 表示这种可能性不存在，否则，必须选择 TI＝2。工具错误检测（TD）是指是否可以通过适当的措施，来检测一个工具的系统性错误。工具错误检测可分为三个阶段进行测量，随着其值的增加，检测到一个错误功能的可能性降低。因此，TD＝1，这意味着可以通过验证措施，有很大的可能性来防止或注意到这些错误。另一方面，最高值（TD＝3）则与此相反，意味着在开发过程中尚没有系统化措施，可用于检测到工具错误功能，而这些错误功能只能被偶然发现（例如，错误的输出）。

TCL＝1，说明对有关的工具鉴定措施没有任何要求，例如，一个根据 ISO 26262：2011 第 8 部分，第 11.4.9 节进行的验证，对开发过程的评估，或者开发是根据一个安全标准，例如，ISO/IEC 61508－1 和 3，或者 DO 178B。对于 TCL＝2 和 TCL＝3，就必须对工具进行资质鉴定，这取决于根据危害和风险分析确定的所需风险降低（ASIL），还包括各自的安全功能。

工具置信度取决于在安全目标开发过程中必须考虑的应用情况。可以使用图 15-5 中所示的分类方案，以确定所需的工具置信度。

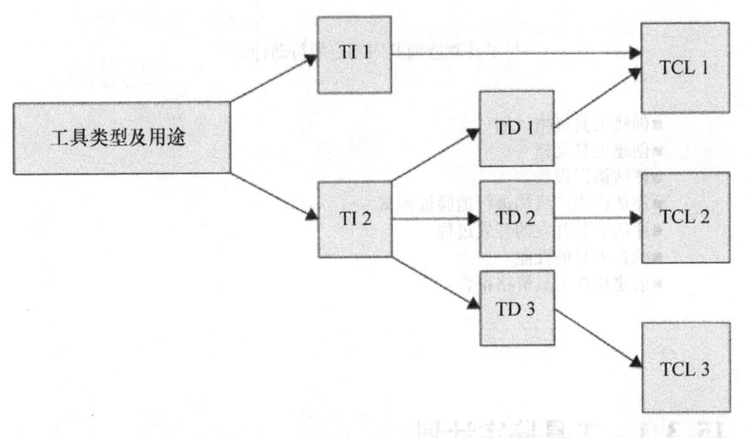

图 15-5
工具分类方案

ISO 26262

ISO 26262：2011，第 8 部分，第 11.4.9.2 小节列举出了工具验证的标准。

ISO 26262：2011，第 8 部分，第 11.4.6 节指定了根据所确定的工具置信度，对工具进行鉴定的必要方法。

根据 ASIL 和 TCL，建议在两个不同级别上使用这些方法。对这两个中较为薄弱的一个，通过使用和评估开发过程来提供信任度。较强的变体适用于较高的 ASIL，并建议根据一个安全标准，进行一个正式的工具验证和开发。

工具验证

除了直接型开发工具之外，例如，编译器和电子设计工具，需求管理首先就需要高度的信任度。尽管可以通过验证和确认，至少部分检测到这些用于创建的产品的技术工具中的错误，但对需求管理，仍只能通过复杂的人工检查来完成。但是，这里可能会隐藏着一个错误，例如，（安全）要求尚未转移到下一阶段，因此没有被所进行的测试所覆盖。

工具制造商本身应该自行验证自己的工具。这类工具的供应商应能够证明，该软件工具是根据公认的标准开发的，例如，DO 178B；ISO/IEC 61508；ISO 262628：2011，方法 1d，表 4。

工具的适用性，即是否能可用于 ASIL A 或更高版本，应通过一个获得公认的独立的第三方认证来确认。如果没有相应的适用性证明，则除了要与工具制造商合作进行工具资格分析之外，还必须通过以下步骤，以获得对工具的信任（图 15-6）。

图 15-6 与工具制造商共同制定的行动计划，以验证对工具信任性

与工具制造商共同制定的行动计划

- ■创建工具资格计划
- ■创建工具文档
- ■评估错误报告
- ■评估由生产机构进行的验证测试
- ■评估工具开发的开发过程
- ■检查工具的性能
- ■创建软件工具资格报告

15.3.1 工具鉴定计划

工具鉴定计划必须包含以下信息：

■ 使用说明。

■ 工具功能的精确描述。

■ 将要认证的版本。

■ 预期的配置和应用环境。

■ 预期的用途描述。

■ 存在可用手段和方法的文档，以识别出错误功能或错误输出。

15.3.2 工具文档

工具文档包含以下信息：

■ 带有清晰标识的工具说明。

■ 可用的工具文档。

■ 工具操作和功能的清晰度。

■ 工具使用方面的限制说明。

■ 应用环境。

■ 安装说明。

■ 对已知问题的说明。

■ 工作范畴，在其中工具支持具有必要属性的软件创建。

■ 每个安全要求的最大可实现安全目标（ASIL），就此使用该工具。

■ 为使达到合格标准必须进行的工作。

■ 以前使用过该工具，可比较案例的经验记录（使用

信心，confidencefromuse）。

15.3.3 工具错误报告

工具错误报告是一个文件或数据记录，它解释了在工具中所发现错误的详细信息。较为典型地讲，这些错误报告由Beta测试人员、用户以及制造商生成。对错误报告的评估，应包括以下几个参数：

■ 发现错误的员工。

■ 错误登记或发现的日期和时间。

■ 所检测到的错误的严重性，例如可分类为：较低、中等或严重。其严重程度也作为衡量其关键性的一个尺度。

■ 工具行为的一般描述。

■ 该错误重现性的详细信息。

15.3.4 评估工具开发过程

工具的开发需要根据公认的标准，实施一个专业化的开发过程。如果是根据公认的安全标准（ISO 26262，ISO/IEC 61508或类似的标准）开发了一个工具，那么这就特别容易。否则，可以使用一个面向过程的标准（例如，用于系统和软件开发的Automotive SPICE或CMMI），以能证明其具有足够的开发质量特征。

但无论如何，与根据ISO 26262进行的开发一样，工具制造商必须采取一定的措施来跟踪错误（“Bugtracking”），这一点很重要。另外，必须确保将错误信息告知相关用户。该信息必须要足够详细，以能评估错误对安全目标的影响。

15.3.5 检查工具的性能

工具的性能检查应该表明，该工具是否满足对其提出的要求，这既可包括功能测试，也可是非功能方面的评估（例如，用户界面的清晰度）。

工具的使用者不必自己进行必要的测试。相反，只要有一个相应的质量管理作为前提，也就可以评估制造商的验证测试。但特别要注意，如果计划使用该工具，则要确保对所有重要的要求都进行了测试。如果发现错误，重要的是评估它们可能产生的影响。如果有可能，就必须定义避免措施，例如，通过预定义的配置文件。

对于性能的一般性评估，如果制造商可以提供一个预定义的工作流程，以证明该工具可正确使用，这将有所帮助。

如果无法访问已经进行过的测试，或者这些测试没有充分地正式记录，则用户必须根据相同的标准进行验证。

15.3.6 Joy 项目中的资格报告

“一个很困难的工作，但实际上我们做到了！今天，我们从一个图形化概述开始，向整个开发团队展示工具鉴定报告。我们已将用于每个开发阶段的工具，集成到 ISO 26262 的生命周期模型中。”“Tanja，太好了，我可以将这些连同你们的工作，用作对配置管理计划的参考，还可以帮助你们控制指定的工具版本”。

Rainer Fels 补充说，“这一概述还有助于我们开展即将进行的项目。现在我们知道该怎么做了，下次就可以节省很多时间。我们不能完全依赖于这些结果。我们必须根据项目等级和工具具体应用，来重新定义工具置信度，因为没有其他捷径。”

每个项目必须确定用于工具鉴定的使用情况，并在进行分析时加以考虑。在图 15-7 中列出的内容仅是该过程的一个示例。

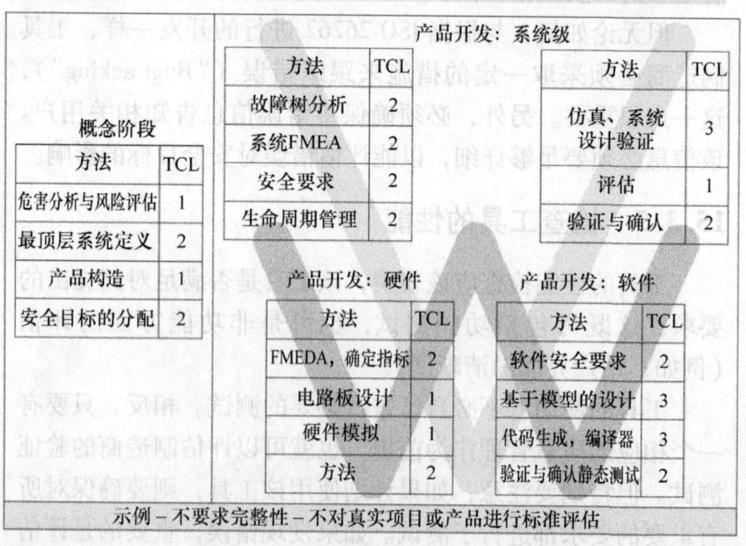

概念阶段

方法	TCL
危害分析与风险评估	1
最顶层系统定义	2
产品构造	1
安全目标的分配	2

产品开发：系统级

方法	TCL
故障树分析	2
系统FMEA	2
安全要求	2
生命周期管理	2

方法	TCL
仿真、系统设计验证	3
评估	1
验证与确认	2

产品开发：硬件

方法	TCL
FMEDA，确定指标	2
电路板设计	1
硬件模拟	1
方法	2

产品开发：软件

方法	TCL
软件安全要求	2
基于模型的设计	3
代码生成，编译器	3
验证与确认静态测试	2

示例 – 不要求完整性 – 不对真实项目或产品进行标准评估

图 15-7
操纵杆转向的工具和相关的工具置信度，以及其他相应工具示例

15.4 题外话：操作可靠性的重复使用

根据 ISO 26262 进行开发，这意味着必须满足整个产品生命周期的要求，从项目计划到成品系列支持。这可能是一个全新的发展，尽管其规模很大。但是，与本书中的示例不同，大多数系统不是从头开始开发的，而是在现有组件的基础上进行继续开发。这样的组件已经使用了很长时间，没有出现任何问题，并且没有错误，但是却没有按照 ISO 26262 进行正式认证。 重复使用

对于一个新设备的制造商，通常希望不必再次开发这种已经过验证的组件。在这种情况下，通过证明其使用可靠性（proven in use），该组件就可以用于新的产品。下面将简要地说明该证明的一般原理，而不进行详细说明。

操作可靠性的证明基于两个原则。一方面，必须证明开发是认真进行的，尤其是配置管理（尽管未根据 ISO 26262 进行明确设计）在原则上符合该标准的要求。另一方面，为了证明目的，有必要通过系统性收集到的数据，用来测量设备的错误率。如果对其中大量的设备，确认能够确定错误已经“很少发生”，则可认为该设备是合适的。ISO 26262：2011，第 8 部分，第 14 节中，列举出了对此验证的详细要求。作为这一证明的基础，就是在开发和操作过程中进行一致性的配置管理，以及在操作过程中，对错误进行评估。 操作可靠性

ISO 26262：2011，第 8 部分，第 14.4.3.1 小节指出了重复使用一个候选对象的必要描述。 ISO 26262

为了将一个现有组件集成到崭新的且与安全相关的产品中，就必须对该组件进行完整的描述。最重要的是，它要包括该组件要满足的功能，与安全相关的要求，还包括组件及其运行条件。其数据大致与开发过程中，必须根据 ISO 26262 进行收集和保存的数据相符合。这样可以确保在集成到新产品中后，ISO 26262 的所有要求就可以给予实施。 操作可靠性的前提

ISO 26262：2011，第 8 部分，第 14.4.5.1 小节要求能够证明已经对现有组件进行了完整的配置和变更管理。这是确定候选组件准确状态的唯一方法。 ISO 26262

一个与安全相关的开发原则，就是在整个生命周期中，

进行一致性、系统化的配置管理。为了能够重复使用一个组件，就必须满足这一要求，而无须参考所使用的标准。只有如此，才能保证组件的确切特性。操作可靠性的证明始终是指一个具体的状态（硬件、软件等），而不是一般产品。

如果有关组件特性的所有必要信息均可用，则证明了操作可靠性。为了能在新项目中使用，必须提供组件正常运行的附加证明。为此，必须提供系统性的数据，是否在使用中存在与安全有关的错误功能。在这个意义上的错误，其实是向制造商报告了一个错误功能，而这一功能理论上可能会违背安全目标。除了车辆中的实际错误功能外，在生产过程期间，测试过程中发生故障的设备也计算在内。

ISO 26262

ISO 26262：2011，第 8 部分，第 14.4.5.2.3 小节描述统计性证据，可通过现场数据以防止大量的错误。

在分析中，仅需要包括来自完全相同组件的数据。如果可以设置对安全目标有影响的参数，则只有具有相同配置的样品，才被认为是相同的。这里，对错误的分析还只是考虑了安装在车辆中的设备，这些设备每年至少具有平均的运行时间。因此，只有那些在运行过程中，其运行时间具有其表现力的组件的数据才给予考虑。

为了能够在操作过程中得到证明，所观察到的错误率必须低于一个相应的 ASIL 值。同样，对于更高的 ASIL 要求，错误率必须相应降低。

ISO 26262

ISO 26262：2011，第 8 部分，第 14.4.5.2.4 段，表 7 给出了各个级别的确切值。

决定性的因素是，在一个 χ^2 分布中所有设备中至少有 70%下降到所要求的概率以下。这种特殊的分布降低了风险，即测量值是随机显示了所需要的结果。

ISO 26262

ISO 26262：2011，第 8 部分，第 14.4.5.2.4 节，表 7 包含有根据 ASIL 分级，对所观察到错误所要求的界限。

为了获得所需的值，设备当然必须已经运行了至少与错误率相对应的时间。只有在设备运行约 10^9 h 后，才能观察到一个 $<1/10^9$ h 的错误率。通常由于并非所有的设备都可以用足够的运行时间来进行评估，因此对于所观察的设备，就要求更长的运行时间，且还要没有错误。这样，丢失的数据可在统计上得到补偿。ISO 26262：2011，第 8 部分的表

8，第 14.4.5.2.4 节列出了所需的运行时间，这是对于一个相应 ASIL 分布所要求的。如果所有设备在这个时间后没有发生错误，从统计学角度讲，则可说该设备达到了 70% 的标记。

ISO 26262：2011，第 8 部分，第 14.4.5.2.4 段，表 8 列举了根据 ASIL 分级，对验证操作可靠性所要求的操作时间。

ISO 26262

如果尚未达到所需要的运行时间，也可以临时确定运行可靠性。该过程与前面类似，但是对运行时间和错误率而言，它是完全不同的目标值。这些在 ISO 26262：2011，第 8 部分，第 14.4.5.2.5 节中，用确切的步骤进行了描述。如果已获得足够数量的数据，则可将上述要求可用于最终验证。

15.5　总结

由于需要在实际操作中彻底地考察设备，因此在实践中很难进行形式性验证。唯有车辆制造商拥有有关操作错误的数据，而有时供应商却无法获得此类数据。通常不会系统地记录没有错误的运行时间，而只会分析所观察到的问题。

通常，对于许多首次接触 ISO 26262 的管理人员而言，具有可靠操作经验的论点是直观性的选择。这很快就会低估了为此证明必须要预先付出的努力。尽管付出了很大的努力，但通过强化测试，后续鉴定通常会更容易进行。

第16章　回　顾

通过功能安全管理的联合规划活动，项目团队确定了安全相关项分布式开发的许多要求和困难，并对此开发出解决方案以及适当和务实的方法和措施。基础是现有的流程，并通过功能安全管理的修改以及参与者（通过合适的角色分配达到人尽其才）的专业知识来实现。

16.1　安全相关项目的规划

尽管开发工程师有良好的意愿，但许多与安全相关的项目成为远远超出预算的无计划开发模式的受害者。因此，一个重要的先决条件是公司和发展管理的具有约束力的批准和支持，因为如果没有这种管理支持，就无法正确估计、批准和承担所需工作量。引入安全意识文化并在公司所有领域采取行动是安全相关项目产品开发的载体。

对所有活动进行持续分析的准则及其总是及时规划是稳定模块化开发、生产、调试、维护和报废的不可或缺的支柱。

规划阶段贯穿汽车标准的所有部分，并在评估过程和产品质量方面具有很高的权重。

持续审查结果是在定义里程碑或基于定义标准上而必须执行的一块基石。

根据汽车行业标准和其他适用的产品开发标准，以及汽车上路行驶所要求的文件是强制性的，不得以牺牲证据为代价予以忽略。

使用的方法根据定义的 ASIL 不同而不同，并且只有在绝对合理且可检查理由的情况下才允许偏离规范要求。

清晰的可理解的和明确的责任分配（并与需求可追溯性矩阵相关联），这必须是功能安全管理及其过程的组成部分。关于谁负责什么的决定是基于“只能有一个”的原则。当然，如果负责人暂时不在，则允许有代理。

这些人的适合性取决于他们的专业经验和合适的其他方面资格。对所要遵守的标准的充分了解不仅是法规所要求的，而且是每个产品开发的逻辑先决条件。但是，汽车标准没有规定方法，而是描述了特定任务所需的能力。

公司或产品开发能力一方面通过以 ISO/TS 16949 为基础的公司认证来评估，另一方面通过定期、持续评估待开发项目的过程和质量控制来评估。努力计划并持续优化流程是安全意识思维文化的一个组成部分，应该和企业目标紧密结合在一起。

流程模型完美支持产品开发。汽车功能安全标准建议开发和应用和/或参考公认的程序模型，以达到所需的结果。

功能安全管理就像质量管理一样，形成了安全相关项目开发和生产的系统框架和工具箱。两个管理系统不应该互相竞争，应该互相联系并补充。

Joy 的先导项目已经在规划阶段为流程优化提供了重要的见解。在下文中，我们使用 safehicle 公司的流程卡，来展示如何将功能安全管理集成到整个流程中。

16.2 safehicle 公司——来自规划活动的流程更改

对于 safehicle 公司，子项目 Joy 是扩展功能安全管理的试点项目之一。为了从项目工作结果中连续地并可持续地受益，总经理 Jürgen Gut 要求组织面向里程碑的反馈会议。为了保证结果，开发负责人 Josef Byte 以回顾的形式定义了一个有条理的程序。作为回顾的一部分，独立的经验丰富的主持人将向参与者展示 safehicle 公司的改进过程（图 16-1）。

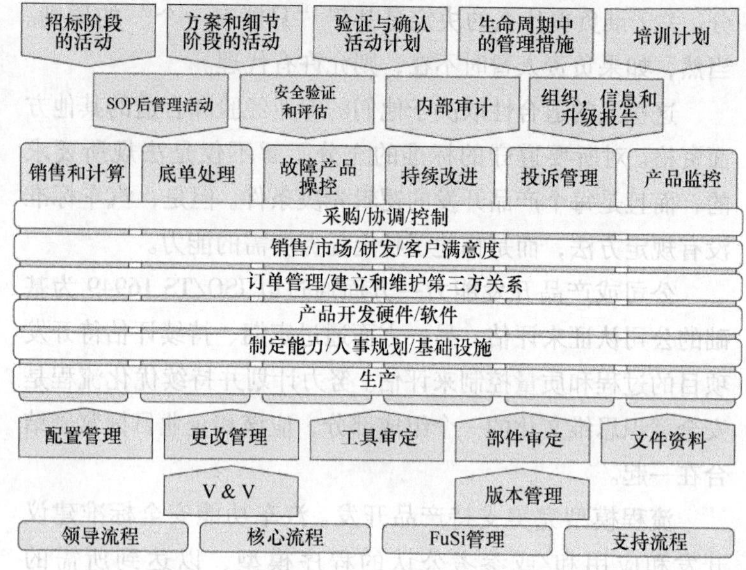

图 16-1
示例：集成功能安全管理

呈现的流程态势旨在帮助回顾过程中发现存在的弱点，因为它伴随着反馈会议，就像一个共同的话题和故事一样。

主持人 Gotschalck 先生在回顾过程中询问准备好的问题，并将其张贴在图板上：

到目前为止，什么是该项目中最令人满意的部分?

您能否想到下一个项目中要更改的内容?

需求是否有用并且有充分的记录?

每个里程碑的计划在数量上是否合适?

我们可以预见哪些负面影响?

项目中缺少哪个人或哪个角色?

您使用哪个接口感觉特别好或不好?

您对您的哪个结果感到鼓舞?

您可以建议在体系结构和设计上进行哪些技术改进?

在文档、源代码和测试方面，哪里复杂性是一致的?

您在工作中支持或阻碍了哪些支持流程，为什么?

合适工具/基础设施适用于哪些活动，不适用于哪些活动?

是否考虑过可追溯性是阶段之间关系的一部分，如何指定链接的记录机制?

在整个项目过程中，与安全性相关的需求的可追溯性矩阵的维护是一致的，还是维护得越来越差并最终急于处理?

Gotschalck 先生向与会人员分发了审核卡和活动挂图标记。参与者定义了时间单位，每个人都独立回答。这段时间过后，参与者会逐一在图钉板上贴上他们的答题卡。每张卡片最多可以用三句话讲一个故事。主持人询问小组是否有任何补充，并据此进行记录。

评估报告

为了与公司目标协调，委托外部主持人与 Rainer Fels（FSM）和 Klara Schauhin（质量官）共同制定了一份主报告。表 16-1 显示了 safehicle 团队从计划阶段开始的具有里程碑意义的中期报告中的一份报告的摘要。左列包含要处理的主题，这些主题可由回答已准备的问题来解决。

表 16-1

回顾：safehicle 公司的评估报告

反馈主题	结果
注意：Joy 项目是在计划阶段根据要开发的与安全相关的项目进行评估的	
最重要的收获的总结（在此，必须以适合管理的方式记录优先建议）	将项目初始化过程转移到其他项目 从 PM 中的 KM 中观察工作步骤，并将其纳入计划中，以避免出错根据所需的质量标准记录和跟踪要求 从一开始就包括测试管理 必须以某种方式对工具资格进行标准化——在项目外部委托一个工作组 为特定的 FuSi 工作产品开发并引入缺失的流程 将来，还可以直接在其他项目的计划中包括简短、简单的培训单元
项目目标	根据 DIA 的 ISO 26262：2011 标准，根据定义的 ASIL 要求开发安全的产品 Joystick 传感器 内部功能安全管理的扩展和进一步开发 记录后续项目的流程改进
框架条件	作者注：这里我们不再重复教科书中提到的事实
有关里程碑 ZF_FuSi_03 的项目结果	特定文档、产品状态和数据已链接到里程碑，可以在此处查看
性能数据	已完成 90 天的工作，因此计划工作减少了 6 个工作日 与接受有关的文件数量平均超过 20% 计划的工具鉴定工作超过了 100%，但尚未完成

（续）

反馈主题	结果
项目时间轴	里程碑 ZF – FuSi – 03 计划阶段
团队	详见 Joystick 传感器团队以及客户和评估人员的 FSM 的矩阵
成功	团队的合作在包括客户在内的所有接口上都非常出色 通过支持经过深思熟虑的子流程，配置管理已拦截了先前计划的弱点
成果（文档、软件、硬件等）	要求规范，包括与安全相关的要求 软件架构 项目计划 细化的项目定义 角色和责任矩阵 硬件和软件安全计划 V + V 计划
复杂性	要求必须以更详细和具体的方式，一致且可追溯的方式记录在案。需求的嵌套和重叠导致其规范中不必要的工作。 确认计划的创建很混乱，因为缺少许多信息和资源。定义的策略未深思熟虑，并导致高度复杂性
流程	联合启动会议使某些要求更加明确 根据 ISO 26262：2011 的任务相关资格要求，使人们对工作步骤有了了解 需求管理对澄清和确定优先次序的贡献为时已晚 必须创建包含模板的流程以进行依赖性分析
回顾议程	插入议程

团队在小组工作中对许多已确定的变更请求进行优先级排序。反馈会话的最后要决定谁可以控制所需更改。这些建议由高级管理层批准，然后确定负责人和时间表。

于尔根·古特（Jürgen Gut）和约瑟夫·巴特（Josef Byte）认识到，已经描述的过程和角色之间的相互作用在许多领域都非常有效，并取得了预期的结果。最初分析中发现的差距在某些情况下仍然具有毁灭性的影响，但是在某些情况下，已经实施的优化以及具有定义的输入/输出和工作步骤的变化的工艺环境导致了弱点的消除。

功能安全管理的引入和建立对于 safehicle 公司是一个连续的过程，尚未完成。但是，按照 ISO 26262：2011 进行的以安全为导向的开发和生产过程中，对所需工作产品和文档的理解有了显著提高。通过审核和评估来评估所执行工作的内容和结构化的方法，从而可持续地提高和保持质量，并在整个公司范围内树立安全意识的文化。

16.3　总结

功能安全对现有组织和技术风险管理提出了特殊的挑战。有效的管理系统和已建立的有效流程是重要的先决条件，安全管理的组织扩展必须得到最高管理层的支持和批准。安全意识的思维和行为文化无所不包地影响着各个层面。

客户进行详细而精确的系统分析，并愿意通过有效的管理和与接口（尤其是与供应商）的有针对性的沟通，从分析中提供信息，这是确保功能安全的前提。

此外，方法和工具是集成的应用，始终要考虑规范要求以及其他标准和指南。

基于数值（但又不依赖于这些数值）对风险的关键考虑是参与产品创建的每个人的恒常任务。

第 17 章 展　　望

在本书中讨论了必要的功能安全管理的基础知识以及与安全相关的项目的计划之后，希望能为读者提供机会，使其更加熟悉硬件和软件开发（ISO 26262：2011 的第 5 和第 6 部分）的处理。后续会继续以操纵杆传感器电子设备为例，包括从高级转向或制动系统产品开发的角度来看的功能关系。

作者的结束语

作者希望，部分精心设计并结合到项目故事中的实践经验将对您的日常工作有所帮助。我们的某些故事仍然是现实生活中的一厢情愿，但在这一点上，也建议尝试 OEM 和供应商之间不同的团队合作方式。

我们很高兴回答任何问题，如果我们和出版商未收到建设性的批评或优化建议，我们将感到失望。

附 录

本附录介绍了可用于项目工作的工作辅助工具。解释了技术术语和缩写，列出了相关和引用的标准，以及进一步的互联网页面和知识深化的文献参考。

附 录 A

A.1 计划的工作辅助清单

这些清单（表 A-1 ~ 表 A-7）是项目分配的建议，并非详尽无遗。这里提供的预期规划活动概述可作为一种辅助手段。

表 A-1
清单：活动第 1 部分“词汇”

编号	问题	调查结果
V. 1	谁创建了项目词汇术语表？ 作者是否有足够的专业知识？	
V. 2	那些 ISO 2626：2011 里面与项目相关的基本术语如何参考，并如何通过实例或解释，确保理解正确？	
V. 3	通过什么能确保共同发展实践中的共同术语不存在误解？	
V. 4	……	

表 A-2
清单：活动第 2 部分“功能安全管理”

编号	问题	调查结果
FS. 1	为定义的安全生命周期定义了哪些负责人？	
FS. 2	开发人员、测试人员和质量人员如何知道要遵循哪些阶段以及项目范围？	
FS. 3	指定的安全活动在哪个文件中？	
FS. 4	如何证明符合 ISO 26262 要求的质量管理体系？	
FS. 5	您如何证明您拥有专业的项目管理？	
FS. 6	能力证明是什么？	
FS. 7	存在哪些通信和决策路径？	
FS. 8	为所有项目参与者归档所需的流程在哪里？	
FS. 9	是否有基于工具的配置和版本管理？	
FS. 10	允许哪些修改程度？	

（续）

编号	问题	调查结果
FS. 11	功能安全评估如何运作？	
FS. 12	调整了哪些信息结构？	
FS. 13	如何检查计划的验证过程是否足以确保精确性、控制力和信心？	
FS. 14	基于收集的指标有哪些？	
FS. 15	如何通过实地观察完成报告？	
FS. 16	进行了哪些评估？	
FS. 17	系统设计中技术安全要求的分配是否得到保证？	
FS. 18	由于存在危险事件的风险，ASIL 是否正确并正确分配？	
FS. 19	是否已完成所有批准，例如确认审核、确认审核和评估？	
FS. 20	已经关注了功能安全系统的所有组织特定规则和流程，例如考虑了危害记录、定期审核、危害分析和风险评估？	
FS. 21	从需求到设计和测试到验证的可追溯性？	
FS. 22	……	

表 A-3
清单：活动第 3 部分“概念阶段”

编号	问题	调查结果
K. 1	项目定义是否具有合同性质，是否为所有相关利益攸关方所知并可供其使用？	
K. 2	使用哪个标准来确定这是新开发还是产品修改？	
K. 3	客户定义的 ASIL 在哪里记录？	
K. 4	如何将风险分析整合到开发过程中？	
K. 5	对要开发的项目重新分析给定 ASIL 分类的标准是什么？	
K. 6	如何记录和传达风险分析的结果？	
K. 7	已经确定或排除了与其他（子）系统的哪些交互作用？	
K. 8	是否已知标准风险图的应用以及哪种方法已用于风险分析？	
K. 9	哪些标准模板和流程可用于创建功能安全概念？	
K. 10	哪种审查方法用于测试功能安全要求？	

（续）

编号	问题	调查结果
K. 11	ASIL 分解可以使用经过验证的组件，这些组件是根据 ISO 26262 之前的最佳实践开发的吗？	
K. 12	是否所有由安全目标产生的 危害分析和风险评估的所有方面都被检查了？	
K. 13	在“安全要求规范”结束时是否已将工作产品应用于系统级产品开发？	
K. 14	……	

表 A-4
清单：第 5 部分中的活动“产品开发硬件”

编号	问题	调查结果
PH. 1	安全计划中包含哪些功能安全活动？[ISO 26262：2011，第 5 部分，第 5－5 段]	
PH. 2	哪些进程用于支持硬件开发？	
PH. 3	如何开发和部署一套一致且完整的硬件安全要求规范？[ISO 26262：2011，第 5 部分，第 5－6 段]	
PH. 4	用什么方法指定硬件－软件接口？[ISO 26262：2011，第 5 部分，第 5－7 段]	
PH. 5	硬件架构指标有哪些要求？[ISO 26262：2011，第 5 部分，第 5－8 段]	
PH. 6	避免随机硬件错误有哪些要求？	
PH. 7	使用何种审核方法来验证硬件安全要求规范以及如何完成验证报告？	
PH. 8	基于系统设计规范和硬件安全要求规范，硬件开发有哪些规划？	
PH. 9	用于测试硬件开发的选定验证方法是否符合给定的 ASIL？	
PH. 10	如何执行硬件安全性分析，必须使用哪个报表？	
PH. 11	是否已有生产和运营要求以及如何将其移交给相关利益攸关方？	
PH. 12	使用硬件架构指标进行随机硬件错误计算的结果是什么？	
PH. 13	如何计算这些随机错误的可管理程度？	
PH. 14	评估员是否对评估员提出的随机硬件错误的可控性的有效性进行了审查报告，评估员是否足够独立？	

（续）

编号	问题	调查结果
PH. 15	组件级随机硬件错误的剩余风险分析是什么？	
PH. 16	谁检查指定元件测量的规格？［ISO 26262：2011，第 5 部分，第 5－9 段］	
PH. 17	何时进行审查以分析随机硬件故障对安全目标的影响？	
PH. 18	使用哪些测试来确保正在开发的硬件满足硬件安全要求？［ISO 26262：2011，第 5 部分，第 5－10 段］	
PH. 19	高度集成的电路可以集成多种安全相关功能吗？	
PH. 20	在一个元素中是否存在几个与安全相关的功能？	
PH. 21	是否采取了足够的措施来避免高度复杂的硬件出现系统性错误？	
PH. 22	考虑到要满足 ASIL 的必要方法，是否考虑了验证硬件安全要求规范的所有标准？	
PH. 23	……	

表 A-5
清单：第 6 部分中的活动“产品开发软件”

编号	问题	调查结果
PS. 1	软件开发的七个阶段是否会通过？	
PS. 2	对于目前复杂性的所有相关 V 模型阶段，规定了哪些规划活动？	
PS. 3	如何在计划中考虑，那些用于实现活动的方法是否与既定的 ASIL 具有强制关联性？	
PS. 4	软件开发还有哪些指导原则？	
PS. 5	哪些工具用于支持计划方法？	
PS. 6	是否需要自定义项目安全计划的标准模板以及谁来检查此剪裁？	
PS. 7	软件安全要求是否基于技术概念和系统设计规范以及哪些工具遵循这些安全要求？	
PS. 8	谁参与了硬件－软件界面描述？	
PS. 9	软件验证计划是否包含在安全计划中，还是一份独立的计划文件？	
PS. 10	是否已向相关项目利益相关者解释了软件验证报告的使用情况，是否有必要对标准报告进行调整？	

（续）

编号	问题	调查结果
PS. 11	如何确保软件架构设计与安全性要求的一致性和完整性？	
PS. 12	是在创建软件体系结构设计之后创建的安全性分析报告以及报告给谁的报告？	
PS. 13	如何分析和报告依赖性错误？	
PS. 14	用哪种方法检查软件模块设计规范？	
PS. 15	如何批准设计中指定的模块的实现？	
PS. 16	在哪个计划文件中检查成功的模块开发记录？	
PS. 17	软件验证报告的哪一部分是该测试的结果，或者是否有模块实施的自动验证报告？	
PS. 18	如何确保不包含不需要的功能或仅包含所需的功能？	
PS. 19	如何以及何时计划开发模块的集成，并且此规划是否与发布管理计划相协调？	
PS. 20	哪些验证措施可确保集成软件按照软件架构/设计正确实施？	
PS. 21	安全要求与开发和集成模块之间的可追溯性如何？	
PS. 22	选择合适的建模或编程语言时是否满足所有标准？	
PS. 23	软件安全要求规范中是否描述了所有类型的基于软件的功能？	
PS. 24	软件安全规范是否源自技术安全概念和系统设计？	
PS. 25	是否在 ASIL 的软件架构级别使用标准错误检测机制？	
PS. 26	是否已将所有适当的软件验证、设计和实施方法应用于 ASIL？	
PS. 27	在分析依赖性错误时是否考虑了所有方面？	
PS. 28	用于根据 ASIL 验证软件安全要求的标准是否紧急推荐测试程序？	
PS. 29	是否有用于在集成级别派生测试用例的方法？	
PS. 30	是否应使用经过认证的操作系统？	
PS. 31	是否对使用的工具进行了影响分析？	
PS. 32	……	

表 A-6
清单：第 7 部分的活动“生产和操作”

编号	问题	调查结果
PB. 1	软件包含哪些信息，以便无错误安装或集成到整个系统中？	
PB. 2	在提供的软件（部分）系统的安装和调试过程中如何注意特殊风险？	
PB. 3	维护手册中需要包含哪些特殊功能？	
PB. 4	哪些维修说明必须包含哪些安全相关信息？	
PB. 5	关停时必须进行哪些安全状态维护活动以及记录在何处？	
PB. 6	拥有所有与安全相关的项目，例如生产测试计划中包含的测试频率，安全相关特性等的识别？	
PB. 7	生产计划中是否包含所有项目？	
PB. 8	是否提供维护计划和维修说明？	
PB. 9	是否有程序保证可以安全地加载 CPU 固件？	
PB. 10	是否可以在生产过程中发现与安全相关的错误？	
PB. 11	如何确定所使用的测试设备是否能正常工作？	
PB. 12	……	

表 A-7
清单：第 8 部分中的活动“支持流程”

编号	问题	调查结果
UP. 1	确定、知道和记录哪些负责人以确保项目界面正常运行？［ISO 26262：2011，第 8 部分，第 5 段］	
UP. 2	哪些选择标准对供应商选择具有决定性作用？［ISO 26262：2011，第 8 部分，第 5. 4. 2 段］	
UP. 3	谁检查供应商管理流程的合规性以及记录在哪里？	
UP. 4	何时交付供应商项目计划以及如何更新？	
UP. 5	功能安全官是否也负责供应商安全计划？	
UP. 6	是否有足够独立的审查员/评估员进行供应商安全评估？［ISO 26262：2011，第 8 部分，第 5. 4. 5. 3 段］	
UP. 7	客户与承包商之间定义了哪些沟通渠道、信息结构和进度报告？［ISO 26262：2011，第 8 部分，第 5. 4. 4. 6 段］	
UP. 8	供应商对 SOP 通信和报告的同意声明中规定了哪些责任？［ISO 26262：2011，第 8 部分，第 5. 4. 6. 2 段］	
UP. 9	指定安全要求的属性和特征的指导原则是什么？［ISO 26262：2011，第 8 部分，第 6 段］	

（续）

编号	问题	调查结果
UP. 10	如何确保安全需求管理？［ISO 26262：2011，第8部分，第6.4.3段］	
UP. 11	哪个工具支持安全要求的管理？	
UP. 12	项目安全计划必须使用哪些适应规则？	
UP. 13	规划中是否包含专业配置管理（ISO 10007：2003或ISO TS16949）［ISO 26262：2011，第8部分，第7.2小节］的要求，以及如何确保满足配置管理的要求（配置管理计划）？	
UP. 14	如何记录数据交换？	
UP. 15	什么能确保每种工作产品都清晰可辨，并且可以恢复，包括工具？［ISO 26262：2011，第8部分，第7.1段］	
UP. 16	基于配置管理的标准是什么？（例如ISO 12207－6.2，ISO TS 16949－4.2.3……）	
UP. 17	配置过程是否符合质量规范的要求？	
UP. 18	如何分析和控制安全相关工作产品的变更？［ISO 26262：2011，第8部分，第8.1段］	
UP. 19	谁负责变更管理计划？	
UP. 20	配置管理和变更管理中的任务和职责如何规范？［ISO 26262：2011，第8部分，第4.1.1段］	
UP. 21	……	

这些清单由 tecmata GmbH（Gebhardt 女士）和 TÜV Nord Systems GmbH（Rieger 先生）共同创建并且可以使用，但必须根据您的具体项目进行调整。

A.2　安全文化的例子

表 A-8 包含可用于评估安全文化示例的标准。

表 A-8
评估安全文化的示例标准

表明一个比较差的安全文化示例	表明一个比较好的安全文化示例
令人费解的责任	该过程确保可以证明对功能安全决策的责任。
成本和进度优先于安全和质量	安全是首要任务

（续）

表明一个比较差的安全文化示例	表明一个比较好的安全文化示例
奖励制度倾向于成本和时间计划，高于安全和质量	■ 奖励系统支持有效实现功能安全 ■ 奖励系统可防止影响安全和质量的省事方法
专注于群体思维和动态，而不是实际需求	在过程中纳入多样性
对功能安全的被动遵守，例如 通过在产品开发周期结束时对测试的强烈依赖	积极主动的安全态度，例如 在产品生命周期的早期阶段解决检测到的安全和质量问题
没有系统的持续改进过程或其他形式，如“经验教训”	持续改进过程是所有过程的一部分
流程是临时的或已经撤回的	在各个层面都应用了定义的、可理解的和受控制的流程
■ 未按时计划和分配所需资源 ■ 随机选择资源	■ 及时提供所需资源 ■ 参与该过程的人员具有所需的负责任活动能力

A.3 基本测试过程

基础测试过程如图 A-1 所示，是“认证测试员 - 基础水平”（CTFL）教程的内容。

ISTQB 认证测试员是测试人员角色标准化认证的名称，其内容是受到了德国测试委员会（GTB）的影响。

基本测试过程分别包括以下活动：

- ■ 测试计划和控制。
- ■ 测试分析和测试设计。
- ■ 测试实现和测试执行。
- ■ 测试评估和报告。
- ■ 完成测试活动。

其中一些活动是时间上重叠或平行的。

基本测试过程适用于每个测试阶段。

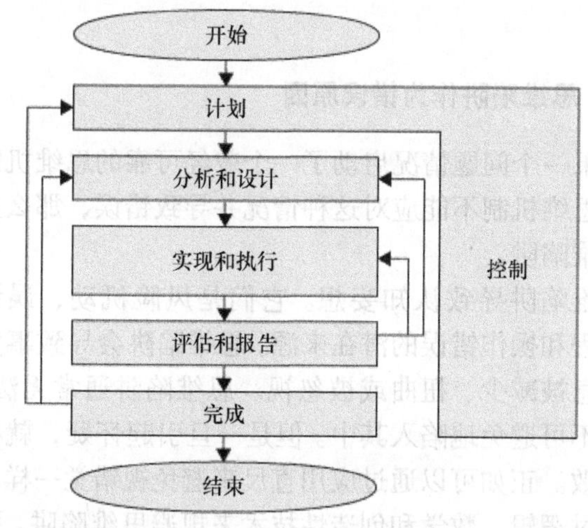

图 A-1
根据 ISTQB 的基本测试过程

德国测试委员会（GTB）

德国测试委员会是“软件和系统测试”领域的专家协会。

GTB 包括来自工业、咨询、培训公司、科学和其他组织或协会的公认的测试专家。它是一个独立、中立的机构，负责监督德国认证测试人员规范和相关考试系统的技术质量。它还根据既定标准检查德国提供的认证测试人员培训课程，并授予培训提供者资格认证。

A.4　错误的心理原因

文件和程序中系统性错误的出现也有心理原因。

通过在 V + V 阶段中人员参与的多样性，可以避免和减少系统性错误。

多人参与是有效的，因为个人参与者的技能和认知可以相互补充。

人员的多样性

一般而言，人员多样性不仅限于开发系统的验证和确认，还可以应用于设计和实施。例如，它在敏捷过程模型中被提议为 Pair Programming（四眼原则）。

基本上有用的个别属性可能在一定程度上不可避免地导致某些错误。

遵循 Timm Grams 先生著作（参见［Friedrich 等，2012］），对于选定的思维错误，下面给出了这些错误的心理原因。

A.4.1　思维陷阱作为错误原因

如果一个问题情况启动了一个曾经可靠的思维机制，如果这种思维机制不能应对这种情况并导致错误，那么这就是一个思维陷阱。

思维陷阱导致认知妄想。它们是风险机动、误诊、设计、编程和操作错误的潜在来源。思维陷阱会导致事实被高估，信息被减少、扭曲或被忽视。思维陷阱通常无法识别，你几乎不可避免地陷入其中。但是一旦引起怀疑，就有可能避免失败。正如可以通过应用直尺来避免视错觉一样，同样可以通过逻辑，数学和创造性技术来规避思维陷阱。那些想要武装自己的人必须认识到警告标志并学会正确理解。

思维陷阱系统可以用 Grams 的 10 个典型推理错误来解释（表 A-9）。

表 A-9
Grams 的 10 个推理错误及其影响

思维陷阱	高估	减少	掺假	忽略
聚光灯原理				++
节约原则		++		+
简洁趋势		++	+	
线性因果思维	+	++	+	+
高估确认信息	++			
关联	+	+	++	+
预设			++	
借鉴			++	+
用自己的工作识别				++
记忆			++	+

高估

■ 高估确认信息：

我们倾向于过分重视符合我们期望的信息。

减少

■ 节约原则：

节约或经济原则指出，使用资源的物种和个人在经济上受益于竞争优势。因此，通过选择，实现特定目的的努力被最小化。例如，如果不考虑快速发展的信息沟通，则可能会忽略特殊情况。

■ 简洁趋势：

我们倾向于将许多感知事物简化为必要事物，并从中获取概念以形成摘要。同样，省略信息可能会导致错误。

■ 线性因果思维：

即使因果关系是多方面的，也形成一维因果链的倾向。

掺假

■ 关联：

我们可以关联任意事物，即使是那些彼此无关的事物；例如，我们的想象力使我们在不可能的地方寻找错误。

■ 预设：

以前项目的经验会引导我们在非常具体的方向上进行思考。

■ 借鉴：

例如我们将被经常查看的文件或部分代码所误导，并认作它们是给定的和正确的。

■ 记忆：

限制我们集中注意力的能力会导致文书错误。由于记忆力有限，我们重复一次并将其视为错误。

忽略

■ 聚光灯原理：

从可用于外部世界的大量信息中，仅选择相对较小的部分并有意识地处理。有一个感知的瓶颈。

■ 用自己的工作识别：

我们的特点是不寻求我们的错误，而是寻求其他人的错误，并且捍卫而不是批评我们的结果。

A.4.2 总结

共同的项目实践和经验表明了开发团队成员的错误观念以及这些错误可能会产生的影响。

作为可能的补救措施，可以使用所提出的审查技术，其可以在安全生命周期中用于不同工作产品的质量保证。在进行评审时，有必要密切关注思维错误，以长期减少或避免产品中的系统错误。

附录 B 词汇表

普遍接受的技术规则

普遍接受的技术规则描述的是参与相关技术的大多数专

业人员所承认的规则。它可以是标准（DIN、IEC、EN ISO 等），但它们不必是标准。安全标准须有法律推定，即它们是专业的，且因此也是公认的技术规则。遵守公认的技术规则可以证明安全的司法推定。普遍接受的技术规则描述了经过尝试和验证的安全技术解决方案。

ASIL（汽车安全完整性级别）

相关项或要素（Element）按 ASIL A 至 ASIL D 分级。它是指允许的失效概率，从“推荐”到“要求”。指定了为避免不当剩余风险而需要满足的要求和安全措施。ASIL A 到 ASIL D 需要采取特别的措施，QM（质量管理）则不需要。

ASIL 分类

ASIL 的分类由严重性、暴露性和可控性等因素组成。这些细分为更多的参数。

评估

安全评估是在所定义的产品目标（相关项）的基础上进行的。目的是检查产品是否符合技术正确性、使用案例和错误状态方面的要求。

审核

审核是对已执行的流程进行审核。这不是评估产品，而是评估流程及其文档的有效性。

Automotive SPICE

是 ISO/IEC 15504（SPICE）衍生中适用于汽车行业的特定变型，用以评估开发过程的性能。

基线

基线是一致的、冻结的开发状态，必须能够随时恢复。基线主要用于识别产品版本或原型，例如用于测试。

举证责任倒置

通常，索赔人/原告必须始终证明其索赔的条件已经具备。然而，有时举证责任由被告承担。

CMMI（Capability Maturity Model Integration）

能力成熟度模型集成，即CMMI模型，包含一系列参考模型。内容是系统地准备最佳实践，以支持组织的改进。

符合性

指符合标准要求，如ISO 26262：2011。

分解

将“高”ASIL分解为“低”的多个ASIL。

动态测试

动态测试的执行。动态测试分为黑盒测试和白盒测试。

单点故障

单点故障是指其发生直接违反安全目标的错误。

检测到的多重错误

由系统诊断和处理的多重错误。

被发现的多重错误

由系统诊断和处理，并被驾驶员注意到的多个错误，例如限制功能。

故障安全

在系统中发生错误时，损害应尽可能小。

容错

技术系统即使在软件或硬件中出现不可预见的输入或错误，也能够保持其功能的特性。高可用性和可靠性是这些容错系统的特点。例如，硬件中的容错可以通过冗余来实现。也比如软件中的多样性（设计、数据、时间）。

FIT – Rate（故障率）

Failure in Time（FIT）给出了关于组件可靠性的陈述。

FIT 是故障率单位。1fit = 1/(10^9h) 给定时间预期失效的度量。值越大就越差。

基本测试过程

基本测试过程分为以下活动:

- 测试规划和控制。
- 测试分析和测试设计。
- 测试实现和测试执行。
- 测试评估和报告。
- 测试活动收尾。

危险状态

危险状态是指在不同的环境条件下，由于所考虑的系统的功能失效，在驾驶车辆时可能出现的情况的组合。

设备和产品安全法

自 2004 年 5 月 1 日起，设备和产品安全法（GPSG）规定了产品责任。

法律

法律规定了全球性的安全目标。它们由立法者通过，并具有约束力，有助于保护用户、消费者或非参与的第三方。

欧盟指令具有法律性质，因为它们是欧盟理事会第 100 条所指的立法，因此必须由成员国转为国内法。

硬件在环（HiL）

硬件在环（HiL，也称为 HitL，HITL）是一个嵌入式系统（如真实的电子控制设备或真实的机电组件）通过其输入和输出到一个相匹配的对等方的方法。它通常被称为 HiL 模拟器，用来模拟系统的真实环境。

危害

危害是系统功能失效的可能来源。

危险事件

危险事件是驾驶车辆时可能发生的情况的组合，并可能导致个别安全相关功能的功能失效。

输入

输入文档/输入工作产品。

相关项

系统（ISO 26262－1－1.129）或在适用于 ISO 26262 的车辆中实现功能的多个系统。

相关项定义

决定了是全新开发还是修改。对要开发的相关项进行澄清，以确保对所期待的产品的共同理解。

配置对象

任何受配置管理控制的对象。

潜在故障

即休眠错误。

功能安全管理

直接或间接影响安全产品或安全相关技术系统的安全运行的所有因素。

多点故障

多点故障仅在多个错误一起出现时，违反安全目标。

输出

输出文档/输出工作产品。

产品责任

产品责任是对因产品缺陷造成的损害进行赔偿的法律义务。

QM

质量管理。

QM 系统/QMS
质量管理系统。

回归测试
回归测试是对已测试的系统或程序，在修改后的重复性和可理解性测试。其目的是证明所做的更改没有加入新的错误状态或重新暴露此前已处理过的错误状态。

剩余风险
在提供/使用了安全措施/防护措施（ISO 26262 – 1 – 1.110）后的剩余风险（ISO 26262 – 1 – 1.99）。

审查
统计学的检查方法/评估方法。

风险
伤害的发生概率（ISO 26262 – 1.56）和该伤害的严重程度（ISO 26262 – 1 – 1.120）的组合。

安全合规
符合安全标准和给定指令的要求。

损害
直接或间接的人员健康的损害或伤害。
安全状态
依照 ASIL 可靠地执行功能，可靠地转移到的安全的状态，以避免用户立即受到损害。

安全功能
安全功能是指在发生危险事件时，使系统进入安全状态或使其保持安全状态的功能。

安全完整性
安全导向系统的安全功能的有效性。
安全相关系统在规定时间内在所有规定条件下执行规定

安全功能的可能性。

安全生命周期

在 IEC 61508 -1 和 ISO 26262：2011 中规定的步骤。使得系统地执行和处理必要的安全活动成为可能。

安全目标

危害和风险分析的最高安全要求（ISO 26262 -1 -1.58）

软件在环

与 HiL 不同，软件在环（SiL）方法不使用任何特殊的硬件。创建的软件模型仅转换为目标硬件可以理解的代码(例如，从 MATLAB/Simulink 模型转换为 C 代码)。此代码与模拟模型一起在开发计算机上执行，而不是在目标硬件(如硬件在环）上运行。因此，这是一种在 HIL 之前应用的方法。

SPICE

Software ProcessImprovement and Capability Determination (SPICE）或 ISO/IEC 15504 是一个评估（Assessments）以软件开发为重点的公司流程的国际标准。

最新技术水平

“最新技术水平”一词没有独立的含义，因为与普遍接受的技术规则相比，并没有“真正的”区别。依照 BVerfG 的陈述，“允许或命令的法律标准之所以被转移到技术发展的前沿，因为仅靠一般性承认和实际试用并不能决定最新技术水平”。基本上，这个定义已经提到了“科学技术状态”。

科学技术状态

科学技术状态是指在技术和科学研究的最新确定状态之后，能够及时感知和避免产品危害的知识。这包括今天在技术上可行并实际实现的一切。因此，它代表了理论上可以达到的最高水平。

静态测试

静态测试过程不运行测试对象。这些测试程序包括修订（Review）和静态分析。

系统

与至少一个传感器、控制器和执行器相互作用的一组要素（ISO 26262－1－1.32）。

系统错误

由产品设计或实施引起的错误。只有通过改变设计、硬件、软件和/或制造工艺才能纠正此类错误。软件错误总是系统性的。

测试阶段

组件测试（模块测试）、集成测试、系统测试和验收测试的测试阶段在 V 模型和 IEEE 1012 中定义。测试阶段是开发流程中执行某些测试任务的阶段。

工具

工作中使用的工具程序。

可追溯性

可追溯性是指在向前和向后的方向上对系统需求的跟踪能力（Traceability），即从其来源到其描述、说明、实现到验证和确认。

不适当的风险

根据当前的社会价值观，在给定的环境中被认为是不可接受的风险（ISO 26262－1－1.99）

V＋V（验证和确认）

验证和确认有助于保持较低的系统故障概率，包括早期发现和消除系统性和偶然性错误。技术系统的故障不能伤人或危及人的生命安全。保证质量的措施必须在系统检查和验收检查时，说明是否开发了正确产品（验证）。

确认

在确认过程中会检查，开发结果是否满足顾客的特别要求，即预期用途。

验证

验证应确保开发阶段的结果与该阶段的相应说明文件相对应，并且已根据最新技术水平正确开发。

随机错误

不是每次都发生在相同的情况下，而是以一定的概率发生的错误。随机错误只能发生在硬件元素上。

附录 C 缩写索引

缩写	解释说明
Abb.	图片
ABS	制动防抱死系统
AIS	缩写的伤害量表
ASIL	车辆安全完整度等级
ASPICE	Automotive SPICE
AUDI	奥迪公司，创始人 August Horch
BMW	宝马
CBR	基于检查表的阅读
CCB	改动控制委员会
CD	委员会草案
CMMI	能力成熟度模型的集成
CR	改动需求
DIA	开发接口协议 ISO 26262－8；第 5.4.3 节和在 ISO 26262－8
DIS	国际标准草案
ECU	电子控制器（Electronic Control Unit）
E/E	电子电器
E－Fahrzeuge	电动车辆
EMV	抗电磁干扰能力
ESD	静电放电（电磁放电）
ETA	扩展时间自动机
FAKRA	汽车技术委员会

（续）

缩写	解释说明
FDIS	国际标准最终草案
FIT	及时故障
FMEA	失效模式和影响分析
FMEDA	失效模式影响和诊断分析
FS	功能安全，functional safety
FSC	功能安全概念，functional safety concept
FSM	功能安全管理，functional safety management
FTA	故障树分析
FTS	容错等级
FuSi	功能安全
G&R	危害分析和风险评估
GPSG	设备和产品安全法案
GTB	德国测试委员会
HFT	硬件容错度
HiL	带有硬件的测试环境，hardware in the loop
HIS	汽车厂商自主开发的软件
HSI	软硬件之间接口
HW	硬件
ID；IDs	认证码
I2C	内部集成电路
IEEE	电气和电子工程师学会
JSS	操纵杆传感器
KBA	联邦车辆管理所
KM	配置管理
LFM	潜在故障量度
MISRA	汽车工业软件可靠性协会
MPF	多点故障
NRMES	BITCOM，国家路线图嵌入式系统，2009 年在德国召开的国家级 IT 峰会
OEM	汽车整车厂
PBR	基于视角的阅读
PL	项目管理者
PM	项目管理，项目经理
PMHF	可预知的随机硬件故障量度
QS	质量保障

（续）

缩写	解释说明
RF	残余故障
RFP	征求建议书
RFQ	报价请求
SF	安全故障
Si/SI	安全
SIL	安全完整度等级
SiL	带有软件的测试环境，Software in the loop
SOP	投产
SP	安全计划书（safety plan）
SPF	单点故障
SPFM	单点故障量度
SPI	串行外设接口
SPICE	软件改进流程和能力确定
SRS	安全要求规范
SW	软件
TCL	工具信任度等级
TD	工具错误发现率
TI	工具错误影响度
TSC	技术安全概念（Technical Safety Concept）
TSK	技术安全概念
V + V	验证和确认
WD	修改中的草案

附录D 规范和标准

标准，标准，成熟度模型	解释说明
Automotive SPICE	源自ISO/IEC 15504（SPICE）的汽车行业特定版本
CMMI 2002 能力成熟度模型© 集成（1.1版） 用于系统开发，软件开发，集成产品和流程开发和供应商选择的CM-MISM， （CMMI-SE/SW/IPPD/SS，V1.1） 分段式的技术报告CMU/SEI-2002 TR 012	流程改进的参考模型。 有3个主要部分： ■ 用于研发的CMMI（CMMI-DEV）， ■ 用于项目获取的CMMI（CMMI-ACQ）， ■ 用于服务的CMMI（CMMI SVC）。
DIN 66270：1998	评估软件说明文件的品质特点
DIN EN 61508-1至7 www.beuth.de	功能安全的通用标准
DIN EN 62308：2007-7 IEC 62308：2006 德语发行版	设备可靠性——可靠性评估方法
DIN EN ISO 9001	9001：2008 QMS
DIN ISO/IEC 15504-1至5	IT流程评估；专门用于软件开发流程的国际评估标准
DIN ISO/TS 16949：2009-11	质量管理体系——汽车工业里用于量产和零配件生产的特殊要求
DO-178B/ED-12C	航空领域软件研发标准
IEEE 730 Ausgabe 2002	软件质量保障计划
IEEE 829-1998	软件测试记录
IEEE 830	软件功能规范的标准
IEEE 1012-1998	软件验证和确认
IEEE 1012 2012版	IEEE 1012-1998：IEEE针对软件验证和确认的标准
IEEE 1016-1998 2009版	系统设计/软件设计
ISO 26262-1至10	针对道路车辆的功能安全标准，第10部分只是提供信息的
ISO/IEC 12207	国际标准“系统和软件工程——软件生命周期流程”

（续）

标准，标准，成熟度模型	解释说明
ISO/IEC 15288	国际规范 系统开发——系统生命周期和过程
UNE - ISO/IEC 9126 - 1 2004 年 10 月 12 日版本	软件研发，产品质量，质量模型
V - Model XT	程序模型，用于 IT 项目，尤其是开发软件系统

附录 E　参考文献

开发

[Börcsök 2011] Börcsök, J.: Funktionale Sicherheit: Grundzüge sicherheitstechnischer Systeme. 3. Aufl., Vde-Verlag, 2011.

[Dirbach/Flückinger/Lentz 2011] Dirbach, J.; Flückinger, M.; Lentz, S.: Software entwickeln mit Verstand: Was Sie über Wissensarbeit wissen müssen, um Projekte produktiver zu machen. dpunkt.verlag, 2011.

[Eckstein J. 2012] Eckstein, J.: Agile Softwareentwicklung in großen Projekten: Teams, Prozesse und Technologien – Strategien für den Wandel im Unternehmen. 2. Aufl., dpunkt.verlag, 2012.

[Friedrich et al. 2012] Friedrich, R.; Launder, B.E.; Schmidt, F.W.; Schumann, U.; Whitelaw, J.H.; Grams, T. (Hrsg.): Denkfallen und Programmierfehler. Springer-Verlag, 2012.

[Hatley/Hruschka/Pirbhai 2003] Hatley, D.; Hruschka, P.; Pirbhau, I.: Komplexe Software-Systeme beherrschen. mitp, 2003.

[Hatton 1994] Hatton, L.: Safer C: Developing Software for High-Integrity and Safety-Critical Systems. McGraw-Hill International, 1994.

[Hillenbrand 2012] Hillenbrand, M.: Funktionale Sicherheit nach ISO 26262 in der Konzeptphase der Entwicklung von Elektrik/Elektronik Architekturen von Fahrzeugen. KIT Scientific Publishing, 2012.

[Homann 2005] Homann, M.: OSEK. Betriebssystem-Standard für Automotive und Embedded Systems. mitp, 2005.

[Kindel/Friedrich 2009] Kindel, O.; Friedrich, M.: Softwareentwicklung mit AUTOSAR: Grundlagen, Engineering, Management in der Praxis. dpunkt.verlag, 2009.

[Krautstrunk 2005] Krautstrunk, A.: Fehlertolerantes Aktorkonzept für sicherheitsrelevante Anwendungen. Shaker, 2005.

[Leveson, 1995] Leveson, N.: SafeWare: System Safety and Computers. Addison-Wesley, 1995.

[Mottok/Joas 2010] Mottok, J.; Joas, F.: Vorlesung Software Engineering. Hochschule Regensburg, 2010.

[Paulus 2011] Paulus, S.: Basiswissen Sichere Software: Aus- und Weiterbildung zum ISSECO Certified Professional for Secure Software Engineering. dpunkt.verlag, 2011.

[Roebuck 2011] Roebuck, K.: AUTOSAR – AUTomotive Open System ARchitecture. Emereo Pty Limited, 2011.

[Roßner/Brandes/Götz/Winter 2010] Roßner, T.; Brandes, C.; Götz, H.; Winter, M.: Basiswissen modellbasierter Test. dpunkt.verlag, 2010.

[Streichert/Traub 2012] Streichert, T.; Traub, M.: Elektrik/Elektronik-Architekturen im Kraftfahrzeug: Modellierung und Bewertung von Echtzeitsystemen (VDI-Buch). Springer-Verlag, 2012.

[Wietzke/Tran 2005] Wietzke, J.; Tran, M.T.: Automotive Embedded Systeme: Effizientes Framework – Vom Design zur Implementierung. Springer-Verlag, 2005.

测试

[Bath/McKay 2011] Bath, G.; McKay, J.: Praxiswissen Softwaretest – Test Analyst und Technical Test Analyst: Aus- und Weiterbildung zum Certified Tester – Advanced Level nach ISTQB-Standard. 2. Aufl., dpunkt.verlag, 2011.

[Ehrenberger 2002] Ehrenberger, W.: Software-Verifikation: Verfahren für den Zuverlässigkeitsnachweis von Software. Carl Hanser, 2002.

[Grenning 2011] Grenning, J.W.: Test Driven Development for Embedded C. Pragmatic Programmers, 2011.

[Hedtke 1984] Hedtke, R.: Mikroprozessorsysteme: Zuverlässigkeit, Testverfahren, Fehlertoleranz. Springer-Verlag, 1984.

[Sneed/Baumgartner/Seidl 2012] Sneed, H.M.; Baumgarten, M.; Seidl, R.: Der Systemtest: Von den Anforderungen zum Qualitätsnachweis. 3. Aufl., Carl Hanser, 2012.

[Spillner/Linz 2012] Spillner, A.; Linz, T.: Basiswissen Softwaretest: Aus- und Weiterbildung zum Certified Tester – Foundation Level nach ISTQB-Standard. 5. Aufl., dpunkt.verlag, 2012.

[Spillner/Roßner/Winter/Linz 2011] Spillner, A.; Roßner, T.; Winter, M.; Linz, T.: Praxiswissen Softwaretest – Testmanagement: Aus- und Weiterbildung zum Certified Tester – Advanced Level nach ISTQB-Standard. 3. Aufl., dpunkt.verlag, 2011.

[Zander-Nowicka 2009] Zander-Nowicka, J.: Model-based Testing of Real-Time Embedded Systems in the Automotive Domain. Hrsg: Fraunhofer Institute for Open Communication Systems FOKUS. Fraunhofer IRB Verlag, 2009.

质量

[Chrissis/Konrad/Shrum 2011] Chrissis, M.B.; Konrad, M.; Shrum, S.: CMMI 1.3 für die Entwicklung: Richtlinien für Prozessintegration und Produktverbesserung. Addison-Wesley, 2011.

[Hertneck/Kneuper 2011] Hertneck, C.; Kneuper, R.: Prozesse verbessern mit CMMI® for Services: Ein Praxisleitfaden mit Fallstudien. dpunkt.verlag, 2011.

[Höhn/Sechser/Dussa-Zieger/Messnarz/Hindel 2009] Höhn, H.; Sechser, B.; Dussa-Zieger, K.; Messnarz, R.; Hindel, B.: Software Engineering nach Automotive SPICE. Entwicklungsprozesse in der Praxis – Ein Continental-Projekt auf dem Weg zu Level 3. dpunkt.verlag, 2009.

[Hörmann/Dittmann/Hindel/Müller 2006] Hörmann, K.; Dittmann, L.; Hindel, B.; Müller, M.: SPICE in der Praxis. Interpretationshilfe für Anwender und _Assessoren. dpunkt.verlag, 2006.

[Liggesmeyer 2009] Liggesmeyer, P.: Software-Qualität: Testen, Analysieren und _Verifizieren von Software. 2. Aufl., Spektrum Akademischer Verlag, 2009.

[Linß 2011] Linß, G.: Qualitätsmanagement für Ingenieure. 3. Aufl., Carl Hanser, 2011.

[Müller/Hörmann/Dittmann/Zimmer 2007] Müller, M.; Hörmann, K.; Dittmann, L.; Zimmer, J.: Automotive SPICE in der Praxis. Interpretationshilfe für Anwender und Assessoren. dpunkt.verlag, 2007.

[Schneider 2012] Schneider, K.: Abenteuer Softwarequalität: Grundlagen und Verfahren für Qualitätssicherung und Qualitätsmanagement. 2. Aufl., dpunkt.verlag, 2012.

方法

[Basili/Caldiera/Rombach 1994] Basili, V.R.; Caldiera, G.; Rombach, H.D.: Goal Question Metric Paradigm. In: Marciniak, J.J. (ed.): Encyclopedia of Software Engineering. Wiley, 1994.

[Brown/Isaacs 2007] Brown, J.; Isaacs, D.: Das World Café: Kreative Zukunftsgestaltung in Organisationen und Gesellschaft. Carl-Auer, 2007.

[Freimut/Klein/Laitenberger/Ruhe 2000] Freimut, B.; Klein, B.; Laitenberger, O.; Ruhe, G.: Measurable Software Quality Improvement through Innovative Software Inspection Technologies at Allianz Life Assurance. IESE-Report No. 014.00/E, Version 1.0, February, 2000.

[Gilb 2005] Gilb, T.: Competitive Engineering: A Handbook for Systems Engineering, Requirements Engineering, and Software Engineering Using Planguage. Butterworth Heinemann, 2005.

[Gilb/Graham 1993] Gilb, T.; Graham, D.: Software Inspection. Addison-Wesley, 1993.

[Hagel/Mottok 2011] Hagel, G.; Mottok, J.: Planspiel und Briefmethode für die Software Engineering Ausbildung – ein Erfahrungsbericht. SEUH 2011, München, 2011.

[Kurz/Waldherr/Walter 2009] Kurz, A.; Waldherr, F.; Walter, C.: didaktisch und praktisch: Ideen und Methoden für die Hochschullehre. Schäffer-Poeschel, 2009.

[Reich 2012] Reich, K.: Konstruktivistische Didaktik – Das Lehr- und Studienbuch mit Online-Methodenpool. 5. Aufl., Beltz, 2012.

[Röpstorff/Wichmann 2012] Röpstorff, S.; Wichmann, R.: Scrum in der Praxis: Erfahrungen, Problemfelder und Erfolgsfaktoren. dpunkt.verlag, 2012.

专业文章

Gerhard M. Rieger Digitale Bildverarbeitungssysteme zur Überwachung von Schutzzonen an Maschinen. Technische Überwachung, Bd. 41, Nr. 1/2000.

Neue Ansätze in der Antriebstechnik – Frequenzumrichter mit integrierter Sicherheitsfunktionen. Praxis Profiline – Visions of Automation, Vogel-Verlag, November 2003.

Künftige Anforderungen an die funktionale Sicherheit in der Automatisierung. Praxis Profiline – Visions of Automation, Vogel-Verlag, November 2005.